옥전고분군과 다라국

사진 1 | 합천 옥전고분군

사진 2 | 복원된 옥전고분군

사진 3 | 23호분 목곽묘

사진 4 | M3호분

사진 5 | M11호분 횡혈식석실묘

사진 6 | 옥전고분군 출토 이형토기

사진 7 | 옥전식 컵형 토기

사진 8 | 28호분 출토 갑주

사진 9 | M3호분 출토 용봉문환두대도

사진 10 | M3호분 출토 말투구

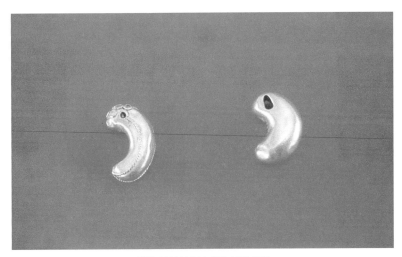

사진 11 | M4호분 출토 금제 곡옥

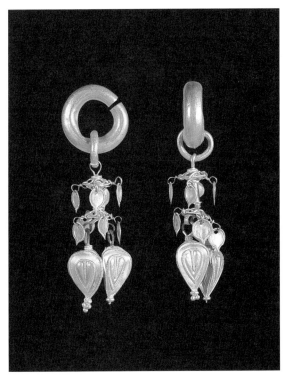

사진 12 | M6호분 출토 금제 귀고리

사진 13 | 82호분 출토 구슬 목걸이

사진 14 | M1호분 출토 Roman-glass

옥전고분군과 다라국

옥전고분군과 다라국

조 영 제 지음

혜안

간행사

　말없는 고고자료를 이용하여 역사적인 사실을 추구한다는 것은 대단히 어려운 일이다. 더욱이 생산이나 생활과 관계 있는 복합적인 자료가 아닌 무덤이라는 극히 한정된 성격만 가진 자료를 이용하여 역사를 밝힌다는 것은 노력에 비해 얻는 것이 적을 수도 있는 작업이다.

　그럼에도 불구하고 이처럼 용감하게 玉田古墳群의 발굴성과를 가지고 多羅國의 역사를 복원해 본 것은 아래와 같은 이유에서였다.

　먼저 무엇보다도 옥전고분군에 대한 발굴조사가 다섯 차례에 걸쳐서 이루어짐으로써 체계적으로 살필 수 있는 자료를 확보했다는 점을 들 수 있다. 그리고 비록 일제시대부터 심하게 도굴이 이루어졌지만 생각보다 많은 자료, 특히 금속자료가 고스란히 남아 있어 가야시대의 어느 유적보다도 당시 실상을 구체적으로 알려주고 있다는 사실이다.

　아울러 서부경남 일대의 가야고분에 대한 조사가 지속적으로 이루어지고, 이러한 유적과 유물에 대한 새로운 연구가 속출함으로써 옥전고분군 출토 유물에 대한 해석의 폭을 넓혀주고 있는 점 등이 밑바탕이 되었다.

　이 책은 이러한 점들에 힘입어 지금까지 여러 잡지에 발표한 필자의 논문들을 체제에 맞게 배열하고, 동시에 이전의 논문의 내용 중

13

최근의 연구성과와 다소 차이가 나는 것들을 보완하여 재작성한 것이다. 단, 논문의 내용과 인용된 도면 등은 대체로 앞의 글들과 대동소이하다.

책은 크게 제1부와 제2부로 나누어서 편집하였다. 제1부에서는 주로 옥전고분군에 대한 이해를 중심으로, 제2부에서는 고분군에 대한 연구성과를 바탕으로 이 지역에 존재했던 다라국에 대한 역사복원을 목적으로 하였다.

이하는 필자가 옥전고분군에 대하여 발표한 논문들이 이 책의 각 장과 어떤 관계가 있는지에 대해 정리한 것이다.

　처음 이 책을 구상했을 때는 지금까지 발표한 논문들을 재구성하면 어렵지 않게 책으로 내놓을 수 있을 것으로 생각했다. 그러나 논문들을 다시 읽는 과정에서 그것이 얼마나 안일한 생각이었는지 절감하게 되었다. 십 수년 전에 씌어진 글들은 많은 부분에서 지금의 생각과는 차이가 났기 때문에 예전의 내용을 수정하는 것은 새로운 논문을 작성하는 것보다 오히려 더 어려움이 많았다. 그러다 보니 자연히 글을 쓰는 속도는 느려졌을 뿐만 아니라 과연 이러한 글들을 엮어서 책을 내놓는 의미가 있을까라는 회의마저 들었다.

그럼에도 불구하고 이렇게 책을 세상에 내놓게 된 것은 옥전고분군에 대한 발굴조사 책임자로서 의무감과 동시에 그간의 연구성과를 종합해 봄으로써 가야고분 연구에 중요한 위치를 점하고 있는 옥전고분군에 대한 일반인들의 인식을 제고시키겠다는 욕심, 그리고 필자의 지금까지의 연구성과를 정리하여 이를 토대로 연구를 한 단계 더 심화시키고 싶다는 욕심 때문이었다.

그렇지만 이 글을 정리하면서 느낀 점은 여전히 자료는 너무나 부족하며, 몇몇 개념 - 예를 들면 대가야연맹의 경우 연맹이 도대체 어떤 상태에 있는 정치체들 사이의 관계를 의미하는가? 등에 대하여 명확한 규정이 없는 점, 그리고 무엇보다도 필자의 천박한 지식이 끊임없이 필자를 괴롭혔다.

물론 소득도 적지는 않았다. 무엇보다도 필자의 부족한 점을 분명하게 인식할 수 있었고, 그에 따라 앞으로 무엇을 더 밝혀야 할 것인지도 분명하게 알게 된 점은 아마도 가장 큰 성과일 것이다.

이러한 점을 마음깊이 새기고 남은 시간 동안 가야고분에 대한 연구를 더 열심히 그리고 철저히 수행해야겠다는 각오를 새로이 하며 이 책을 강호에 내보낸다.

2007년 4월

조 영 제

제1부

玉田古墳群에 대한 이해

Ⅰ. 옥전고분군의 조사과정과 조사성과

1. 조사과정

1) 조사의 동기

이 유적을 조사하게 된 계기는 1984년에 실시된 합천댐 수몰예정지에 대한 지표조사였다.

주지하다시피 합천댐은 황강·낙동강 유역의 홍수조절과 농업용수의 안정적인 확보를 목적으로 하는 다목적 댐으로 계획되었으며, 따라서 아주 넓은 지역이 수몰될 예정이었다. 그 때문에 이 지역을 대상으로 하는 문화재 분포조사는 사전에 필연적으로 이루어질 수밖에 없었다. 그 결과 1984년 겨울방학을 이용하여 경상대와 부산대, 부산여대 (현 신라대) 박물관을 중심으로 지표조사가 실시되어 반계제고분군과 저포리유적 등 10곳의 중요 유적들이 확인되었다.

그런데 원래 합천댐 수몰지구는 황강 상류지역에 위치하고 평야가 적은 산간지대다. 그러다보니 어느 누구도 많은 유적이 있을 것으로는 예상하지 않았다. 그러나 조사 결과 10곳이라는 적지 않은 선사·고대 유적이 확인되어 조사자들을 놀라게 하였다. 게다가 강의 상류지역에 이렇게 많은 유적이 존재한다면 하류지역에는 더 많은 유적이 존재하리라고 예상하는 것은 너무나 당연하다. 이것이 옥전고분군을 찾게

된 1차적인 동기였다.

이런 이유와 함께 당시까지 단 한 번의 유적조사도 이루어지지 않아 고고학 조사의 공백지역으로 남아 있던 황강 일대를 개척한다는 생각도 옥전고분군 조사에 착수하게 한 두 번째 동기가 되었다.

1985년 여름 지표조사를 실시하여, 옥전고분군을 비롯하여 율진리 무덤실고분군, 청덕면 무리고분 등 많은 유적을 찾을 수 있었다. 이 때 확인된 옥전고분군은 왕릉에 버금가는 거대한 高塚古墳의 존재뿐만 아니라 다른 가야지역과는 구별되는 독특한 토기들과 함께 金銅製의 覆鉢片(이 유물은 나중에 23호분의 금동장 투구의 일부분임이 밝혀졌다), 札甲片 등이 발견됨으로써 시급히 조사가 이루어져야 할 중요한 유적임이 분명해지게 되었다.

그런데 이 중요 유적이 민가에서 멀리 떨어진 외딴 곳에 위치하고 있어 도굴 같은 유적의 파괴행위가 일어난다 해도 쉽게 알 수 없었고, 또 실제로 수많은 도굴갱이 뚫려 있는 것을 확인한 경상대 박물관 연구자들은 초조한 마음으로 발굴조사 계획을 수립하였다. 다급한 마음에 한편으로는 총장 이하 학교 본부의 직원들을 설득하여 예산을 확보하고, 다른 한편으로는 경상남도와 문화재관리국(현 문화재청 전신), 그리고 문화재위원인 고 金元龍 교수님, 고 韓炳三 관장님, 고 金基雄 문화재전문위원에게 조사의 필요성을 역설하여 유적 확인 후 4개월이라는 극히 짧은 기간 안에 발굴조사가 이루어질 수 있도록 노력하였다.

2) 조사경과

옥전고분군이 확인된 후, 이후 다섯 차례의 발굴조사와 한 차례의 시굴조사가 이루어졌고 이후 1권의 發掘調査 槪報와 10권의 보고서가 간행되었는데 이를 연대순으로 정리해 보면 아래와 같다.

1985. 7. 21~7. 28 : 황강 중·하류역 일대 지표조사, 옥전고분군 발견.

1985. 11. 25~1986. 1. 29 : 제1차 발굴조사.

1986 : 陜川 玉田古墳群 1차 發掘調査 槪報 출간.

1987. 11. 25~1988. 2. 12 : 제2차 발굴조사.

1988 : 陜川 玉田古墳群 I－木槨墓 발간.

1989. 4. 27~6. 27 : 제3차 발굴조사.

1990 : 陜川 玉田古墳群 II－M3호분 발간.

1991. 7. 22~10. 19 : 제4차 발굴조사.

1991. 12. 10~1992. 2. 8 : 제5차 발굴조사.

1992 : 陜川 玉田古墳群 III－M1, M2호분 발간.

1993 : 陜川 玉田古墳群 IV－M4, M6, M7호분 발간.

1994. 3. 23~4. 21 : 사적지 정비를 위한 시굴조사.

1994 : 陜川 玉田古墳群 시굴조사 보고서 발간.

1995 : 陜川 玉田古墳群 V－M10, M11, M8호분 발간.

1997 : 陜川 玉田古墳群 VI－23, 28호분 발간.

1998 : 陜川 玉田古墳群 VII－12, 20, 24호분 발간.

1999 : 陜川 玉田古墳群 VIII－5, 7, 35호분 발간.

2000 : 陜川 玉田古墳群 IX－67-A·B, 73~76호분 발간.

2003 : 陜川 玉田古墳群 X－88~102호분 발간.

유적을 확인하고 보고서를 완간하기까지 17년이라는 긴 시간이 지나는 동안 많은 사람들의 도움이 있었음은 물론이다. 그 중에서도 고 金元龍 선생님과 고 韓炳三 선생님, 고 金基雄 선생님의 전폭적인 지도와 지원, 그리고 김성묵 어르신을 필두로 한 상책면 주민들의 헌신적인 도움은 특기할 만하다.

아울러 발굴 현장과 학교 박물관에서 밤낮을 잊고 열심이었던 박승규, 박종익, 이해련, 정성환, 김정례, 류창환, 이경자, 강경희, 김상철, 하승철, 최현주, 공지현, 송영진 등의 노력은 옥전고분군 조사를 성공적으로 마무리할 수 있었던 힘이 되었음은 말할 필요도 없다.

2. 조사성과

1) 조사된 遺構와 遺物

옥전고분군은 27기의 高塚古墳과 수천여 기의 크고 작은 무덤으로 이루어진 대규모 유적으로, 지금까지 다섯 차례에 걸쳐 이루어진 조사에서는 극히 일부분인 119기의 유구와 3,000여 점에 달하는 유물이 발견되었다.

지금까지 조사된 유구와 유물을 간단히 정리하면 아래와 같다.

遺構 : 高塚古墳 9기

　　　　木槨墓 80기

　　　　竪穴式石槨墓 37기

　　　　横口式石室墓 1기

　　　　横穴式石室墓 1기

遺物：儀器	金銅製 冠帽 4점(23, M6호분)
	龍鳳文環頭大刀 7점(35, M3, M4, M6호분)
	異形有刺利器(대부분의 大形墓)
	金銅製 銙帶(M1호분)
	銅盌(M3호분)
甲冑	철판갑옷 2領(28, 68호분)
	비늘갑옷 6領(5, 20, 28, 67-A, M1, M3호분)
투구	15領(金銅裝飾 투구 2領 포함)
裝身具	金製 垂下附耳飾, 팔찌, 구슬목걸이(비취, 마노, 호박, 유리제옥)
武器	大刀, 화살촉, 화살통, 창 등
農工具	낫, 도끼, 망치, 집게, 숫돌
馬具	말투구(馬冑) 6領(23, 28, 35, M1, M3호분)
	말갑옷(馬甲) 2領(28, M1호분)
	鐙子, 재갈, 안장, 말방울, 杏葉, 雲珠 등 다수
土器	高杯, 蓋杯, 컵형토기, 器臺, 短頸壺, 長頸壺, 大甕, 廣口小壺, 船形土器 등등.
其他	Roman-glass(M1호분), 사슴뿔(M3호분), 石球 등.

2) 옥전고분군과 다라국

옥전고분군은 多羅國이 성립된 이후 축조되기 시작한 유적은 아니다. 지금까지 조사된 유구 가운데 가장 이른 시기에 속하는 것은 49, 52호분 등인데, 이들 유구에서 출토된 토기자료를 보면 대략 4세기 중엽경이다. 그렇기 때문에 옥전고분군은 이 시기부터 형성되기 시작하였다고 볼 수 있다.

그렇다 하더라도 이것이 이 지역에 처음으로 사람들이 살기 시작하였음을 보여주는 것은 물론 아니다. 왜냐하면 고분군과 토성이 있는 성산리 일대에서 청동기시대 석기들과 無文土器片들이 확인되고 있기 때문이다. 즉 이 지역에 사람들이 살기 시작한 것은 고분이 축조된 시기보다 훨씬 이전인 청동기시대부터임이 분명하다.

아마 이 시기부터 살기 시작한 사람들은 생활에 필수적인 소금 등의 물자를 얻기 위해 황강과 낙동강을 이용하였을 것이며, 4세기에 들어서는 수로를 통해 연결된 김해·부산지역의 선진문물, 즉 陶質土器의 생산기술이 이 지역으로 전달됨으로써 이전과는 전혀 다른 토기문화를 가지게 된 것으로 보인다. 이 때 이러한 문화를 받아들인 사람들이 49, 52호분의 피장자들일 것이다.

그러나 이 시기의 사람들은 황강 주변의 조그마한 평지를 이용하여 곡물을 경작하거나 황강의 물고기를 잡아먹으면서 평화롭게 생활했을 뿐, 아직 어떠한 정치체는 형성되지 않았던 것이 분명하다. 그리고 고고자료를 통해 보는 한, 이러한 생활은 4세기 말까지 지속되었던 것으로 생각된다.

물론 이 시기에 속하는 유구 가운데는 54호분처럼 예외적으로 상당히 대형에 속하는 유구가 존재하여 이 유구를 근거로 어느 정도의 권력을 장악한 지배자가 등장하였으며, 이러한 지배자가 일정한 범위에 걸친 정치체를 형성했을 것으로 생각할 수도 있으나, 54호분은 규모에 비해 유물의 부장이 너무나 빈약하다. 특히 지배자의 존재를 상징하는 冠帽나 甲胄와 같은 儀器나 장신구는 단 한 점도 부장되어 있지 않다. 뿐만 아니라 54호분은 이 시기로만 국한될 뿐 다음 단계의 首長 무덤들과는 연결이 되지 않아 이 유구만을 근거로 다라국의 성립이나 존재를 이야기할 수는 없다.

그러던 것이 5세기 이후가 되면서 상황이 일변한다. 즉 유구의 규모가 엄청나게 커지고, 여기에 부장된 유물 역시 앞 시기와는 비교할 수 없는 甲冑나 馬具, 金工品 등이 포함되어 있을 뿐만 아니라 수량도 급격하게 증가한다. 이처럼 유구의 규모나 부장유물의 양과 질을 볼 때, 이 시기부터 가야소국인 다라국이 성립된 것으로 추정할 수 있으며 그 대표적인 유구가 23호분이다.

그런데 이 지역에서 다라국이 성립되는 과정을 보면 앞 시기부터의 순차적인 성장의 결과로 나타나는 것이 아니라 아주 돌발적으로 등장하고 있다. 갑주나 마구, 금공품 등의 금속유물과 有蓋 透窓高杯나 鉢形器臺 등의 토기는 앞의 시기에서 계통을 전혀 찾을 수 없는 것들이기 때문이다.

그렇다면 다라국의 성립과정은 어떻게 이해해야 할까?

이 점을 밝히기 위해서는 이 지역 최초의 왕릉인 23호분과 함께 거의 동시기로 생각되는 67-A, B, 68호분 등에서 확인된 유구와 유물의 원류와 계통을 찾아볼 수밖에 없다.

먼저 유구를 보면 규모가 커지면서 평면 장방형을 이루고 유구의 바닥에는 割石을 깔아서 屍床을 만들고 있다. 유구가 평면 장방형을 이루고 바닥에 할석을 이용하는 이러한 屍床施設의 설치는 4세기대 김해·부산 지역의 목곽묘에서 나타나는 전형적인 특징이다.[1] 따라서

---

1) 李在賢, 1994,「嶺南地域 木槨墓의 構造」,『嶺南考古學』15 ; 申敬澈,

평면 장방형을 이루면서 규모가 큰 이러한 유구의 원류는 김해·부산 지역에 있다고 하겠다.

부장유물 중 토기는 물론 앞 시기의 목곽묘에서도 출토되었지만 이 시기부터 발견되는 토기와는 현격한 차이가 있다. 즉 앞 시기에 주로 발견되었던 無蓋無透窓 高杯와 爐形器臺는 자취를 감추고 대신 세장방형의 透窓이 뚫린 有蓋透窓 高杯와 鉢形器臺가 새롭게 등장하여 이후 지속적으로 부장되고 있다.

그런데 이 때 등장하고 있는 유개투창 고배와 발형기대는 앞 시기의 무개무투창 고배와 노형기대가 형식적으로 변화한 결과 나타나는 자료들이 아니라 전혀 계통을 달리하는 토기들이다. 반면에 이러한 투창고배와 발형기대는 4세기 후반 김해지역에서는 이미 출현하고 있음이 김해지역의 예안리, 대성동, 양동고분군 등에서 잘 확인되고 있다. 따라서 이러한 토기 역시 그 원류는 김해·부산지역에 있음을 알 수 있다.

토기보다도 다라국의 성립을 잘 보여주는 자료는 갑주와 마구, 금공품 등 소위 중요 유물들이다. 이 중 가야고분에서 그다지 출토 예가 많지 않은 갑주와 마구의 원류는 고구려나 慕容 鮮卑의 燕나라 등 중국 동북지방에 있음은 널리 알려진 사실이다.[2] 이러한 북방 騎乘用

2000,「Ⅴ 調査所見」,『金海 大成洞古墳群』Ⅰ.

2) 金斗喆, 1991,「三國時代 轡의 研究」, 慶北大學校 大學院 碩士學位論文 ; 金斗喆, 1997,「加耶前期의 馬具」,『加耶와 古代日本』; 金斗喆, 2000, 「韓國古代의 馬具」, 東義大學校 大學院 博士學位論文 ; 柳昌煥, 1994,「加耶古墳 出土 鐙子에 대한 研究」, 東義大學校 大學院 碩士學位論文 ; 宋桂鉉, 2001,「4~5世紀 東亞細亞의 甲冑」,『4~5世紀 東亞細亞와 加耶』; 申敬澈, 1990,「嶺南地方 4·5世紀代 陶質土器와 甲冑」,『古文化』37 ; 申

갑주문화는 4세기대 동아시아의 정세 변동에 수반되어 당시 영남의 선진지역이었던 김해지역에 가장 먼저 전달되고, 여기에서 약간 개량된 자료들이 5세기 이후 서부경남 각 지역으로 파급된 사실이 최근의 연구를 통해 밝혀지고 있다.[3]

이처럼 다라국 최초의 지배자 무덤들에서 발견되는 유구와 토기, 금속유물의 원류가 모두 김해지역에 있다면, 결국 다라국의 성립에는 김해지역 정치체의 영향이 근본적으로 작용했다고 할 수 있다.

이 점에서 주목되는 사실은 광개토대왕비문에 나타나는 서기 400년 庚子年 고구려군의 南征 기사다. 이 기록에 의하면 광개토대왕은 신라의 지원요청에 의해 步騎 50,000이라는 대군을 파견하여 任那加耶 從拔城을 침공하였다. 여기에 나타나는 임나가야는 말할 것도 없이 김해지역의 금관가야며, 고구려 대군의 침공을 받은 금관가야는 거의 멸망에 가까운 타격을 입고, 그 결과 금관가야의 왕릉이라는 대성동고분군은 왕릉의 축조 중단이라는 현상을 가져왔다.[4]

이러한 과정에서 이루어진 금관가야 지배집단의 동요와 유망은 바다건너 일본열도에도 영향을 미쳐서 일본 중기고분문화에 須惠器의

敬澈, 1999,「福泉洞古墳群의 甲冑와 馬具」,『福泉洞古墳群의 재조명』; 鄭澄元·申敬澈, 1984,「古代韓日 甲冑 斷想」,『尹武炳博士 回甲記念論叢』; 李相律, 1993,「嶺南地方 三國時代 杏葉의 硏究」, 慶北大學校 大學院 碩士學位論文; 李相律, 1999,「加耶의 馬胄」,『加耶의 對外交涉』; 桃埼祐輔, 2004, 「倭の出土馬具からみた國際環境 – 朝鮮三國伽耶·慕容鮮卑三燕との交涉關係」,『加耶, 그리고 倭와 北方』; 桃埼祐輔, 2005,「東アジアの騎馬文化の系譜」,『馬具硏究のまなざし』.

3) 주 2)의 여러 논문 참조.

4) 申敬澈, 1995,「金海 大成洞·東萊 福泉洞古墳群 點描」,『釜大史學』10.

생산과 騎乘用 甲冑文化인 마구와 비늘갑옷이 등장하는 엄청난 변화를 가져왔다는 것은 일찍부터 지적되어 왔다.

그렇지만 필자는 서기 400년 고구려군의 남정에 의해 초래된 금관가야의 동요는 일본뿐만 아니라 서부경남의 여러 지역, 이를테면 합천과 함안, 고령, 고성 등지에도 충격을 주어서 그 때까지 평화로운 삶을 영위하고 있던 지역에 전혀 새로운 사회를 등장시키게 된 것으로 생각하고 있다. 즉 옥전지역에는 다라국, 고령지역에는 대가야, 함안지역에는 아라가야, 고성지역에는 소가야와 같은 서부경남 가야소국이 등장하게 된 것이다.[5]

5세기 전반의 어느 시점에서 성립된 다라국은 서서히 발전하여 좀 더 강대한 나라로 성장하게 되는데, 이는 5세기 3/4분기의 M1, M2호분으로 대표되는 몇몇 유구들에서 잘 나타난다. 이러한 점은 같은 최고지배자급에 속하는 앞 시기의 23호분과 이 시기의 M1, M2호분을 비교해 보면 잘 알 수 있다.

유구는 규모도 커졌을 뿐만 아니라 거대한 封墳을 만들고 내부에는 부장유물 전용의 副槨 달린 유구를 축조하고 있다. 아울러 유물에서는 金銅銙帶 등의 새로운 장신구가 부장되고 있을 뿐만 아니라 투구와 같은 威勢品이 복수로 부장되는 등 더욱 유물이 풍부해지는 변화가 나타난다. 이러한 변화는 앞 시기에 비해 다라국이 비약적으로 성장·발전하였음을 단적으로 보여주는 것이다.

반면에 이러한 변화를 자세히 살펴보면, 단순히 성장의 결과물로만

---

5) 趙榮濟, 2006, 「西部慶南 加耶諸國의 成立에 대한 考古學的 研究」, 釜山大學校 大學院 博士學位論文.

해석할 수 없는 몇 가지 요소들이 포함되어 있음을 알 수 있다. 즉 유구의 경우 거대한 원형 봉분의 축조와 수혈식석곽묘의 채용, 隔壁에 의한 主·副槨의 분리와 함께, 유물에서 보이는 신라양식에 속하는 扁圓魚尾形 杏葉과 Roman-glass, 昌寧型 土器 등이 그것이다.

이처럼 앞 시기 문화와는 전혀 연결되지 않는 신라양식의 유물과 同穴 主·副槨式과 같은 유구가 이 지역에 나타나게 된 요인은 무엇이었을까?

잘 알다시피 동아시아의 강국으로 성장한 고구려는 427년(장수왕 15) 수도를 集安에서 平壤으로 옮겨 백제에 대한 공격의지를 뚜렷이 나타내었으며, 이후 475년 백제의 수도 漢城을 함락시키고 개로왕을 주살할 때까지 끊임없이 공격을 감행하여 백제를 위협하였다. 이는 백제 개로왕이 중국의 北魏에 보낸 사신의 표현에서 잘 나타난다.[6]

반면 신라는 고구려와 백제가 충돌하는 시기를 틈타 국력을 다지면서 광개토대왕의 남정 이후 강력한 영향력을 행사하고 있던 고구려에 강하게 반발하면서 성장하고 있었음이 『三國史記』나 『日本書紀』에서 확인되고 있다.[7]

이와 같이 5세기 중엽 한반도에서 전개된 역사적 상황은 어떤 하나의 강대국이 가야지역에 절대적인 영향력을 행사할 수 없었음을 보여

---

6) 『三國史記』百濟本紀 6, 蓋鹵王 18年, "遣使朝魏上表曰 (中略) 又云 臣與 高句麗 源出夫餘 (中略) 逐見凌逼 構怨連禍 三十餘載."

7) 『三國史記』新羅本紀 訥智麻立干 34年, "高句麗邊將 獵於悉直之原 何瑟 羅城主三直 出兵掩殺之 (中略) 乃興師侵我西邊 王卑辭謝之 乃歸." 『日本書紀』14, 雄略 8年, "由是 高麗王 遣精兵一百人 守新羅 (中略) 盡 殺國內所有高麗人 (中略) 二國之怨 自此而生(言二國者 高麗·新羅)."

주며, 이러한 분위기 속에서 다라국을 비롯한 가야소국들은 독자적으로 성장할 수 있는 기틀을 마련했을 뿐만 아니라 대외적으로도 활발한 교류를 행한 것 같다.

결국 이 시기의 다라국은 위와 같은 한반도의 역사적 상황에 힘입어 독자적인 성장을 거듭하고 그 결과 새로운 묘제를 도입하고 유물을 수용하였으며, 거대한 봉분을 가진 고총고분을 축조함으로써 강대한 지배자의 힘을 과시하였을 것이다. 특히 다라국은 인근의 창녕을 매개로 하여 신흥강국으로 성장하고 있던 신라의 선진문물을 받아들인 것으로 생각된다.

5세기 말 6세기 초가 되면 다라국은 더욱 강대한 나라로 성장한다. 이 시기 다라국의 왕릉을 대표하는 M3호분은 내부 주체가 최대로 커지면서 부장 유물의 양과 질에서도 옥전고분군뿐 아니라 가야고분을 대표할 만큼 주목되는 고분이다.

옥전 M3호분은 직경 15.5m의 봉분과 길이 10.6m, 폭 2.7m, 높이 1.5m에 달하는 主·副槨式 木槨을 가진 고총고분으로서, 주곽에는 주로 금속유물, 부곽에는 토기들과 두 마리의 사슴이 부장되어 있었다.

특히 棺臺로 이용된 121매의 鑄造鐵斧와 金銅裝 투구, 두 벌의 말투구, 銅盌, 기꽂이, 鍛冶具와 덩이쇠, 금이나 은으로 장식된 裝飾馬具 등과 함께 가야고분에서는 거의 발견되지 않는 龍鳳文環頭大刀가 한꺼번에 네 자루나 부장되었다는 사실은 이 고분의 피장자가 다른 어떤 가야소국의 지배자에 견주어도 손색이 없을 정도로 강대한 권력을 가졌음을 웅변하는 것이다. 궁극적으로 다라국 역사상 가장 전성기를 구가한 시기의 것임을 알려준다.

그러나 이 시기의 고분에서 나타나는 현상 중 무엇보다도 주목되는 것은 대가야 양식의 유물이 폭발적으로 등장하고 있는 점이다. 예를 들면 M3, M4호분 등에서 확인되는 有蓋高杯와 鉢形器臺, 有蓋長頸壺, 軟質蓋가 덮인 短頸壺, 兩耳附把手附 杯 등은 전형적인 대가야 양식 토기들이다.

이처럼 이 시기에 대가야 양식의 토기가 집중적으로 발견되는 것은 비단 옥전지역만의 특별한 현상이 아니라 거창, 함양, 산청, 남원, 진안 등 서부경남과 호남동부 일부 지역에서 동시에 나타나고 있다. 따라서 이러한 현상의 이면에는 중대한 역사적인 요인이 작용했을 가능성이 크며, 그것은 최근 주목받고 있는 대가야의 급속한 성장과 다라국과의 연맹체 결성일 것이다.

다라국과 손잡은 고령의 대가야는 서부경남 일대의 넓은 지역에 영향력을 행사하면서 후기가야의 대표적인 세력으로 등장하고, 이러한 힘을 바탕으로 중국 南齊에까지 사신을 파견하는 등 활발한 활동을 전개하였다.

그렇지만 이 시기에 다라국이 대가야의 강한 영향력 아래에 있었고 대가야연맹체의 일원으로 편입되었다 하더라도, 그 자신의 독자성마저 상실한 것은 아니었다. 묘제는 고령지역과는 달리 여전히 이 지역의 독자적이고 전통적인 방법을 고수하고 있을 뿐만 아니라 유물부장의 양과 질에서도 대가야의 지배층에 필적하고 있기 때문이다.

결국 이 시기의 다라국은 비록 대가야의 영향력 아래 있었지만 당시의 정세를 이용하면서 안정적인 발전을 도모하였던 것으로 보인다. 따라서 이 시기는 다라국의 최전성기였다고 생각된다.

그러다가 6세기 중엽경이 되면 다라국은 독자성을 상실하면서 급격하게 변화한다. 먼저 왕릉의 무덤형태가 전통적인 木槨墓에서 橫口式石室墓로 바뀔 뿐만 아니라 厚葬 습속이 사라지고 薄葬이 시행되는 등 지금까지 다라국 지배자층의 葬法과는 판이한 형태가 나타난다.. 장법이나 묘제가 강한 보수성을 가지고 쉽게 바뀌지 않는 문화요소임을 생각한다면, 이러한 변화는 다라국의 독자성이 상실되지 않는 한 일어나기 힘든 것이다. M10호분의 橫口式石室墓의 축조와 M6호분의 出字形 金銅寶冠의 출토는 이 변화의 대표적인 예다.

이러한 변화는 왜 일어난 것일까?

먼저 주목되는 것은 M6호분에서 발견된 두 점의 出字形 寶冠이다. 이런 형태의 보관은 신라양식으로서 쉽게 유통될 수 없는 대단히 상징적인 자료다. 아울러 M10호분의 횡구식석실묘의 축조를 고려한다면 이 같은 변화의 배경은 다라국과 신라와의 관계에서 찾을 수밖에 없을 것이다.

물론 이것이 다라국과 신라와의 직접적인 관계를 의미하는 것은 아니다. 왜냐하면 이 시기에 속하는 유구에서 발견되는 대부분의 유물은 대가야 양식에 속하는 것들로서, 앞 시기에 이루어진 다라국과 대가야의 관계는 여전히 지속되고 있는 것으로 보이기 때문이다.

이런 이유 때문에 이 시기 옥전고분군에 신라양식의 문물이 들어온 배경에는 대가야와 신라 사이에 전개된 역사적 사건이 개재되어 있을 가능성이 높으며, 이는 대가야와 관계가 깊은 다라국에도 영향을 주어 신라양식의 문물이 들어왔을 것으로 생각된다.

사실 6세기 중엽경 가야의 여러 나라와 신라는 다양한 관계를 보여준다. 즉 전기가야의 맹주였던 김해의 금관가야는 532년 신라에 병합되었던 데 비해 대가야는 신라와 결혼동맹을 맺는 등 우호적인 관계를 유지하고 있다. 특히 결혼동맹에 관한 『일본서기』의 기록을 보건대 이 때 신라의 문물은 대가야나 대가야와 밀접한 관계에 있던 많은 가야세력들에 유포되었을 가능성이 높다.

다소 무리한 해석일지는 모르지만 옥전 M6호분 출토 出字形 보관은 대가야와 신라 사이에 결혼동맹이 이루어졌을 때 대가야의 諸縣에 女從들을 나누어 두는 과정에서 유입되었을 가능성은 없을까?

그것은 어떻든 6세기 중엽경의 다라국이 대가야와 신라 사이에 이루어진 역사적 상황 아래에서 다라국만의 독자적인 위치를 거의 상실하고 변화되어 가던 시기라고 생각된다.

끝으로 옥전고분군에서 더 이상 고분이 축조되지 않는 시기, 바꾸어 말하면 다라국이 멸망한 시기는 가야 최후의 보루였던 대가야가 멸망한 것과 거의 같은 시기인 562년 전후였을 것으로 생각된다.

이 시기에 해당되는 유구는 그다지 많이 조사되지 않아서 부족한 부분이 많지만 그 중에서도 M11호분의 조사는 주목된다.

이 M11호분은 옥전고분군 내에서 규모가 가장 클 뿐만 아니라 이 고분을 끝으로 고총고분은 더 이상 축조되지 않는다. 실제로 이 M11호분의 서쪽과 남쪽에는 고분이 축조될 만한 공간이 충분히 남아 있음에도 불구하고 대형이든 소형이든 어떠한 고분도 분포하지 않는다. 따라서 옥전고분군에서 무덤의 축조는 이 M11호분이 마지막을 장식하였다. 고고학적으로 나타나는 이러한 현상은 다라국이 멸망한 후 더 이상 고분을 축조할 만한 세력이 이 지역에는 없었음을 보여준다.

이처럼 옥전 M11호분이 옥전고분군의 최후의 고총고분이라는 점은 이 고분의 내부주체가 가야 묘제에서는 가장 늦게 나타나는 횡혈식석실묘인 데서도 충분히 증명된다.

한편 M11호분의 횡혈식석실묘는 그 구조적인 특징이 熊津時代의 백제 횡혈식석실과 같을 뿐만 아니라 발견된 부장유물 가운데 嵌玉된 金製 垂下附 耳飾과 蓮瓣裝飾의 木棺 附屬具, 棺釘 등도 백제 지배계층의 무덤에서 일반적으로 발견되는 것들이기 때문에 이 시기 다라국에는 백제계 문물이 강하게 영향을 미친 것을 알 수 있다.

이와 같이 옥전고분군에 백제계 문물이 들어온 역사적 요인에 대해서는 대가야와 백제, 다라국과 백제 사이의 관계에서 찾을 수밖에 없으며, 그것은 아마도 『일본서기』 541, 544년조에 기록되어 있는 任那復權會議와 관계 있을 것이다. 백제 聖王의 주도 하에 이루어진 임나복권회의는 비록 구체적인 어떤 성과를 거두지는 못했지만 백제와 가야 여러 나라들과의 긴밀한 관계를 통해 백제 문물이 대가야와 다라국 등 서부경남 지역의 여러 가야소국들에 유입되었을 것이며, 그 결과 다라국에는 옥전M11호분, 대가야에는 古衙洞壁畵古墳 등이 남게 되었을 것으로 추정된다.

3) 조사성과와 앞으로의 과제

옥전고분군에 대한 발굴조사와 유물정리 과정에서 파악된 성과와 의미에 대해 간단히 정리하면 아래와 같다.

첫째, 출토된 토기를 볼 때 이 고분군은 4세기 중엽부터 6세기 중엽까지 지속적으로 형성된 유적임을 알 수 있었다. 그리고 시간의 흐름에 따른 묘제의 변천, 즉 木槨墓에서 竪穴式石槨墓로 변화하고, 이 수혈식석곽묘는 다시 시간이 지남에 따라 거대한 봉분을 가진 高塚古墳으로 바뀌고 있음이 분명하게 확인됨과 동시에 고총고분의 내부주체가 목곽묘에서 수혈식석곽묘를 거쳐 橫口式石室墓로 전환되고, 다시 마지막으로 橫穴式石室墓로 변화하고 있음이 밝혀짐으로써 가야고분의 변천 과정을 일목요연하게 파악할 수 있었다.

둘째, 장시간에 걸친 다양한 무덤들의 형태변화가 확인됨과 동시에 그 속에 부장된 유물 또한 시간의 흐름에 따른 뚜렷한 변화양상이 확인되어 이를 근거로 대체적인 편년이 가능해짐으로써 서부경남 가야고분 연구의 기준을 확보할 수 있게 되었다. 이는 이후 이 지역 고분문화의 연구에 중요한 기틀을 마련했다는 점에서 역시 커다란 성과 중 하나일 것이다.

셋째, 동래 복천동고분군 발굴조사 이후 크게 각광을 받기 시작한 甲胄資料가 본 유적 조사에서도 다량으로 발견되어 이 방면의 연구에 획기적인 공헌을 할 것으로 예상된다. 특히 6領이나 발견된 말투구는 함께 출토된 鐙子, 화살통, 비늘갑옷 등과 함께 고구려 騎乘用 甲胄文化의 남부지역으로의 파급이라는 역사적 사건을 알려주는 물질적 자료로서, 5세기대의 가야사, 나아가 고구려를 중심으로 하는 동아시아의 역사 연구에 일조할 것으로 예상된다.

넷째, 이 지역만의 독특한 묘제, 즉 다양한 종류의 목곽묘와 蓋石의 未使用, 그리고 당시 최고의 수장층(王)이 아니면 가질 수 없었던 많은 자료, 예를 들면 銅盌이나 金銅製 冠帽, 金銅裝 龍鳳文環頭大刀, 말투구 등이 확인됨으로써 본 고분군을 조영한 집단에 대해 다른 가야집단과는 별개의 독자적인 정치집단의 존재를 상정할 수 있었다. 이는 궁극적으로 역사책에 이름만 전해오면서 막연히 합천 일대에 있었을 것으로 추정되었던 다라국의 실상과 역사발전을 밝힐 수 있는 근본자료를 확보한 것이라 하겠다.

다섯째, 5세기 4/4분기의 다라국은 토기에 의하면 대가야의 강한 영향력 아래에 있었으며, 이로써 이 시기 대가야의 실상과 그를 둘러싼 한반도 남부의 역사변동을 추적할 수 있는 실마리를 찾을 수 있었다. 그리고 5세기 3/4분기에 해당하는 유구에서 창녕지역과 관계 깊은 자료가 출토되고, 6세기 2/4분기에 비정되는 유구에서 신라계 유물이 확인됨으로써 이 시기 가야를 둘러싼 이 지역의 미묘한 역사전개의 일단을 살필 수 있는 단서를 확보할 수 있었다.

여섯째, 최근 커다란 성과를 거두고 있는 김해 대성동이나 양동, 창녕 교동, 함안 도항리고분군 등과 더불어 옥전고분군 출토 자료를 같은 시기의 경주나, 공주, 부여지역 고분 출토 자료들과 비교해 봄으로써 지금까지 미지의 고대왕국으로 남아 있는 가야의 참모습과 삼국시대의 가야의 위상을 밝히는 데 일익을 담당할 수 있을 것으로 기대된다.

한편으로는 이러한 성과 못지않게 밝혀야 할 과제 또한 많다.

그 중 하나는 해방 이후 우리나라 고분에서는 거의 발견되지 않았던 龍鳳文環頭大刀가 7점이나 한꺼번에 발견된 사실이다. 이를 통해 지금까지 일본인 연구자들에 의한, 중국(위진남북조)과 주변 제국 간의 소위 책봉외교 속에서 중국에서 백제, 백제에서 다시 가야나 왜로 전달된 상징적인 유물이었다는 주장은 부정되었다. 그런데 이것은 어디서 만들어졌으며, 왜 옥전고분군에서 집중적으로 발견되는 것일까?

그리고 지금까지 경주의 왕릉과 고분에서만 14점이 발견된 Roman -glass가 가야고분에서는 유일하게 M1호분에서 발견되었는데, 이 자료가 어떤 이유에서 어떤 경로를 통해 6가야에도 포함되지 못할 정도로 작은 소국의 하나인 다라국에 전달된 것일까?

결국 그다지 큰 평야도 없는 지역에서 가야의 소국으로 남아있을 수밖에 없었던 다라국의 고분에서 막강한 경제력과 군사력을 보여주는 많은 자료들이 발견되었다고 했을 때, 이러한 국력을 뒷받침해줄 수 있는 산업은 무엇일까?

甲冑 연구자들의 주장처럼 68호분의 三角板革綴板甲과 28호분의 橫矧板 釘結板甲이 우리나라가 아닌 倭에서 만들어져 옥전고분군에 유입된 것[8]이라면, 이 板甲들은 어떤 경로를 통해 유입되었으며 그 역사적 상황은 어떤 것이었을까?

그런데 다라국의 역사를 밝히는 데 있어서 옥전고분군이라는 埋葬遺蹟만을 대상으로 할 경우, 많은 한계를 가질 수밖에 없다. 이러한 점을 해소하고 보다 객관적인 역사상을 찾기 위해서는 土城과 생산유적에 대한 조사 및 나아가 바로 인근에 같은 시기의 것으로 추정되는 몇몇 고분유적(多羅里, 烏西里, 上浦里古墳群 등)에 대한 지속적인 조사가 반드시 필요할 것이다.

---

8) 宋桂鉉, 2001, 「4~5世紀 東亞細亞의 甲冑」, 『4~5世紀 東亞細亞와 加耶』.

Ⅱ. 옥전고분군의 墓制

1. 머리말

합천군 쌍책면 성산리 옥전마을의 야산 정상부에 형성된 옥전고분군은 지금까지 다섯 차례에 걸쳐 발굴조사가 실시되어 모두 119기의 매장유구와 다종다양한 유물 3,000여 점이 출토되었다. 특히 金銅製 보관을 비롯하여 龍鳳文環頭大刀, 甲冑, 馬冑 등은 대단히 중요한 유물로 지금은 사적 326호로 지정되어 보존·보호되고 있다.

이 고분군에서 지금까지 확인된 119기의 유구 속에는 목곽묘를 비롯하여 수혈식석곽묘, 횡구식석실묘, 횡혈식석실묘 등 가야고분에서 발견될 수 있는 모든 형태의 유구들이 포함되어 있어서 마치 가야고분의 전시장을 방불케 한다.

일반적으로 가야시대의 묘제는 목관묘에서 목곽묘로 발전하고, 다시 석곽묘가 등장하여 가야의 주된 묘제로 애용되다가 신라문화의 영향으로 횡구식석실묘가 채용된 뒤 다시 백제의 영향을 받아 횡혈식석실묘가 도입되었던 것으로 이해되고 있다.

따라서 장시간 조영된 이 고분군의 다양한 묘제에 대한 분석과 이해는 이 지역에 존재했던 다라국의 실상을 파악하는 첩경임과 동시에

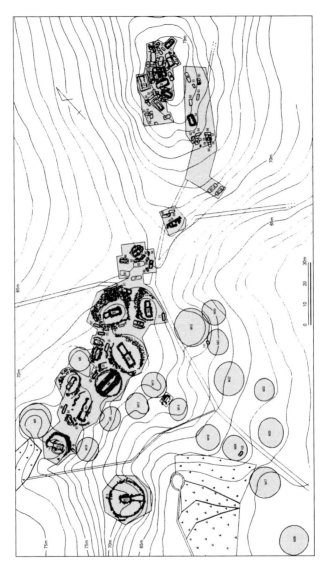

도면 1 | 옥전고분군 유구 분포도

다라국을 포함하는 대가야연맹체의 실상과 가야와 신라, 가야와 백제 사이에 형성되었던 정치, 문화적인 관계를 파악하는 데도 지극히 중요한 작업이라 여겨진다.

2. 옥전고분군의 墓制에 대한 분석

이 고분군에서 확인된 유구는 목곽묘 80기, 수혈식석곽묘 37기, 고총고분 9기 등인데 고총고분 속에는 횡구식, 횡혈식석실묘가 각각 1기씩 포함되어 있다(도면 1).

1) 木槨墓

본 유적의 목곽묘는 출토된 자료에 의하면 4세기 중엽에서 6세기 초까지 꾸준히 축조되고 있는데, 필자는 출토된 자료를 통해 이러한 목곽묘를 아래와 같이 대략 3단계로 나누어 파악하고 있다.[1]

1단계 : 4세기 중엽에서 5세기 초까지(도면 2, 3)

無蓋無透窓 高杯를 지표로 하는 단계로서 고배와 더불어 단경호와 컵형토기가 주종을 이루며 간혹 異形蓋와 爐形土器, 臺附小壺, 直口短頸壺, 小形器臺 등이 출토된다.

유구는 대부분 소형(평면 4×2m 이하)이며 봉분의 존재는 확인할 수 없다. 유구의 평면형태는 장폭비 2 : 1~3 : 1 사이에 위치되는 비교적 세장방형이 주류를 이루지만 4세기 후반에 속하는 54호분(도면

---

1) 趙榮濟, 1988, 「陜川 玉田古墳群 Ⅰ」, 『慶尙大學校 博物館 調査報告 3』.

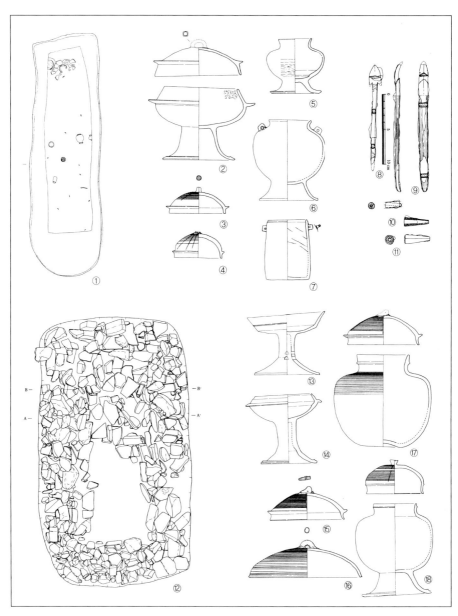

도면 2 | 목곽묘 1단계(①~⑪ : 49호분, ⑫~⑱ : 54호분)

2-⑫~⑱)은 장방형이면서 木槨과 墓壙 사이에 돌을 채우고 목곽의 상부에도 돌을 한 벌 덮었을 뿐만 아니라 바닥에도 납작한 할석을 깔아서 시상을 만든 특이한 형태로 되어 있다.

2단계 : 5세기 전반대(도면 3, 4)

토기에서 有蓋有透窓 高杯가 등장하고 鉢形器臺, 廣口形長頸壺와 같은 신기종이 출현하며, 철기는 異形有刺利器를 비롯하여 甲胄, 馬具, 環頭大刀와 金製耳飾과 같은 금공품이 부장되기 시작하는 단계이며, 유물의 부장도 대부분 시신의 발치 쪽에 가지런히 배치되기 시작한다. 특히 이 단계부터 부장되기 시작하는 이형유자이기는 이후 이 고분군 내의 비교적 대형분에는 거의 예외없이 1점씩 부장되는 특징적인 자료가 되고 있다.

유구는 여전히 작고 세장한 목곽묘(평면 4×2m)가 축조되지만 한편에서는 폭이 넓은 장방형 유구와 목곽과 묘광 사이에 돌과 흙을 채워넣는 유구도 계속 축조되고 있다. 다만 앞 시기에 비해 규모가 현저하게 커져서 거의 수장급의 규모를 보여주고 있으며 아울러 깊어진 유구에서는 이 단계부터 棺臺 또는 屍床 시설이 확인되기도 한다(8, 23호분)

특히 23호분은 규모면에서뿐 아니라 부장 유물의 양과 질에서 이 단계에 속하는 다른 유구에 비해 현격한 차이를 보여주고 있다. 즉 본 유구의 묘광은 7.2(길이)×4.6(너비)×1.2(깊이)m로 크기가 가야지역 목곽묘 중에서도 최대급에 속한다. 또한 목곽 주위에는 할석을 채우고 할석과 묘광의 공간에는 판축상으로 흙을 다져서 목곽을 보강

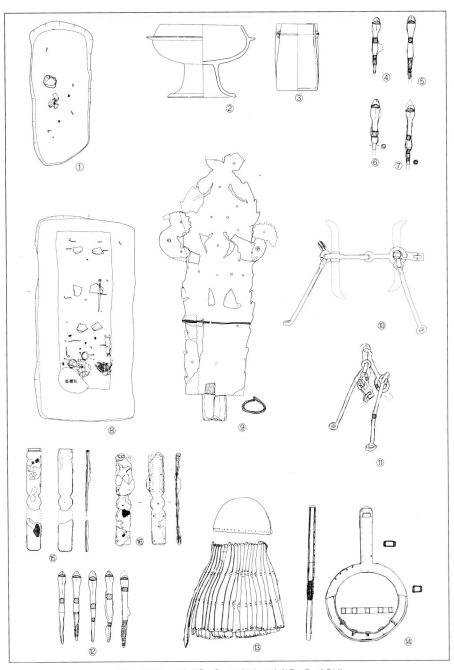

도면 3 | 목곽묘 1단계(①∼⑦ : 52호분), 2단계(⑧∼⑯ : 8호분)

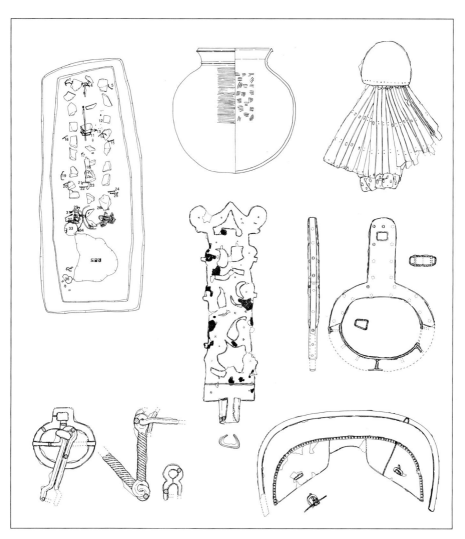

도면 4 | 목곽묘 2단계(67-A호분)

하였으며, 바닥에는 할석을 깔아 棺臺狀의 屍床을 만들었다. 출토된 유물은 金銅製 冠帽를 비롯하여 금동장 투구, 금동장 마구, 말투구 등이 단계의 다른 유구에서는 찾아볼 수 없는 화려한 자료들이다.

3단계 : 5세기 후반 이후(도면 5, 6, 7)

유물은 대부분 앞 시기의 자료가 형태 변화를 일으키면서 존속하고 있으나 蓋杯와 有蓋式 長頸壺가 처음으로 등장하며, 철제의 盛矢具가 소형인 31호분에서까지 발견될 정도로 보편화하고 있다. 그리고 이 단계의 유물상에서 나타나는 커다란 특징은 5세기 3/4분기에 해당하는 유구에서는 창녕 내지는 신라계 유물(M1, M2, 31호분)이, 그리고 5세기 4/4분기 이후에 속하는 유구에서는 고령의 대가야계 유물이 집중적으로 확인된다(M3, M7, 70, 72호분).

유구는 세장방형의 목곽묘(평면 4×1.5m 이하)가 여전히 축조되면서 아울러 폭이 넓으면서 목곽과 묘광 사이에 돌과 흙을 섞어서 조잡하게 만든 隔壁으로 주곽과 부곽을 분리시킨 것도 발견된다. 이 단계에서 일어난 중요한 변화는 무엇보다도M1, M2호분처럼 거대한 봉분을 쌓아올린 고총고분의 등장이다.

한편 5세기 4/4분기 이후가 되면 M3, M7호분 등의 首長墓에는 목곽묘가 채택되지만 소형 유구는 목곽묘뿐만 아니라 수혈식석곽묘로 대체된다.

2) 竪穴式石槨墓(도면 8, 9, 10)

본 유적에서 37기가 확인된 수혈식석곽묘는 M4, M6호분을 제외하

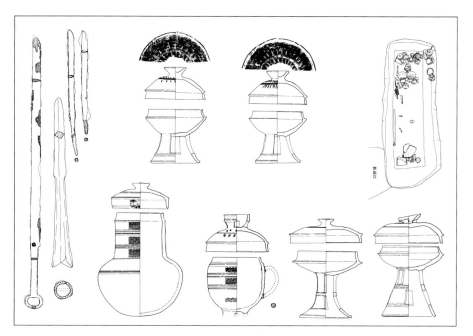

도면 5 | 목곽묘 3단계(31호분)

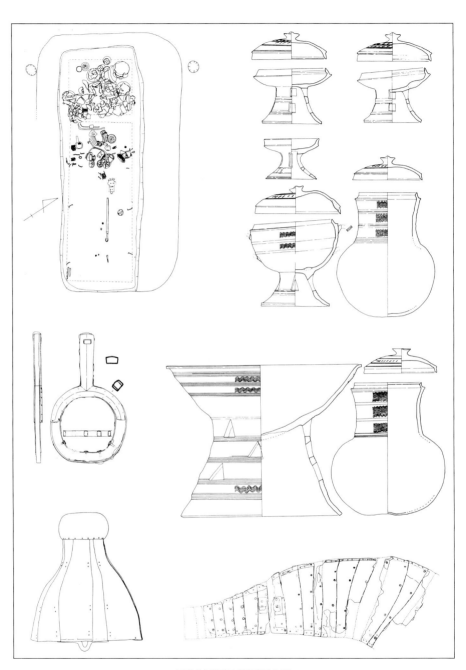

도면 6 | 목곽묘 3단계(70호분)

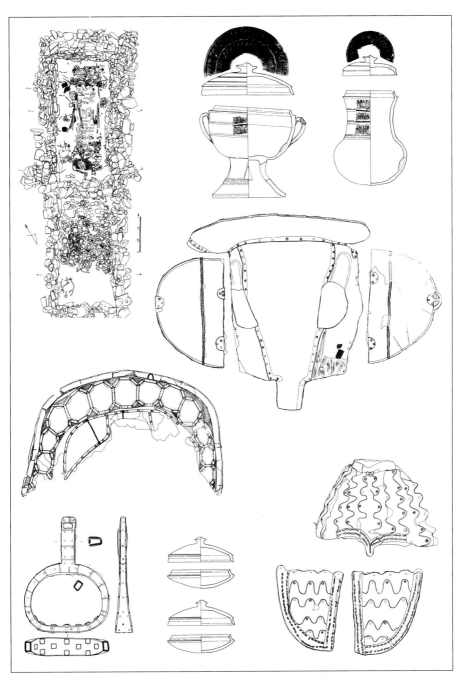

도면 7 | 목곽묘 3단계(M3호분)

면 규모가 대단히 작은 소형 유구들뿐이다.

일반적으로 수혈식석곽묘는 4벽을 정교하게 쌓고 개석을 덮어 밀폐시킨 것이 보통이나 이 유적의 수혈식석곽묘는 개석을 전혀 사용하지 않고 木蓋를 덮고 그 위에 판석상의 할석을 한 벌 덮고 있는 점에서 현격한 차이를 보여준다.

이처럼 개석을 사용하지 않고 목개를 덮은 것은 이 고분군의 축조집단이 앞 시기부터 고수해 온 하나의 전통이라고 생각된다. 즉 앞에서 살펴본 목곽묘 중 1단계의 54호분이나 2단계 이후의 대형 장방형의 목곽묘에서 목개를 사용하는 관념이 이후의 목곽묘뿐만 아니라 새롭게 등장한 수혈식석곽묘에도 그대로 적용되었던 것이다.

한편 이 지역의 수혈식석곽묘는 목곽묘에서 순차적으로 발전하여 등장한 것이 아니라 외부로부터 수혈식석곽묘의 축조 관념이 유입되어 축조되기 시작했다. 왜냐하면 지금까지의 유적 조사에서 확인된 수혈식석곽묘 중 가장 이른 시기의 것은 유물을 통해 볼 때 5세기 3/4분기에 해당하는 M1-1(도면 8-⑥~⑫), 2, 3호분들인데 이들 유구는 선행 형태 없이 돌발적으로 이 지역에 등장하고 있기 때문이다.[2]

비록 28, 35호분의 대형 목곽묘에서 부곽만을 정연하게 축조하여 마치 목곽묘에서 석곽묘로 이행하는 듯한 형태의 유구가 확인되고 있지만 이들 유구도 모두 M1-1~3호분과 동시기에 포함될 뿐만 아니라 오히려 목곽묘 축조집단에 수혈식석곽묘의 축조기법이 극히 부분적으로 받아들여진 결과 나타난 것으로 생각되기 때문이다. 그렇지만

---

2) 趙榮濟, 1992, 「陜川 玉田 M1, M2號墳에 對하여」, 『제1회 嶺南考古學會 學術發表會發表要旨』.

도면 8 | 수혈식석곽묘(①~⑤ : 73호분, ⑥~⑫ : M1-1호분)

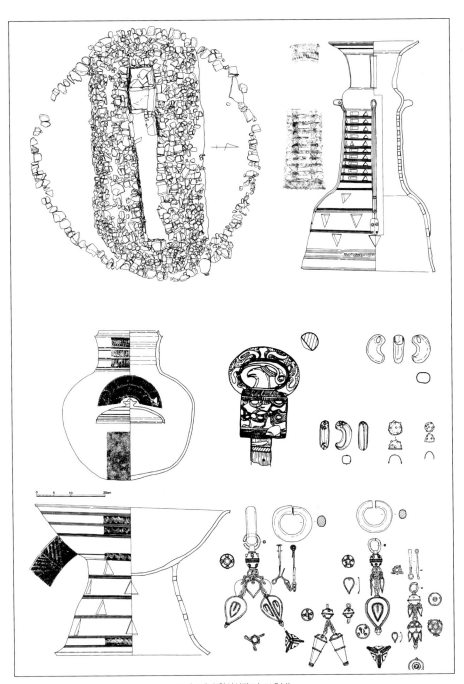

도면 9 | 수혈식석곽묘(M4호분)

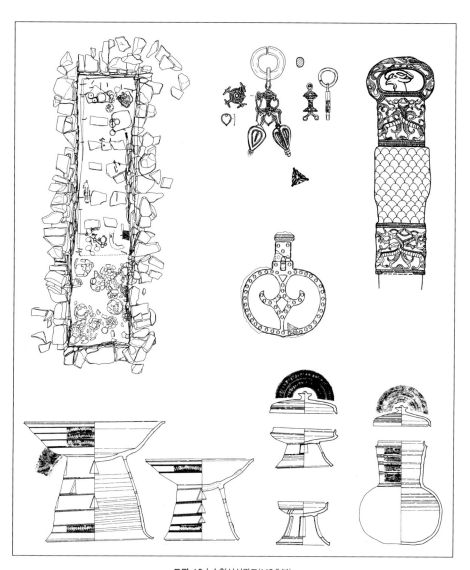

도면 10 | 수혈식석곽묘(M6호분)

이와 같은 수혈식석곽묘의 축조기법은 이후 소형 유구를 중심으로 채택되었을 뿐 대형 유구에서는 M4, M6호분의 두 예를 제외하면 전혀 영향을 미치지 못하고 있다.

그리고 이 유적에서는 이처럼 소형 수혈식석곽묘가 축조됨과 동시에 거대한 타원형 봉분이 축조되기 시작되고, 처음으로 격벽에 의한 주·부곽의 분리 현상도 나타나고 있다. 따라서 옥전고분군의 축조집단은 5세기 3/4분기에 수혈식석곽묘의 축조와 거대한 봉분을 가진 고총고분의 축조와 관련하여 다른 지역으로부터 영향을 받았음을 알 수 있다.

한편 이 유적의 수혈식석곽묘 가운데 수장급에 해당되는 유구는 M4(도면 9), M6(도면 10)호분이다. 이 유구는 길이에 비해 폭이 극히 좁은 세장방형이며, 측벽의 축조는 대단히 정교하고 아울러 격벽이 축조되지 않고 부곽이 소멸되며, 봉분의 평면 형태도 타원형에서 거의 완전한 원형으로 바뀌고 있다. 그럼에도 불구하고 석곽에 개석을 사용하지 않는 전통은 여전히 고수되고 있다.

3) 橫口式石室墓(도면 11-①)

본 유적에서 확인된 횡구식석실묘는 M10호분의 1기밖에 없는데, 바로 이웃해 있으면서 봉분이 봉긋하게 솟은 M9호분도 같은 형태의 것이 아닐까 추정되고 있다.

그것은 어떻든 M10호분은 평면 형태가 장방형을 이루며, 입구벽을 제외한 3벽을 縱平積과 橫平積을 섞어서 정교하게 거의 수직으로 쌓았다. 바닥에는 자갈을 장방형으로 깔아서 낮은 屍床을 만들고 다시

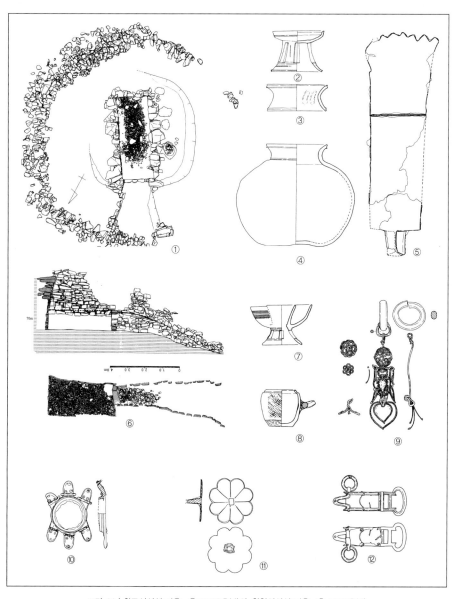

도면 11 | 횡구식석실묘(①~⑤ : M10호분)와 횡혈식석실묘(⑥~⑫ : M11호분)

그 위에 평평한 돌을 등간격으로 놓아서 棺臺를 설치하였다. 입구벽은 2~3단 장벽과 잇대어 축조하고 그 안에 돌을 비교적 잘 쌓아서 폐쇄시키고 있으며, 북서쪽으로 넓게 벌어지는 墓道를 만들어 놓았다.

봉분은 완전한 원형이며, 개석은 여전히 사용하지 않고 있다.

특이한 것은 屍床 아래에서 작은 구멍 하나가 확인되었는데 이것은 원형 봉분을 만들기 위한 기준점이었을 것으로 추측된다. 왜냐하면 이 구멍은 석실의 중앙에 위치하지 않고 봉분의 중심점에 해당하기 때문이다.

이러한 횡구식석실묘는 追加葬을 위한 구조물인데 본 M10호분에서 追葬이 일어난 뚜렷한 흔적은 확인되지 않았다. 그러나 시신을 안치할 때 시상 위에 관대를 설치했다는 것은 어쩌면 한 차례의 추장이 일어난 것을 의미할 가능성도 있다.

유물은 토기 2점, 철기 2점밖에 부장되지 않은 지극한 薄葬이었다.

4) 橫穴式石室墓(도면 11-⑥)

M11호분 횡혈식석실묘 역시 횡구식석실묘와 마찬가지로 단 1기만이 조사되었는데 수 차례의 도굴에 의해 심하게 파손되었으며, 유물 역시 대부분 없어지고 파편들만 수습되었다.

M11호분은 본 고분군에서 가장 큰 봉분을 가진 대형분이며, 호실의 평면은 장방형을 이루고 4벽을 정교하게 수직으로 쌓다가 조금씩 內傾시켜 상단부를 좁혔으며, 그 위에 木蓋를 덮었던 것으로 추정된다. 바닥에는 屍床으로 사용된 자갈이 전면적으로 깔려 있는데 도굴되면서 교란되어 많은 부분이 정연하지 못한 모습이다.

羨道는 현실의 오른쪽에 달린 소위 右片袖形이며, 동남쪽으로 길게 약간 경사지게 축조되어 있고 현실과의 경계 부분에는 할석을 쌓아올려 폐쇄시켰다.

유물은 대부분 없어졌으나 화려한 金製 耳飾과 金銅製 蓮瓣棺裝飾, 금제, 금동제 파편과 약간의 토기편이 수습되었으며, 追葬 흔적은 교란되어 잘 알 수 없었다.

3. 墓制의 변천과 의미

이상에서 살펴본 대로 옥전고분군에서는 장구한 시일 동안 다양한 형태의 무덤들이 축조되었음을 알 수 있었다.

이 장에서는 지극히 보수성이 강한 장법이 어떻게 변하였고 또 이 변화의 요인은 무엇이었으며, 그것이 의미하는 바가 무엇인지에 대하여 간단하게 살펴보고자 한다.

먼저 목곽묘는 최근 김해 대성동이나 양동리고분군의 조사결과, 2세기 말경 낙랑을 매개로 한 漢문화의 영향 아래 등장한 이래 3세기 말경이 되면 다시 부여와 중국 동북지역의 목곽묘의 영향을 받으면서 변화·발전하였다.[3]

---

3) 申敬澈, 1992, 「金海 禮安里 160號墳에 對하여」, 『伽倻考古學論叢』 1 ; 敬澈, 1992, 「金官加耶의 成立과 對外關係」, 『伽耶文化』 5.
  이 점에 대하여 영남지역 목곽묘는 모두 서북지방 낙랑 목곽묘의 영향을 받아서 축조되었다는 견해도 있다. 崔秉鉉, 1990, 「新羅古墳研究」, 崇實大學校 大學院 博士學位論文 ; 辛勇旻, 1990, 「西北地方 木槨墓에 대한 研究」, 東亞大學校 大學院 碩士學位論文.
  한편 남부지방 목곽묘는 다양한 종족의 이주 과정에서 이들이 가지고 이와 같이 후기 瓦質土器 단계에 등장한 목곽묘는 3세기 말경에는 이른바 경주형 목곽묘(또는 신라형 목곽묘, 구정동-중산리 유형)라는 세장방형 목곽묘가 출현하여 김해-부산지역의 목곽묘와는 확연하게 구별되어 변화·발전해 간다.[4]

한편 4세기대가 되면 김해-부산지역의 목곽묘는 墓壙의 바닥에 割石 또는 자갈로서 屍床施設을 만든 李在賢 分類 Ⅱ類[5] 목곽묘라는 특징적인 형태의 무덤이 성립되고 있으며, 이러한 형태의 목곽묘 성립에는 우리나라 북부지역의 정세변화, 즉 고구려에 의한 낙랑·대방군의 소멸이라는 역사적 상황이 작용했을 것으로 추정하고 있다.

이 유적에서 확인된 목곽묘는 함께 출토된 자료에 의하면 모두 4세기 중엽 이후의 것들이기 때문에 영남지역의 세장한 목곽묘의 영향을 받고 있음을 알 수 있으며, 이러한 형태의 목곽묘(장폭비 2 : 1~3 : 1 사이의 유구들)는 5세기 말까지 꾸준히 축조되고 있다. 그러다가 4세기 후반이 되면 54호분과 같이 갑자기 폭이 넓은 목곽묘가 나타나는데, 이 유구는 대형(평면적 18.2m²)이면서 평면형태가 장방형(장폭비 1.8 : 1)을 이루며, 바닥에 할석을 이용하여 屍床을 설치하고 목곽과 묘광 사이에 할석을 채워넣어서 목곽을 보강하고 있다.

있던 문화요소(地方系)가 복합적으로 작용하고, 거기다가 전통적인 목곽묘 사회가 확대 발전하는 과정 속에서 낙랑의 문화요소가 유입되어 남부지방의 독특한 구조가 나타났다고 보는 견해도 있다. 李在賢, 1993, 「3. 木槨墓에 대하여」, 『金海 禮安里古墳群』 Ⅱ.

4) 李盛周, 1996, 「新羅式 木槨墓의 전개와 의의」, 『新羅고고학의 제문제』; 申敬澈, 2000, 「Ⅴ 調査所見」, 『金海 大成洞古墳群』 Ⅰ.

5) 李在賢, 1994, 「嶺南地域 木槨墓의 構造」, 『嶺南考古學』 15.

이처럼 목곽 규모가 대형이면서 평면이 장방형을 이루고 할석을 이용하여 시상을 설치하고 목곽을 보강한 예는 동시기의 옥전고분군 내에서는 전혀 확인되지 않는 특이한 것으로서, 부산지역 Ⅱ류 목곽묘의 전통을 충실하게 반영하고 있다. 이처럼 옥전 54호분의 축조에는 김해-부산지역과의 직접적인 관계를 고려하지 않으면 안 될 것이다.

그러나 옥전 54호분과 같이 대형의 장방형 목곽묘는 황강 유역의 후기 瓦質土器 단계의 장방형 목곽묘의 축조 전통을 계승했을 가능성도 있다. 왜냐하면 前期 瓦質土器 문화가 전개된 남해안 일대와는 달리 후기 와질토기 문화가 전개된 황강의 상류역인 거창 정장리 유적[6]에서는 김해-부산지역과 마찬가지로 장방형 목곽묘가 축조되고 있었다. 따라서 후기 와질토기 문화가 전개된 황강 유역에서는 장방형 목곽묘가 축조되었을 것으로 생각할 수도 있기 때문이다.

그런데 황강 일대에서 발견된 古式 陶質土器 단계의 목곽묘를 보면 모두 소형의 세장방형 목곽묘들뿐이다. 만약 황강 일대의 고식 도질토기 문화가 이 지역의 앞 시기 문화인 후기 와질토기 문화를 계승한 것이라면 고식 도질토기 단계의 이른 시기 무덤은 대부분 장방형 목곽묘가 축조되어야 순리적이다. 그럼에도 불구하고 모두 소형의 세장방형 목곽묘만 축조되고 있는 것은 서부경남의 고식 도질토기 단계의 문화가 앞 시기 문화를 계승·발전한 것이 아니라 전혀 다른 요인에 의한 것이었음을 알려주는 것이다.

아울러 고식 도질토기 단계의 늦은 시기, 즉 4세기 후반 이후에 예

---

6) 慶南發展研究院 歷史文化센타, 2002,『居昌 正莊里遺蹟 發掘調査 現場說明會 資料集』; 김용탁, 2002,「居昌 正莊里遺蹟 發掘調査 中間報告」,『해양교류의 고고학』.

외적으로 등장하고 있는 54호분(도면 2-⑫)과 같은 장방형 목곽묘 역시 그 계통을 다른 지역에서 찾아야 할 당위성을 보여주는 것이다.

결국 옥전 54호분은 이 지역 앞 시기의 무덤 축조 전통을 계승한 것이 아니라 김해-부산지역과의 관계 속에서 축조되었을 가능성이 높다.

이처럼 폭이 넓은 목곽묘는 5세기 전반대가 되면 보다 규모가 커지면서 다양화되고 있다. 즉 앞에서 살펴본 23호분은 규모 면에서나 출토유물에서나 이 지역 최고 수장급에 해당하는 유구가 분명하며, 8호분(도면 3-⑧)은 장폭비 2 : 1의 장방형 목곽묘인데 바닥에 두 개씩의 할석을 놓아 관대를 만들고 있을 뿐만 아니라 金製 耳飾과 環頭大刀, 투구, 盛矢具, 등자, 재갈 등이 출토되고 있기 때문에 이 유구 역시 23호분과는 비교할 수 없지만 동 시기의 다른 목곽묘와는 현격한 차이를 보여준다.

또한 유구를 축조할 때 돌을 사용하지 않는 것이나 출토유물에서 주목할 만한 자료는 없지만 규모 면에서나 특히 이 지역 지배자들이 특징적으로 가지고 있었던 상징물인 異形 有刺利器가 1점 출토된 47호분 역시 주목할 만한 유구하고 생각된다.

따라서 5세기 전반대에 이 지역에서는 무덤의 규모가 커지고 금공품이나 강대한 신분을 상징하는 甲冑, 裝飾馬具, 環頭大刀 등 새로운 문물의 부장이라는 주목할 만한 현상이 생겨나며, 특히 23호분과 같은 최고 지배자급의 무덤이 만들어지고 있다는 것은 이 지역을 중심으로 하는 강력한 정치집단의 등장을 의미하는 것이라 생각된다. 구체적으로 『三國史記』의 多伐國[7]이나 『日本書紀』에 보이는 多羅國[8]의 성립을 의미하는 것이라 보인다. 아울러 8, 47호분과 같은 중대형 무덤이 존재하는 23호분으로 대표되는 최고지배자와 더불어 다라국의 지배집단이 성립했음을 보여주는 것으로 여겨진다.

5세기 3/4분기가 되면 소형의 세장방형 목곽묘와 폭이 넓으면서 목곽 주위에 돌을 채워넣은 장방형 목곽묘 등이 축조되는 한편, 전혀 다른 형태인 수혈식석곽묘가 처음으로 등장⁹⁾하고 있으며, 더욱이 거대한 타원형 봉분을 가진 고총고분이 축조되기 시작한다. 아울러 이 시기의 고총고분에서 목곽 내에 격벽을 쌓아올려 주·부곽을 분리시키는 형태도 돌발적으로 나타나고 있으며, M1호분에서는 이 지역에서

---

7) 『三國史記 1』, 婆娑尼師今 29年, "遣兵伐 比只國 多伐國 草八國 幷之."

8) 『日本書紀』 神功紀 49년 3월조 및 欽明紀 2, 23년조 참조.

9) 영남지역 堅穴式石槨墓의 발생에 대해서는 지금까지 크게 세 가지 견해가 있다.
첫째는 청동기시대의 지석묘 하부구조였던 석곽을 계승했다는 견해(全吉姬, 1961, 「伽倻墓制의 硏究」, 『梨大史苑』 3 ; 金元龍, 1986, 『韓國考古學槪說』 제3판 ; 金世基, 1983, 「伽倻地域 堅穴式墓制의 硏究」, 啓明大學校 大學院 碩士學位論文).
둘째는 경주에 적석목곽분이 출현한 이후에 그 영향에 의해 앞 시기의 토광목곽묘가 중간단계를 거치면서 자체에서 변화·발전하여 생겨났다는 견해(崔秉鉉, 1990, 「新羅古墳硏究」, 崇實大學校 大學院 博士學位論文).
셋째는 고구려의 묘제에서 채택된 적석기법이 목곽묘에 도입되어 자체적으로 발생한 것이라는 견해(安在晧, 1990, 「堅穴式石槨墓의 發生과 棺, 槨, 室」, 『東萊 福泉洞古墳群 Ⅱ』).
옥전고분군의 수혈식석곽묘는 세 번째 견해대로 낙동강 하구의 목곽묘에서 자체적으로 발생한 것이 일정한 시간 동안 형식 변천을 하여 평면 세장방형으로 바뀐 뒤 5세기 3/4분기에 이 지역에 전래됨으로써 축조되기 시작한 것으로 생각된다(洪潽植, 1994, 「堅穴式石槨墓의 型式分類와 編年」, 『伽耶古墳의 編年 硏究Ⅱ』).

유일하게 3기의 殉葬槨(M1-1, 2, 3호분)이 만들어지고 있다.

이와 같이 수혈식석곽묘의 채용, 거대한 봉분의 축조, 격벽에 의한 주·부곽의 분리, 순장의 시행과 같은 획기적인 변화는 이 고분군 내에서 순차적으로 발생한 것이 아니라 이 시기에 돌발적으로 일어난 현상으로 파악된다. 이러한 변화의 배경에 대해서는 이 단계에 해당되는 유구들(31, 35, M1, M2호분)에서 Roman-glass라든지 金銅製 銙帶, 扁圓魚尾形 杏葉, 창녕계 토기들이 출토되기 때문에 창녕지역 또는 창녕을 매개로 한 신라문화와의 교류에서 찾을 수 있을 것이다.

그것은 어떻든 이 단계의 다라국 내에서는 초대형 고분(M1, M2호분)을 축조한 최고지배자와 중대형 고분(35호분)으로 대표되는 지배집단, 소형 목곽묘에 피장된 피지배자 집단으로 계층분화가 진행되었던 것으로 여겨지며, 이러한 계층구조를 갖춘 다라국이 대외적으로 활발한 활동을 전개한 것이 새로운 묘제나 유물의 도입으로 나타났던 것으로 생각된다.

한편 같은 5세기 후반대이지만 5세기 4/4분기가 되면 양상은 일변한다. 즉 거대한 봉분이나 격벽이 있는 목곽묘의 축조는 앞 시기와 같지만 M3호분(10×2.7×1.5m, 도면 7)처럼 유구의 규모가 더욱 커지면서 관대로서 할석이 아니라 鑄造鐵斧를 한 벌 깐다든지 극히 화려한 龍鳳文環頭大刀를 한꺼번에 네 자루나 매납하는 등 당시 한반도 내의 어떤 지배자급 무덤에도 크게 떨어지지 않을 정도의 수준을 보여준다. 뿐만 아니라 중대형급(70, 72, 80호분) 유구도 수적으로 증가하면서 갑주, 마구, 장식대도, 금제 장신구 등 극히 화려한 자료들이 부장되고 있다. 이것은 다라국 내의 계층분화가 한층 진행되면서 다라국의 힘이 더욱 강대해졌음을 의미하는 것으로 생각된다.

그리고 앞 시기에 비해 무엇보다 주목되는 변화는, 5세기 3/4분기에 해당하는 유구에서는 일제히 신라계 유물들이 발견되고 있는 것에 비해 이 시기에 해당하는 유구들에서는 토기가 고령의 대가야계(지산동 44호분) 일색으로 바뀌고 있는 것이다.

따라서 이 시기의 다라국은 고령의 대가야와 불가분의 관계를 맺고 있었음을 알 수 있는데, 이러한 현상은 비단 옥전고분군에서만 나타나는 것이 아니라 서부경남 일대에서 광범위하게 일어나고 있다. 반계제 가-A호분, 백천리 1-3호분, 남원 월산리 M1-A호분 등이 그 예인데, 필자는 이 시기에 이른바 고령을 중심으로 하는 대가야연맹체가 형성되어 한반도 남부에서 독자적인 정치집단으로 활약함으로써 이러한 현상이 일어난 것이 아닐까 추측하고 있다.[10]

그러나 여기에서 주목할 것은 지산동 44호분이나 반계제 가-A호분, 월산리 M1-A호분의 유구가 장폭비 5 : 1 이상의 극단적인 세장방형 석곽(실)묘임에 비해 옥전 M3호분이나 70, 72, 80호분의 장폭비가 4 : 1을 넘지 않는 장방형인 점과 유구 형태가 여전히 목곽묘인 점 등은 이 지역 묘제의 독자성을 의미하는 것이다. 따라서 다라국이 대가야연맹체의 일원으로 포함되었더라도 여전히 이 집단만의 독자성은 유지하고 있었던 것으로 생각된다.[11]

6세기 1/4분기가 되면 M7호분처럼 개석을 사용하지 않고 격벽을

---

10) 趙榮濟, 1992, 「玉田古墳 出土 철촉에 對한 小考」, 『伽倻文化』 5.

11) 趙榮濟, 2002, 「考古學에서 본 大加耶聯盟體論」, 『盟主로서의 금관가야와 대가야』.

만들어서 주·부곽을 분리시키고 측벽을 정교하게 축조하지 않는 것에서 여전히 앞 시기의 묘제의 전통이 잔존하는 부분도 있으나 같은 시기에 속하는 M4호분(도면 9)에서는 원형의 봉분이 축조되고 격벽이 소멸하며 측벽을 아주 정교하게 축조한 수혈식석곽묘가 대형분에 채택되는 등 다소 변화가 이루어지고 있으며 특히 M4호분의 장폭비가 7 : 1에 가까운 극단적인 세장방형화가 나타난다.

이와 같은 유구의 세장방형화는 정도 차이는 있지만 M7호분에서도 나타나는데, 위에서 살펴본 것처럼 M7호분 유구의 여러 특징은 앞 시기의 M3호분과 거의 같지만 유구의 장폭비만은 M3호분의 3.7 : 1에 비해 4.4 : 1이라는 더욱 세장한 수치를 보여주고 있다. 이처럼 세장방형의 유구는 고령지역 수혈식석곽묘의 특징으로서 앞 시기의 지산동 44호분이나 이 시기의 동 45호분(장폭비 4.5 : 1)과 거의 같다.

따라서 이 시기의 옥전고분군의 묘제는 고령 대가야의 영향을 강하게 받고 있음을 알 수 있으며, 이것은 앞 시기와 마찬가지로 이 시기에도 고령계 유물이 집중적으로 부장되는 현상에서 잘 나타나고 있다. 이처럼 6세기 1/4분기에 해당되는 유구들에서 유물뿐만 아니라 유구에서까지 대가야계의 특징이 나타나는 것에 대해 이것을 일단 다라국의 독자성이 상실되고 대가야의 강하고도 직접적인 영향을 받았던 결과로 파악할 수 있을 것이다.

6세기 2/4분기로 추정되는 M6호분(도면 10)은 M4호분과 마찬가지로 격벽이 소멸되고 측벽이 비교적 정연한 모습을 보여주는 수혈식석곽묘지만 M4호분에 비해 폭이 다소 넓은 세장방형(장폭비 4.6 : 1)으로서 약간의 변화가 일어나고 있으며, 토기에서도 고령계와 더불어 신라계의 것으로 생각되는 컵형토기가 공반되고 있다. 특히 금속유물에 보이는 3점의 金銅製 寶冠의 형태가 신라계인 出字形인 점은 주목된다.

이처럼 이 시기의 옥전고분군에서 나타나는 현상, 즉 토기에서 고령의 대가야계와 신라계 유물이 혼재하고 있는 점, 보관의 형태가 이른바 신라계인 出字形이라는 점에서 유추해 보면 일단 이 시기에 대가야연맹체의 맹주국인 대가야가 신라와 밀접한 관계를 맺음으로써 신라 문물이 대량으로 대가야문화권에 유입되고, 그 결과 대가야연맹체의 일원이었던 다라국에도 그 영향이 파급되어 이 같은 대가야계 유물과 신라계 유물이 공존하는 현상이 나타났던 것으로 추측된다.

물론 이러한 현상에 대해서는, 앞 시기에 형성되었던 대가야연맹체가 붕괴되기 시작하면서 점차 한반도의 강자로 등장하고 낙동강 연안으로 팽창해 오고 있던 신라의 영향 때문이었을 것으로 추정해 볼 수도 있다. 그러나 당시 상황을 기록하고 있는 『三國史記』 기록[12]에 의하면 전자일 가능성이 더 높으며, 한 걸음 더 나아가 생각해보면 대가야와 신라와의 결혼동맹[13] 같은 사건이 결국 대가야연맹체의 일원이었던 다라국 지배자의 무덤에 고령계와 신라계 유물의 공존이라는 현상을 초래했던 것은 아닌가 추측된다.

이와 같은 현상은 급기야 유물뿐만 아니라 묘제에마저 변화를 가져오게 되는데, 크게 볼 때 같은 시기에 포함시킬 수 있는 M10호분(도면 11-①)에서 횡구식석실묘의 채용이 그것이다. 이러한 횡구식석실

---

12) 『三國史記』 法興王 11年, "王巡出南境拓地 伽倻國王來會."

13) 『三國史記』 法興王 9年, "伽倻國王 遣使請婚 王以伊湌 比助夫之妹 送之."

묘는 이미 선학들이 지적[14]한 바와 같이 신라지역에서 발생하고 발전한 특징적인 묘제임이 분명하며, 비교적 보수성이 강한 묘제에서까지 신라적인 요소가 나타난다는 것은 당시의 대가야와 신라와의 親緣關係를 단적으로 보여주는 것으로 생각된다.

그런데 6세기 3/4분기로 추정되는 M11호분 횡혈식석실묘(도면 11-⑥)는 선학들의 지적[15]처럼 신라와는 전혀 관계가 없고 웅진지역 백제고분의 직접적인 영향 아래에서 축조되고 있는 고분이며 이것은 棺釘과 木棺의 蓮瓣裝飾, 嵌玉된 竪下飾 耳飾의 발견에서 뚜렷하게 보증되고 있다.

이처럼 직전까지 확인되던 신라문화의 영향이 완전히 사라지고 그 대신 백제문화의 직접적인 영향이 갑자기 나타난 이유가 무엇인가에 대해서는 조사된 유구가 단 1기밖에 없을 뿐 아니라 M11호분이 극심히 파괴되어 유물이 거의 남아있지 않아서 확실하지는 않으나, 혹시 『日本書紀』에 기록되어 있는 任那(加耶)復權會議와 같은 가야와 백제와의 관계에서 찾을 수 있지 않을까 추정된다.

그러나 옥전고분군에서는 이 M11호분을 끝으로 적어도 수장급 대형분은 더 이상 축조되지 않으며 이 고분군의 중심 묘역에서 다소 떨어진 곳에 M11호분보다 늦은 형식의 횡혈식석실묘 2기가 축조되고 있다. 따라서 M11호분 단계를 끝으로 다라국은 멸망하고 그 지배집단은 해체되었을 것으로 생각되며, 다라국 유민들과 새로운 이 지역의

---

14) 洪潽植, 1992, 「嶺南地方의 橫口式·橫穴式石室墓의 研究」, 釜山大學校 大學院 碩士學位論文.

15) 洪潽植, 위의 논문 ; 曺永鉉, 1990, 「三國時代 橫穴式石室墳의 系譜와 編年研究」, 忠南大學校 大學院 碩士學位論文.

지배집단은 묘역을 달리하여 무덤을 만들었을 것으로 추정된다.

4. 소결

지금까지 옥전고분군에 대한 다섯 차례의 발굴조사에서 확인된 유구에 대하여 묘제의 변천이라는 부분에 초점을 맞추어 변화의 요인과 그 의미를 간략하게 살펴보았다. 그 결과를 정리하면 아래와 같다.

첫째, 이 지역에 처음으로 만들어지기 시작한 무덤은 세장방형 목곽묘였으며, 이후 4세기 후엽에는 김해-부산지역 목곽묘의 영향에 의해 묘광과 목곽 사이에 돌을 채워넣거나 폭이 넓은 장방형의 목곽묘가 만들어지기 시작했다.

둘째, 5세기 전반대에는 목곽묘의 규모가 현저하게 커지면서 유물도 冠帽, 環頭大刀, 甲冑, 馬具 등 강대한 신분의 존재를 상징하는 자료들이 출토되고 있다. 이것은 결국 이 시기에 다라국이 성립되었음을 의미하는 것으로 생각된다.

셋째, 5세기 3/4분기에는 신라계 유물이 폭발적으로 발견됨과 동시에 수혈식석곽묘의 채용, 거대한 봉토분의 축조, 순장의 시행 등이 이루어지고 있기 때문에 이 시기에 다라국은 강력한 힘을 가진 가야소국으로 등장했음을 알 수 있다.

넷째, 5세기 4/4분기가 되면 축적된 힘을 배경으로 인근의 고령을 중심으로 하는 대가야연맹체의 일원이 되어 역사의 전면에 부상하였다.

다섯째, 그러나 6세기 전반대에는 한반도의 강자로 등장하여 급속하게 낙동강 유역으로 진출해 오는 신라와 대가야가 결속하게 되고, 그 결과는 대가야연맹체의 일원이었던 다라국 지배자의 무덤에도 투영되어 수혈식석곽묘의 변화와 횡구식석실묘의 채용, 대가야계와 신라계 유물의 혼재 등이 나타난 것으로 보인다.

끝으로 6세기 중엽이 되면 신라에 의해 멸망해 가던 가야의 잔존세력을 다시 부흥시키기 위해 백제에 의해 주도된 任那復權會議가 두 차례에 걸쳐 이루어졌음이 『日本書紀』에 나타나고 있으며, M11호분의 백제식 횡혈식석실묘는 이러한 역사적 배경 하에 축조된 것이 분명하다. 그러나 백제에 의해 주도된 임나복권운동도 별다른 성과를 거두지 못한 채 562년 대가야의 멸망을 끝으로 전 가야소국들은 신라에 병합되었다. 따라서 M11호분을 마지막으로 더 이상 수장급의 고분이 옥전고분군 내에 존재하지 않는다는 것은 6세기 중엽 다라국이 멸망하고 지배집단은 해체되었음을 의미한다고 하겠다.

Ⅲ. 옥전고분군의 편년

1. 머리말

옥전고분군에서 출토된 자료에 대한 연구는 많은 학자들에 의해 이루어지고 있는데, 그 중 연구의 기초작업이라고 할 수 있는 편년에 대해서는 약간씩 다른 견해들이 제시되었다. 이를 정리해 보면 아래와 같다.

趙榮濟는 옥전고분군에 대한 보고서와 논문에서 묘제의 형태 변화에 따른 분기와 목곽묘 출토 자료를 중심으로 한 단계 설정을 시도하였다. 먼저 크게 木槨墓期, 竪穴式石槨墓期, 橫口式石室墓期, 橫穴式石室墓期로 분기하고, 토기의 형식 변화에 기초하여 목곽묘기는 Ⅲ단계로 나누었으며, 수혈식석곽묘기는 다시 고총고분기와 그렇지 않는 시기로 나누었다.[1]

權鶴洙는 多次元縮尺法에 의한 가야고분의 종합적 편년연구에서 옥전고분군 25기의 유구에 대한 편년을 시도하였는데, 4세기 전반대의 유구가 1기도 없는 것과 옥전 70, M3호분이 6세기 전반대에 편년된 점이 필자와 다르다.[2]

---

1) 趙榮濟, 1994, 「陝川玉田古墳群の墓制について」, 『朝鮮學報』 150.

李熙濬은 發生順序配列法에 의한 고령양식 토기의 편년을 시도하면서 5기의 옥전고분군에 대한 편년관을 제시하였는데, 옥전 M3, 70호분이 5세기 3/4분기에 편년되고 M6호분이 M4, M7호분보다 1단계 이른 시기인 5세기 4/4분기에 편년된 점에서 필자나 권학수의 연구결과와 차이가 있다.[3]

朴廣春은 多變量解釋法에 의한 합천지역 土壙墓 출토 자료의 편년 연구에서 옥전 8, 70호분을 5세기 초~중엽에 편년하였을 뿐만 아니라 氏의 전체적인 편년의 근거를 옥전 70호분 출토 鐙子가 日本 瑞王寺古墳 출토 등자와 같다는 점에서 찾고 있으나 필자는 이 등자들이 형태에도 차이가 있을 뿐만 아니라 편년적인 위치도 다른 것으로 생각하고 있다.[4]

朴升圭는 一段長方形 透窓 高杯를 분석하면서 6기의 옥전고분에 대하여 편년하였는데 氏의 연대관은 필자와 대동소이하다.[5]

李漢祥은 金銅製 容器類를 비교분석하면서 옥전 M3호분 출토 銅盌과 무령왕릉 출토품을 동 시기의 소산품으로 보아 6세기 전반대로 비정[6]하였으며, 나아가 대가야계 이식에 대한 분류와 편년을 시도하면

---

2) 權鶴洙, 1993, 「伽倻古墳의 綜合編年」, 『嶺南考古學』 12.

3) 李熙濬, 1994, 「高靈樣式 土器 出土 古墳의 編年」, 『嶺南考古學』 5 ; 李熙濬, 1995, 「土器로 본 大伽耶의 圈域과 變遷」, 『加耶史研究』.

4) 朴廣春, 1990, 「陜川玉田地域における土壙墓出土土器の編年的研究」, 『古文化談叢』 22.

5) 朴升圭, 1990, 「一段長方形透窓高杯에 대한 考察」, 東義大學校 大學院 碩士學位論文.

6) 李漢祥a, 1994, 「武寧王陵 出土品 追報(2)-銅製 容器類」, 『考古學誌』 6.

서 15기의 옥전고분을 편년[7]하였는데, 옥전 M2, M3호분를 각각 5세기 말, 6세기 초로 편년한 것과 23호분을 M3호분, 35호분을 M4, M6호분과 동시기로 파악한 점에서 필자와 현격한 차이를 보여준다. 다만 23, 35호분에 대한 氏의 편년관은 보고서가 간행되지 않아 다른 공반유물의 검토 없이 이식만의 형식분류에 의한 것이었기 때문에 다소 오류는 있을 수밖에 없을 것이다.

周景美도 삼국시대의 이식을 분석하면서 10기의 옥전고분 출토품을 분석하였는데 M2, M3, 72호분 등을 23호분과 함께 5세기 초~중엽, M4, M6호분을 옥전 35호분과 동 시기인 5세기 말~6세기 초엽으로 편년한 것에서 다른 연구자와 차이를 보여주고 있다.[8]

李相律은 영남지방의 삼국시대 고분에서 출토한 杏葉을 분석하면서 옥전 23호분 출토 心葉形 행엽을 5세기 초~전반, M3호분 출토 劍稜形 행엽을 이 형식으로서는 최고식으로 파악하여 5세기 말경으로 비정하고 있다.[9]

柳昌煥은 가야고분 출토 鐙子에 대한 연구에서 옥전 출토품을 집중적으로 분석하고 있으나 편년관은 필자와 거의 같다.[10]

洪潽植은 영남지방의 橫口式, 橫穴式石室墓에 대하여 분석하면서

---

7) 李漢祥, 1995, 「大伽倻系 耳飾의 分類와 編年」, 『考古研究』 4.

8) 周景美, 1995, 「三國時代 耳飾의 研究」, 서울대학교 大學院 碩士學位論文.

9) 李相律, 1993, 「嶺南地方 三國時代 杏葉의 研究」, 慶北大學校 大學院 碩士學位論文.

10) 柳昌煥, 1994, 「伽耶古墳 出土 鐙子에 대한 研究」, 東義大學校 大學院 碩士學位論文.

횡구식석실묘인 옥전 M10호분을 6세기 중엽경, 횡혈식석실묘인 M11 호분을 6세기 후반 이후로 비정하였다.[11]

한편 穴澤和光·馬目順一은 옥전 M3호분 출토 龍鳳文環頭大刀를 집중적으로 분석하여 이러한 자료가 무령왕릉 출토품(氏들 분류 5기)보다는 2단계 이른 시기인 5세기 말경(氏들 분류 3기)으로 편년시키고 있다.[12]

千賀久는 일본 초기의 마구와 우리나라의 마구를 비교검토하면서 옥전고분 출토 마구를 분석하고 있는데, 그의 마구에 대한 편년관은 前記의 마구 연구자들의 것과 거의 같다.[13]

朴天秀는 대가야계 鉢形器臺와 筒形器臺, 鐙子, 垂飾附 耳飾을 기준으로 대가야권 분묘를 Ⅰ~Ⅸ단계로 편년하면서 옥전고분에 대해서는 23호분 등 모두 9기의 고분을 검토하였다.[14] 그런데 옥전 23호분을 4세기 4/4분기, M3호분을 5세기 3/4분기로 편년하는 등 대체로 필자보다는 25~50년 정도 이르게 편년하고 있다.

金斗喆도 대가야고분에 대하여 편년하였는데, 氏는 박천수와는 달리 용봉문환두대도 등 금공품의 기술교류와 옥전고분군 출토 외래계 유물 등의 편년연구에서 중국이나 일본 등 폭넓은 지역과의 교차연대

11) 洪漕植, 1992, 「嶺南地方의 橫口式, 橫穴式石室墓 硏究」, 釜山大學校 大學院 碩士學位論文.

12) 穴澤和光·馬目順一, 1993, 「陜川玉田古墳出土의 環頭大刀群의 諸問題」, 『古文化談叢』 30(上).

13) 千賀久, 1994, 「日本出土初期馬具의 系譜 2」, 『橿原考古學硏究所 論集』 12.

14) 朴天秀, 1998, 「大加耶圈 墳墓의 編年」, 『韓國考古學報』 39.

자료로 삼아 비교적 안정적인 연대관을 제시하고 있다.[15] 氏의 연대
관은 필자의 연대관과 대체적으로 같다. 다만 필자가 5세기 3/4분기
로 편년한 옥전 M1호분을 5세기 4/4분기 이른 시기로 편년한 것에서
미묘한 차이를 보여주고 있다.

　이상에서 보는 바와 같이 옥전고분군 출토자료에서 토기, 마구, 이
식, 대도, 묘제 등의 유구와 다양한 유물을 대상으로 분석하고 편년을
시도하고는 있으나 모두가 납득할 만한 안정된 편년관은 이루어지지
않고 있다. 예를 들면 옥전 M3호분의 경우 주경미는 가장 이른 시기
인 5세기 초~중엽경으로 비정한 데 비해 이한상은 6세기 전반대로
파악함으로써 거의 1세기의 차이를 보이고 있다. 그리고 상대편년의
배열에서도 마구의 경우 비교적 이른 시기에 해당하는 23호분이 M3
호분과 동 시기로 파악되거나 35호분이 M3호분보다 늦은 시기에 배
열되는 등 혼란스럽다.

　이와 같이 동일한 고분이 연구자에 따라서 1세기나 차이가 난다든
지 유구 상호간의 순서배열이 일치되지 않을 경우 편년에 기반을 둔
당시의 사회와 역사를 복원할 수 없는 것은 당연하다. 특히 5세기를
중심으로 동아시아가 격변의 시기였다면 편년의 불일치는 이 시기를
이해하는 데 결정적으로 장애를 초래할 수밖에 없다.

　따라서 필자는 이 책에서 유구나 개별 유물의 형식학적 편년은 지
양하고 유구의 변화와 유물복합체의 부장 양상의 변화에 초점을 맞추
어 옥전고분군의 전체적인 편년관을 제시하고, 세부적인 편년을 위해

---

15) 金斗喆, 2001, 「大加耶古墳의 編年檢討」, 『韓國考古學報』 45.

개별 유물의 형식학적인 분석을 시도하여 옥전고분군에 대한 대체적인 편년을 확립하여 앞으로의 연구에 기초로 삼고자 한다.

다만 옥전고분군에서 절대연대를 알려주는 銘文 등이 발견되지 않았기 때문에 이 글 역시 절대연대에 대해서는 일정한 한계를 가질 수밖에 없다. 이 점 강호제현의 양해를 바란다.

2. 墓制의 분석

이 유적 조사에서 확인된 유구는 목곽묘 80기, 수혈식석곽묘 37기, 고총고분 9기 등인데, 고총고분 속에는 횡구식, 횡혈식석실묘가 각각 1기씩 포함되어 있다. 이들 무덤이 축조된 위치를 보면 정연한 규칙성은 확인되지 않으나 크게 보면 유적의 동쪽 지역에는 외형적으로 봉분이 전혀 확인되지 않는 목곽묘를 중심으로 소형의 수혈식석곽묘가 수기씩 섞여 있으며, 서쪽 지역에는 거대한 봉분을 가진 고총고분을 중심으로 크고 작은 목곽묘와 수혈식석곽묘가 섞여 있고 가장 서쪽에는 횡구식석실묘와 횡혈식석실묘가 축조되어 있다(도면 1 참조).

일반적으로 가야시대 묘제는 목관묘에서 목곽묘로 발전하고 다시 석곽묘가 등장하여 가야의 주된 묘제로 애용되다가 신라문화의 영향에 의해 횡구식석실묘가 채용된 뒤 다시 백제의 영향을 받아서 횡혈식석실묘가 도입된 것으로 이해되고 있다.

따라서 이 유적에서 무덤의 축조는 동쪽의 목곽묘에서 시작하여 서쪽으로 墓域이 확장되어 갔음을 알 수 있다. 이 과정에서 시간의 흐름에 따라 수혈식석곽묘, 횡구식석실묘, 횡혈식석실묘가 순차적으로 축조되었으며, 어느 시점이 되면 고총고분을 중심으로 하는 지배집단의 묘역과 소형 유구들을 중심으로 하는 일반인들의 묘역이 확연히 분리되었음을 알 수 있다.[16)]

　그러면 옥전고분군 내에서 가장 먼저 축조되기 시작한 목곽묘에 대해서 살펴보자.

　유구는 대부분 소형(평면 4×2m)이면서 평면의 장폭비가 2 : 1～3 : 1 사이에 위치되는 비교적 세장방형의 것이 주류를 이루지만 규모가 커지면서 평면의 장폭비가 2 : 1 이하가 되어 장방형을 이룬 것도 있다. 세장방형의 소형 유구에서는 잘 확인되지 않는 봉분의 존재가 장방형 유구에서는 함몰된 토층의 관찰에 의해 상당한 규모의 봉분이 있었던 것이 확인되고 있다.

　그리고 대부분의 목곽묘에서는 바닥과 보강토 속에 아무런 시설도 확인되지 않지만 어떤 유구에서는 바닥에 관대나 시상시설을 한 것이나 흙과 돌을 섞어 목곽을 보강한 예도 있으며, 극히 드물지만 격벽을 설치하여 주·부곽을 분리시킨 것도 보인다.

　이처럼 유구의 거대화와 장방형화, 관대나 시상시설의 유무, 목곽보강석의 채용, 격벽의 설치 등은 일차적으로 어떤 한 시기 내에서의 계층분화에 수반되어 나타난 현상일 가능성이 높지만 한편으로는 시간의 흐름에 따른 변화의 결과일 가능성도 높다.

　가야지역의 목곽묘는 2세기 후반경 북방지역과 밀접한 관련을 맺으면서 낙랑지역 목곽묘 형태도 어느 정도 가미되어 발생한 이래, 3세기 후반 울산, 경주지역의 목곽묘가 세장한 형태로 바뀌면서 김해, 부산

---

16) 玉田古墳群 報告書의 遺構 配置圖 참조.

지역의 목곽묘와 차이를 보이며 발전해 가고, 시간의 흐름에 따라 부곽이 발생하고 바닥에 관대나 시상이 깔리는 현상이 나타난다.[17]

따라서 옥전 목곽묘가 대체로 세장한 형태(장폭비 2 : 1 이상)인 점은 3세기 후반 세장해진 경주, 울산지역의 목곽묘의 영향을 받았기 때문이라고 생각되며, 이처럼 세장한 목곽묘는 이 지역에서 목곽묘가 소멸되는 시기까지 계속 축조되고 있다.

한편 옥전 54, 23호분은 전체적으로 거대화되면서 길이에 비해 폭이 넓어져 장폭비 2 : 1 이하인 장방형으로 바뀜과 동시에 목곽과 묘광 사이에 돌과 흙을 섞어서 보강할 뿐만 아니라 54호분의 경우 목곽 상부에 한 벌의 돌을 깔아서 밀폐시키는 현상도 나타난다. 이처럼 보강토에 돌을 섞어서 목곽을 보강한 예는 35, 69, 72, 82호분 등에서도 확인된다. 뿐만 아니라 바닥에 관대나 시상을 마련한 유구도 나타나는데 전면에 납작한 할석을 깔아서 시상을 만든 것은 54호분밖에 없으며, 8, 10, 14, 35, 41, 69, 82호분 등은 2組 1列의 관대를 설치하고 있다.

다만 23호분의 바닥시설은 다소 특이한데 비록 주 유물 부장공간을 비롯하여 유구의 거의 1/3이 도굴의 피해를 입어서 다소 불확실한 점

---

17) 李在賢, 1994, 「嶺南地域 木槨墓에 대한 研究」, 釜山大學校 大學院 碩士學位論文.
   일반적으로 영남지역의 목곽묘는 낙랑 목곽묘의 영향을 받아서 축조되었던 것으로 파악하고 있다(崔秉鉉, 1990, 「新羅古墳研究」, 崇實大學校 大學院 博士學位論文 ; 辛勇旻, 1990, 「西北地方 木槨墓에 關한 研究」, 東亞大學校 大學院 碩士學位論文).
   그러나 3세기 말경이 되면 부여로부터 새로운 목곽묘의 영향을 받았다는 주장도 있다(申敬澈, 1992, 「金海 禮安里 160號墳에 대하여-古墳의 發生과 관련하여-」, 『伽耶考古學論叢』).

이 있지만, 남아 있는 바닥을 보면 납작한 할석을 거의 전면에 깔아서 시상을 마련한 것 같은데, 시신의 허리부분에 폭 30cm 정도의 배수시설을 만들어 일종의 관대와 같은 역할을 부여하고 있다. 그리고 70, 72호분에서는 격벽에 의해 주·부곽의 분리가 나타나기도 한다.

한편 어느 시기가 되면 목곽 규모가 거대화하면서 고대한 봉분이 축조되는 변화가 나타나며, 아울러 M3호분의 경우 관대로서 鑄造鐵斧가 바닥에 깔리기도 한다.

이처럼 유구의 평면형태가 장방형이면서 보강토에 돌이 섞이고 바닥에 관대나 시상시설을 갖춘 8, 10, 14, 23, 35, 41, 67-A, B, 69, 82호분들은 세장방형 유구들과 비교해 볼 때 이들 유구가 동 시기라면 신분적으로 우위에 있던 자들의 무덤일 것이며, 그렇지 않을 경우에는 시기적으로 보다 발달한 형태일 것으로 추정된다. 아울러 격벽이 설치된 70, 72호분이나 관대로서 주조철부가 한 벌 깔린 M3, M4호분, 고총고분인 M1, M2, M7호분 역시 마찬가지일 것이다.

37기가 발견된 수혈식석곽묘는 대형과 소형이 있으며, 대부분 단독무덤이지만 이 중에는 M1-1, 2, 3호분처럼 殉葬槨인 것도 포함되어 있다. 이러한 수혈식석곽묘는 橫架된 개석이 없는 점에서 다른 지역의 수혈식석곽묘와는 확연하게 구별되는 이 지역만의 독자성일 것으로 생각한다.

어떻든 이러한 수혈식석곽묘는 무덤의 크기에 비례해서 크고 작은 護石이 돌려진 것과 거대한 봉분을 가진 것도 있으며, 관대는 대·소형할 것 없이 거의 대부분 채용되고 있다. 다만 M4호분에는 관대로서 돌이 아니라 주조철부가 이용되고 있는 점에서 다른 유구들과 현격한 차이를 보이는데 이것은 피장자의 신분 차이에서 기인된 것으로 생각된다.

이처럼 수혈식석곽묘 상호간에 구조적인 차이가 존재한다는 것은 대부분 각 유구에 피장된 자들의 신분 차이를 반영한 것으로 생각되며, 어떤 시기 차이를 반영한 것으로는 보이지 않는다. 그렇다고는 해도 수혈식석곽묘의 축조 위치가 동쪽에서 서쪽으로 이어진다는 것은 약간의 시기 차이를 반영한 것으로 추정되는데 이 점에 대해서는 출토 유물의 검토에서 밝혀보고 싶다.

횡구식석실묘와 횡혈식석실묘는 각각 1기씩밖에 조사되지 않았는데, M10호분 횡구식석실묘는 평면 형태가 장방형을 이루며 입구벽을 제외한 3벽은 縱平積과 橫平積을 혼용하여 거의 수직으로 정교하게 쌓았다. 바닥에는 자갈을 장방형으로 깔아서 낮은 시상을 만들고 그 위에 2組 1列의 할석을 이용한 관대를 설치하였다. 입구벽은 2~3단 장벽과 잇대어 축조하고 그 안쪽에 할석을 비교적 잘 쌓아서 폐쇄시켰으며, 그 바깥쪽에 넓게 벌어지는 墓道를 만들어 놓았다. 봉분은 완전한 원형이며 橫架된 개석은 사용되지 않았다.

M10호분에서 특이한 것은 시상 아래에서 봉분의 중심점에 해당되는 하나의 구멍을 확인하였는데 이는 고분이 철저한 기획 하에 축조되었음을 의미하며, 봉분을 완전한 원형으로 만들기 위한 기술적인 발전의 일단을 보여준다.

M11호분 횡혈식석실묘는 수차례의 도굴로 인하여 심하게 파손되었는데, 호室의 평면은 장방형을 이루고 4벽을 수직으로 정교하게 쌓아올리다가 조금씩 內傾시켜 상단부를 좁히고 있으며 그 위에 목개를

덮었던 것으로 추정된다. 바닥에는 시상으로 사용된 자갈이 전면적으로 깔려 있는데 두께는 대략 10cm 전후다. 羨道는 右片袖形이며 동남쪽으로 길게 약간 경사지게 축조되어 있고 현실과의 경계부분에는 돌을 쌓아올려 폐쇄시켰다.

이상에서 살펴본 옥전고분군의 묘제 변화는, 대부분 동쪽지역에 분포한 목곽묘들이 가장 먼저 축조되고 그 다음 수혈식석곽묘, 횡구식석실묘, 횡혈식석실묘의 순서로 축조되었으며, 목곽묘 중에서는 세장방형(장폭비 2 : 1~3 : 1)의 것이 대체적으로 먼저 축조되고 장폭비 2 : 1 이하의 장방형이면서 보강토에 돌이 섞이고 바닥에 시상이나 관대가 만들어진 것이 그 다음이며, 격벽에 의해 주·부곽이 분리된 것이 목곽묘로서는 가장 늦게 축조되었음을 알 수 있다.

3. 遺物의 분석

다섯 차례에 걸친 옥전고분군의 조사로 출토된 유물은 거의 3,000여 점에 달하는데 이것을 유구의 형태별로 나누어 살펴보면 아래와 같다.

1) 木槨墓

필자는 일찍이 옥전고분군의 목곽묘를 정리하면서 新器種 유물의 출현에 주목하여 아래와 같이 3단계로 나누어 살펴본 바가 있다.[18]

---

18) 趙榮濟, 1988, 「Ⅲ. 考察」, 『陜川 玉田古墳群 Ⅰ-木槨墓』.

I 단계 : (無蓋)無透窓 高杯를 指標로 하는 단계
II 단계 : 有蓋有透窓 高杯를 指標로 하는 단계
　　　　토기에서 鉢形器臺나 廣口形 長頸壺와 같은 신기종이 출현
　　　　하며, 철기에서 異形有刺利器와 甲冑, 馬具, 大刀 등과 금
　　　　공품이 몇몇 유구에서 부장되기도 한다.
III 단계 : 蓋杯와 有蓋式 長頸壺가 부장되기 시작하는 단계

　I 단계에 속하는 유구는 6, 17, 21, 22, 25, 27, 27-A, 33, 34, 40, 49, 51, 52, 53, 54, 66호분을 들 수 있는데, 54호와 27-A호분을 제외하면 모두 소형의 세장방형 유구들로서 대체로 부장된 유물의 양이 적을 뿐만 아니라 유물의 조합상도 아주 간단하다. 또한 유물의 배치에서도 시신의 발치 쪽에 정연하게 놓인 것도 있지만 유구의 가운데를 비롯하여 여러 곳에 무질서하게 놓인 유구가 많다.

　출토자료 중 대다수를 차지하는 토기를 보면 無蓋無透窓 高杯를 비롯하여 단경호와 컵형토기가 주종을 이루며 간혹 異形蓋와 爐形土器, 臺附小壺, 直口短頸壺, 小形器臺 등이 출토되는 유구도 있으며, 철기는 극히 소량이 부장되거나 아예 없는 유구가 대부분인데 주로 철촉이 대다수를 차지하며, 鉈, 刀子, 斧, ㄱ자형 철기가 간혹 발견될 뿐이다.

　이러한 토기들 중 고배는 모두 고식 도질토기[19]에 속하는 것들로서 蓋는 없으며, 臺脚은 원통형을 이루다가 하방에서 급격하게 벌어지는 형태며, 마름모꼴이나 반원형의 透孔이 뚫린 것도 있다.

　다만 6, 49, 52, 54, 27-A호분은 I 단계에 속하면서도 유개식 고배

---

19) 安在晧·宋桂鉉, 1986, 「古式陶質土器에 대한 약간의 考察」, 『嶺南考古學』 1.

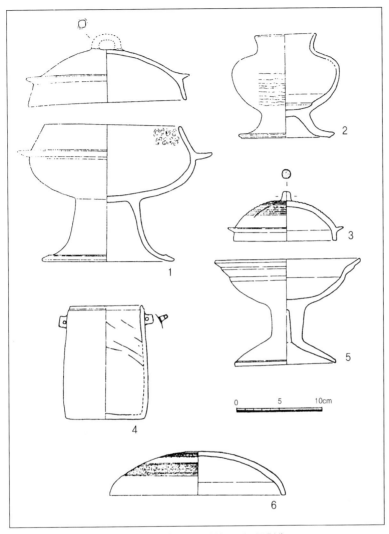

도면 12 | Ⅰa기(1~4 : 49호분, 5·6 : 25호분)

가 발견되었는데 27-A(도면 14-16), 49(도면 12-1), 52호분 출토 고배는 영남지역에서 유사한 것을 찾기 어려운 것들로서 구연이나 뚜껑받이턱이 유난히 길고 杯部가 대단히 깊은 모습을 보여준다. 이 중 27-A호분 출토의 도질 고배를 제외한 2점의 고배는 표면에 slip과 같은 흑색의 막이 형성되어 있는 前代의 삼한시대 와질토기의 전통을 간직한 자료들이다. 그리고 54호분 출토 유개식 고배(도면 13-10)는 개가 발견되지 않았을 뿐 전체적인 형태는 有蓋透窓 고배이기 때문에 이 종의 고배의 선구형태일 것으로 추정되며, 6호분 출토 유개식 고배는 短頸小壺의 器臺로서 사용된 예외적인 용도의 고배인 것 같다.

한편 전형적인 無蓋無透窓 고배는 시간이 흐를수록 얕은 杯部가 점점 깊어져서 반구형을 이루며, 원통형 臺脚은 부드럽게 벌어져서 나팔형으로 변하는 것이 일반적인 변화 양상[20]이기 때문에 이 유적에서 출토된 고배 가운데 가장 이른 것은 25호 출토품(도면 12-5)이며, 그 다음이 6(도면 13-7), 17(도면 15-18), 22, 27-A, 54(도면 13-9)호분 출토품이고, 가장 늦은 형태를 보여주는 것은 27, 66호 출토품으로 생각된다.

이 유적에서 가장 많이 출토되는 자료 중의 하나가 컵형토기인데 D자형의 把手가 붙은 일반적인 형태도 있으나, 대체로 파수가 부착되지 않았거나 조그마한 兩耳가 붙은 다소 특이한 것들이 많다.[21]

---

20) 위의 논문.

21) 定森秀夫는 이러한 토기를 '옥전식 컵형토기'로 규정하고, 이 토기의 원류는 중국의 銅器類에 있다고 생각하고 있다. 定森秀夫, 1998, 「韓國陜川玉田古墳群出土の特異なコップ形土器について」, 『楢埼彰一先生古稀記念論文集』; 定森秀夫, 2002, 「陜川玉田古墳群出土の特異なコップ形

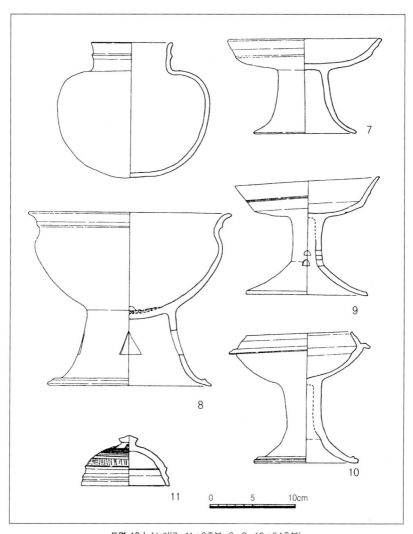

7

9

8

10

11

0   5   10cm

도면 13 | Ⅰb기(7·11 : 6호분, 8·9·10 : 54호분)

土器祖型再論」,『東北亞古文化論叢』.

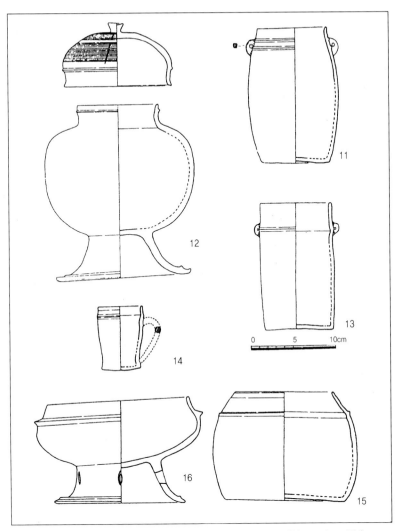

도면 14 | Ⅰc기(11 : 22호분, 12 : 54호분, 13 : 51호분, 14 · 15 : 6호분, 16 : 27-A호분)

이러한 컵형토기 가운데 파수가 없는 것은 突帶의 위치와 口徑과 底徑의 크기 차이, 胴部의 단면 형태가 시간적인 변화를 보여주는 하나의 척도가 되고 있다. 돌대는 胴上位에서 胴中位로 이행하고 있으며, 口徑은 底徑과 거의 같은 것에서 점점 커지는 것으로 변화하고, 胴體의 단면은 수직적인 것에서 돌대를 경계로 한 번 꺾이는 것으로 변화하는 것 같다.

따라서 이 컵형토기는 25, 49(도면 12-4), 52호분 출토품이 가장 古式이며, 6, 51(도면 14-13)호분 출토품이 그보다 약간 늦은 형태에 해당되며, 17, 40(도면 15-23, 24)호분 출토품이 보다 늦은 형태인 것 같다. 그러나 22호분 출토품(도면 14-11)은 돌대의 위치가 胴上位에 있고 口徑과 底徑이 거의 같다는 점은 최고식의 특징들로서 49, 52호분과 동 시기로 생각되지만 동체 단면이 수직이 아니라 부드러운 곡선을 이루고 있어 상기의 자료들과 곧바로 연결시킬 수 없는 예외적인 형태다.

단경호는 대소형의 것, 素文과 繩文打捺이 있는 것, 兩耳가 달린 것 등 다양하지만 대체적으로 肩部가 부풀어 오른 듯 강조되고 구연부가 C자상으로 부드럽게 외반하는 소위 고식 도질토기의 특징을 갖춘 것들이다.[22]

한편 6, 25, 27-A, 49, 54호분 등에서는 異形蓋들(도면 12-3, 6, 13-11, 14-12)이 발견되었는데, 49, 54호분 출토 개는 蓋深이 깊을 뿐만 아니라 상부에 沈線이 돌려져 있다든가 54호분 출토품처럼 꼭지를 새의 머리처럼 만든 것도 있다. 이와 같은 이형개는 지금까지의

---

22) 위의 논문.

가야고분 조사에 비추어 볼 때 古式의 한 요소로 파악된다.[23)]

49, 54, 66, 40호분에서 출토된 臺附小壺 역시 선학들의 지적[24)]처럼 고식 도질토기로서 주목되는 자료들인데 특히 49호 출토품(도면 12-2)은 器面을 磨研風에 의해 정면하고 있다. 이처럼 토기의 표면을 마연풍으로 정면한 것은 도질토기에서는 아주 드물며, 오히려 앞 시기인 와질토기에 나타나는 특징적인 정면기법이다.[25)] 따라서 49호분 출토 臺附小壺는 와질토기의 정면기법 전통을 유지한 것으로 추정할 수 있으며 연대적으로 가장 이른 시기에 위치시킬 수 있다.

爐形土器 역시 고식 도질토기의 대표적인 기종으로서 17, 27, 54호분에서 발견되었는데, 54호분 출토품(도면 13-8)은 전형적인 서부경남식 노형토기[26)]의 모습을 보여주지만 17, 27호분 출토품(도면 15-17)은 발형기대에 가까운 형태로 변화하였다. 따라서 54호분과 17, 27호분 사이에는 약간의 연대차가 존재한다.

한편 목곽묘 I 단계에서는 잘 확인되지 않는 小形器臺와 廣口小壺

---

23) 이러한 異形蓋가 출토된 대표적인 예는 의령 예둔리 유적과 함안 도항리 고분군, 윤외리 유적, 동래 복천동 38호분 등을 들 수 있다.

24) 申敬澈, 1986,「新羅土器의 發生에 대하여」,『韓日古代文化의 諸問題』; 安在晧·宋桂鉉, 1986,「古式陶質土器에 대한 약간의 考察」,『嶺南考古學』1.

25) 申敬澈, 1982,「釜山·慶南出土 瓦質系 土器」,『韓國考古學報』12 ; 崔鐘圭, 1982,「陶質土器 成立前夜와 展開」,『韓國考古學報』12.

26) 趙榮濟, 1986,「西部慶南 爐形土器에 대한 考察」,『慶尙史學』2 ; 申敬澈, 1986,「新羅土器의 發生에 대하여」,『韓日古代文化의 諸問題』; 崔鐘圭, 위의 논문 ; 安在晧·宋桂鉉, 1986,「古式陶質土器에 대한 약간의 考察」, 『嶺南考古學』1 ; 朴光烈, 1987,「大邱地域 古墳의 編年」, 慶北大學校 大學院 碩士學位論文.

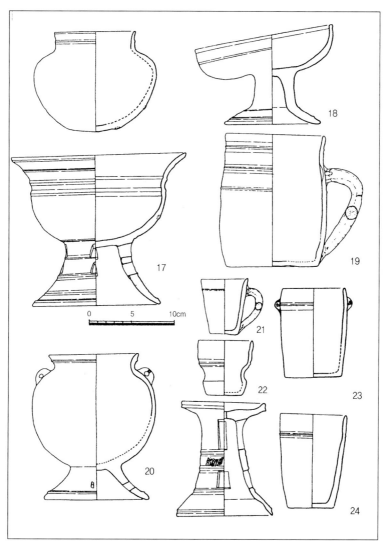

도면 15 | Ⅰc기(17 · 18 · 23 : 17호분, 19 · 21 : 27호분, 20 · 24 : 40호분, 22 : 34호분)

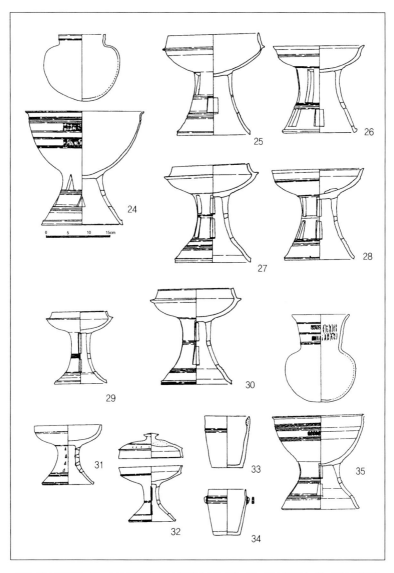

도면 16 | II기(24·29·34 : 68호분, 32 : 32호분, 25~28·30·33 : 23호분, 31·35 : 45호분)

가 34(도면 15-22), 40호분에서 발견되었는데, 이것은 이러한 유구가 I단계 내에서 가장 늦은 시기에 속하는 것임을 의미한다.

이상 살펴본 I단계 목곽묘에서 출토된 자료의 형식학적인 변화를 기준으로 유구의 상대서열에 대하여 정리하면 25, 49, 52 → 6, 21, 22, 27-A, 51, 54 → 17, 27, 34, 40, 66호분의 순서일 것으로 추정된다.

II단계가 되면 有蓋透窓 고배와 발형기대, 광구형 장경호와 같은 신기종의 토기가 출현하며, 철기에서도 異形有刺利器를 비롯하여 마구, 갑주와 금제이식 같은 금공품이 이 때부터 부장되기 시작한다. 아울러 유구의 거대화와 관계가 있겠지만 대체적으로 I단계에 비하여 유물의 부장량이 증가하며, 유물의 배치에서도 토기는 피장자의 발치 쪽에 집중적으로 부장되는 현상이 나타난다. 이 단계에 속하는 유구로는 4, 8, 23, 32, 36, 37, 38, 42, 45, 47, 67-A, B, 68호분 등을 들 수 있다.

이 중 토기에서 有蓋透窓 고배를 보면 상하일렬의 세장방형 투창 고배가 주종을 이루며 간혹 상하 엇갈린 투창, 일단장방형 투창, 多透窓 고배가 포함되어 있다.

II단계의 유구 중 발형기대나 광구형 장경호와 같은 신기종이 출토되면서 無蓋無透窓 고배가 출토된 45호분(도면 16-31)은 I단계 고배의 전통을 유지하고 있는 점에서 II단계 초기에 속하는 유구임을 알 수 있으며, 32호분 출토 고배(도면 16-32)는 비록 蓋가 덮인 채 발견되었지만 杯部는 여전히 無蓋高杯 형태를 취하고 있다. 이 점은 II단계 이후 주류를 이루는 有蓋透窓 고배와 Ⅰ단계의 無蓋無透窓 고배 사이의 과도기적인 형태로 파악된다. 따라서 32호분 역시 Ⅱ단계 초두에 편년될 수 있을 것이다.

한편 상하일렬의 세장방형 투창 고배는 杯深이 깊은 것과 얕은 것, 臺脚의 외반도가 심한 것과 완만한 것, 대각 하단 내부가 밋밋하게 외경하는 것과 약간 꺾여 내만 기미를 보이는 것, 투창의 폭이 극단적으로 좁은 것과 약간 넓은 것 등의 차이가 나타난다. 이러한 차이점을 蓋杯라든지 유개식 장경호와 같은 신기종이 출토되어 Ⅲ단계로 분류되고 있는 31호분 출토 고배와 비교해 보면 전자의 요소가 후자보다 고식의 형태임을 알 수 있다.

고배의 이러한 차이를 기준으로 Ⅱ단계에 속하는 유구들의 선후관계를 살펴보면 45, 32(도면 16-32) → 68(도면 16-29), 23 → 47(도면 17-36), 42, 4, 36, 38, 67-B호분의 순서가 될 것이다.

고배의 형태 차이에서 나타나는 이러한 선후관계는 비교적 변화의 추이가 잘 연구된 발형기대의 형태 변화를 통해서도 충분히 보증된다.[27] 즉 Ⅱ단계 유구에서 발형기대는 全形을 알 수 없는 8호분 출토품을 제외하면 23, 36, 45, 47, 68호분에서 발견되었는데, 鉢部의 형태가 반구형으로 깊은 것에서 직선적으로 얕은 형태로의 이행이 인정된다면 23, 45(도면 16-35), 68(도면 16-24) → 47(도면 17-47), 36호분의 순서가 가능하며, 이 점은 고배에 의한 선후관계에 비추어볼 때 벗어나지 않는 현상이다.

---

27) 禹枝南, 1987, 「大加耶古墳의 編年」, 서울대학교 大學院 碩士學位論文 ; 趙榮濟, 2000, 「加耶の鉢形器臺について」, 『福岡大學綜合研究所報』 240.

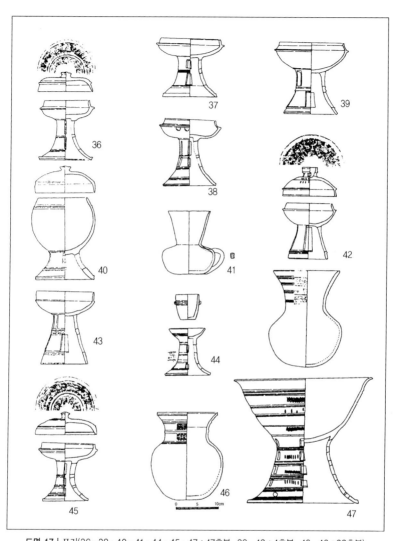

도면 17 | II기(36~38 · 40 · 41 · 44 · 45 · 47 : 47호분, 39 · 42 : 4호분, 43 · 46 : 38호분)

컵형토기는 I 단계와 마찬가지로 D자형 把手가 붙은 것과 파수가 없는 것이 출토되는데 兩耳가 달린 컵형토기는 23, 47, 68(도면 16-34)호분에서만 출토될 뿐 소멸되고 있으며, 대체적으로 소형화되었을 뿐만 아니라 突帶의 위치가 口緣 가까이에서 胴 中位로 내려온다든지 돌대를 경계로 구연이 직립하는 등의 변화가 간취되는데, I 단계의 변화 양상에 연결시켜서 살펴보면 23, 37, 68 → 47호분의 순서로 편년할 수 있다.

한편 이 단계부터 출현하는 마구 가운데 비교적 많이 발견되어 편년 대상이 되고 있는 등자를 보면 모두 고식의 木心鐵板披輪鐙이지만 형태상 23, 68, 67-A, B호분 출토품보다는 8호분 출토품이 늦은 형식임이 분명하다.[28]

이상에서 살펴본 옥전 목곽묘 II단계에 속하는 유구의 선후관계를 표시하면 아래와 같다.

23, 32, 37, 45, 67-A, B, 68 → 4, 8, 36, 38, 42, 47호분

개배와 유개식 장경호, 소형 원통형 기대의 출현을 특징으로 하는 목곽묘 III단계에 속하는 유구는 5, 7, 11, 12, 13, 20, 24, 28, 31, 35, 41, 69, 70, 72, 78, 81, 82, 91, 93, 95, M1, M2, M3, M7호분 등이다. 이 단계에서 주목되는 현상은 비록 목곽묘지만 대형의 봉분을 쌓아올린 고총고분이 등장하고 있는 점과 수혈식석곽묘가 처음으로

---

28) 柳昌煥, 1994, 「伽耶古墳 出土 鐙子에 대한 硏究」, 東義大學校 大學院 碩士學位論文.

채용되고 있는 점이다.

부장유물은 대소형의 유구 모두에서 풍부하게 부장되었는데, 토기는 발치 쪽에 가지런히 놓이며, 특히 70, 72, M1, M2, M3, M7호분에서는 격벽에 의한 부곽을 만들어 별도의 부장공간을 마련하고 있다.

Ⅲ단계 목곽묘에서 출토된 유물을 보면 전 단계의 형태를 계승한 것도 보이지만 전혀 새로운 것들이 많다. 예를 들면 M1, M2호분이나 31호분 등의 소위 '창녕형 꼭지'[29]라든지 M3, M7, 70, 72호분의 '고령양식 고배'[30] 등이 그것인데, Ⅲ단계의 목곽묘는 이러한 자료에 의해 2시기로 나누어 볼 수 있다.

Ⅲa단계는 창녕형 토기와 신라계 유물이 집중적으로 출토되는 시기로서 5, 11, 12, 20, 28, 31, 35, 41, 81호분이 여기에 속한다. 고배는 일단장방형(도면 18-54, 62)과 이단일렬장방형(도면 18-56), 이단교호투창(도면 18-55, 57) 고배들이 출토되는데, 일단장방형 투창 고배는 미세한 차이를 갖는 다양한 것들이 발견되었으나 Ⅱ단계의 4호분 출토품(도면 17-42)에 비해 대체로 臺脚이 약간씩 짧아졌으며, 이단일렬 투창 고배는 투창의 폭이 다소 넓어졌으며 모두 杯部가 얕고 뚜

29) 定森秀夫, 1981, 「韓國慶尙南道昌寧地域陶質土器の檢討」, 『古代文化』 33-4 ; 藤井和夫, 1981, 「昌寧地方古墳出土陶質土器の編年について」, 『神奈川考古』 12 ; 朴天秀, 1990, 「5~6世紀 昌寧地域 陶質土器의 硏究」, 慶北大學校 大學院 碩士學位論文.

30) 禹枝南, 1987, 「大伽倻古墳의 編年」, 서울대학교 大學院 碩士學位論文 ; 李熙濬, 1994, 「高靈樣式 土器 出土 古墳의 編年」, 『嶺南考古學』 15 ; 李熙濬, 1995, 「土器로 본 大加耶의 圈域과 變遷」, 『加耶史硏究』 ; 定森秀夫, 1987, 「韓國慶尙北道高靈地域出土陶質土器の檢討」, 『東アジアの考古學と歷史 上』

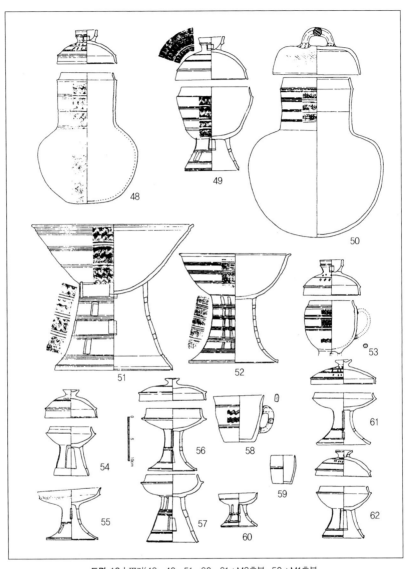

도면 18 | Ⅲ기(48 · 49 · 51 · 60 · 61 : M2호분, 50 : M1호분,
52 · 55 : 81호분, 53 · 54 · 56～59 · 62 : 31호분)

껑받이턱이 퇴화되었다. 이단교호투창 고배는 무개식과 유개식의 2종류가 발견되었는데, 유개식(도면 18-57)은 截頭A字形 臺脚을 가진 전형적인 신라양식 고배이며, 무개식(도면 18-55)은 아주 이질적인 느낌을 주는 예외적인 것들이다.

유개식 장경호(도면 18-48)는 頸部가 직선적인 것이며, 把手附杯는 창녕형 꼭지를 가진 뚜껑이 덮여 있고, 器臺는 소형 원통형 기대가 새롭게 등장하고 있다. 그리고 蓋杯(도면 19-64)는 형태가 다양하지만 대체로 杯深이 깊다.

이 단계의 유물 중 극히 주목되는 것은 신라양식의 마구라고 알려진 扁圓魚尾形 杏葉과 신라를 경유한 것으로 생각되는 Roman-glass다. 특히 M1호분에서 발견된 Roman-glass는 형태가 경주 金鈴塚 출토품과 혹사한 것에서 이 단계의 유구의 성격을 이해하는 데 극히 중요한 것이다.

Ⅲb단계는 고령양식 토기가 집중적으로 출토되는 시기로서 7, 13, 24, 69, 70, 72, 82, 91, 93, M3, M7호분이 여기에 속한다. 고배는 이단일렬투창, 이단교호투창, 일단장방형 투창, 無透窓 고배 등 다양한 것들이 발견되었다. 이 중 이단일렬투창 고배(도면 19-68)는 투창이 방형에 가까운 전형적인 고령양식이며, 이단교호투창 고배(도면 19-70)는 무개식으로서 신라양식 고배의 범주를 크게 벗어난 것들로서 앞 단계의 81호분 출토 고배를 계승하고 있으나 器高가 크게 낮아졌다. 無透窓 고배는 유개식(도면 20-81)과 무개식이 있는데, 모두 이 단계에 처음으로 나타나는 것이며 短脚高杯의 선구 형태로서 주목된다. 일단장방형 투창 고배(도면 20-80, 85)는 전 단계에 비해 더욱

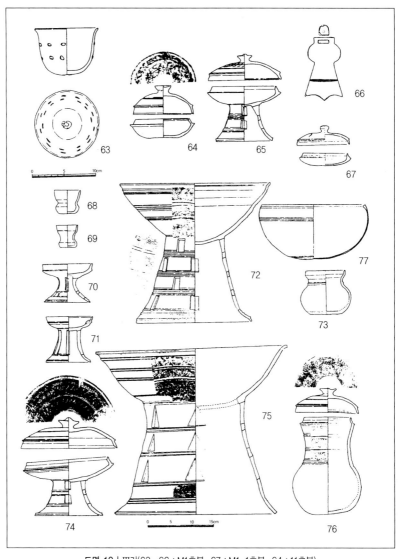

도면 19 | Ⅲ기(63 · 66 : M1호분, 67 : M1-1호분, 64 : 11호분)
Ⅳa기(65 · 70 : 70호분, 69 : 13호분, 72 · 73 · 76 : 72호분, 68 · 71 · 74 · 75 · 77 : M3호분)

臺脚이 짧아져서 전체의 器高가 10cm 전후로 작아졌다.

이 시기에 보편화된 蓋杯(도면 20-82, 87) 역시 杯部가 얕으며 뚜껑받이턱은 퇴화되어 段狀으로 처리된 것이 많다. 把手附杯(도면 20-78)는 모두 板狀把手가 부착되었으며 杯深이 다소 얕아졌고, 牛角形 把手가 붙은 有蓋 軟質甕이 많이 출토되고 있다.

유개식 장경호(도면 19-76)는 頸 中位가 잘록해진 고령양식 장경호뿐이며, 발형기대는 鉢部가 얕아지고 臺脚의 투창이 상하 엇갈린 것이든 일렬로 배치된 것이든 모두 삼각형이고 鉢部 하단에 葉脈文이 시문된 고령양식의 것들이다. 단경호는 素文, 繩蓆文, 平行打捺文이 시문된 명회청색의 것이 주를 이루지만 회색 瓦質燒成의 것도 많으며, 무엇보다도 거의 대부분 아주 큰 軟質蓋가 덮여 있는 것이 특징적이고, 주머니호와 같은 소형호(도면 19-73)도 발견되고 있다.

이 단계에서 발견된 유물 중 가장 주목되는 것은 M3호분에서 4자루나 발견된 용봉문환두대도를 비롯하여 金銅裝 鞍橋 등 극히 화려한 금공품들이다.

2) 竪穴式石槨墓

이 유적에서 확인된 수혈식석곽묘는 37기인데, M1-1, 2, 3호분에서 알 수 있듯이 대형 봉분을 가진 고총고분의 등장과 궤를 같이하고 있으며, 출토 유물에서 보는 한 목곽묘 III단계의 시작과 동시에 나타난다.

이렇게 등장한 수혈식석곽묘는 목곽묘를 대신하여 옥전고분군 묘제의 한 형태로 정착되어 가는데, 출토 유물의 형태 변화에 따라서

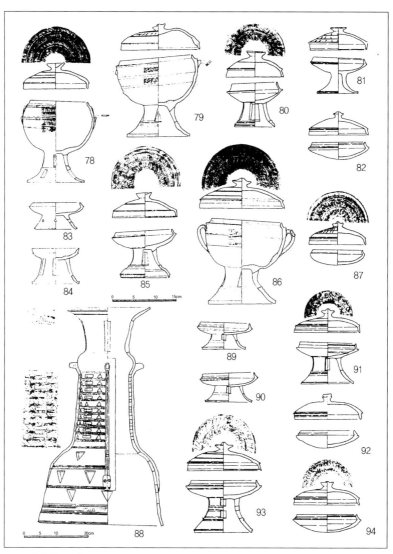

도면 20 | IVa기(78 · 80 : 82호분, 79 : 70호분, 81 : 69호분, 82 · 86 : M3호분, 85 : 72호분, 87 : 13호분). IVb기(83 · 84 · 88 · 89 · 90 : M4호분, 91 · 93 · 94 : 85호분, 92 : M7호분)

아래와 같이 몇 단계로 나누어 살펴볼 수 있다.

Ⅰ단계는 목곽묘 Ⅲa단계와 동 시기로서 M1-1, 2, 3호분이 여기에 속한다. 유물의 특징은 목곽묘 Ⅲa단계와 같다.

Ⅱ단계는 고령양식 토기가 출토되는 단계로서 유구의 형태와 유물의 형식에서 다시 2단계로 나눌 수 있다.

Ⅱa단계는 목곽묘 Ⅲb단계와 동 시기로서 2, 71, 73, 76, 83, 88, 92, 98, 102호분 등이 속하는데, 유물의 특징은 목곽묘 Ⅲb단계와 같이 고령양식 토기가 집중적으로 발견되고 있다.

Ⅱb단계는 Ⅱa단계의 고령양식 토기를 계승하면서 短脚高杯(도면 20-83, 89, 90)와 팔찌형 기대(도면 21-97, 98)가 집중적으로 출토되는 시기로서 75, 80, 84, 85, 87, 90, 96, M4호분 등이 속하는데, 이단 일렬투창 고배는 앞 시기와 거의 같으나 고령양식에 속하는 일단장방형 투창 고배(도면 20-91)가 보이며 무엇보다도 器高 7cm 미만의 短脚高杯가 처음으로 등장하고 있다. 이 단각고배에는 小孔이나 방형에 가까운 장방형 투창이 뚫려 있는데 杯部는 얕고 뚜껑받이턱은 퇴화되어 段狀으로 처리되었다. 고배의 뚜껑으로 이용된 蓋는 상면이 거의 직선적으로 처리되어 둥근 기미가 약화되었다.

개배(도면 20-92, 94)의 배는 앞 시기와 같으나 개는 둥근 기미가 약화되었을 뿐만 아니라 상면에 평탄면을 가진 단추형 꼭지로의 변화가 나타나고 있다.

기대 역시 고령양식 발형기대(도면 21-95, 102)와 원통형 기대(도면 20-88)가 발견되고 있으나 소형 팔찌형 기대가 집중적으로 출토되고 있다.

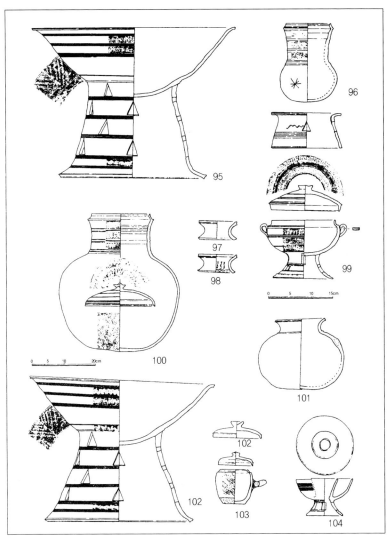

도면 21 | IVb기(96 · 101 : 80호분, 99 : 85호분, 100, M4호분, 95 · 97 · 98 : M7호분)
VI기(102 · 103 · 104 : M11호분)

커다란 軟質蓋가 덮인 단경호 역시 크게 보면 앞 단계의 것과 유사하지만 口徑이 짧고 심하게 외반한 것이나 頸과 胴의 경계에 일조의 돌대가 돌려진 것, 肩部가 아래로 처진 것 등의 미세한 변화가 엿보인다.

금속유물은 유구의 극심한 도굴 때문에 변화의 양상을 파악하기 어려우나 M4호분 출토의 이식을 볼 때 앞 시기에 비해 더욱 화려한 금공품이 부장된 것으로 추정된다.

이 단계에 일어난 변화 중 무엇보다 주목되는 것은 고총고분에 수혈식석곽묘가 채용된 점이다. 즉 M4호분이 그것인데, 이처럼 고총고분에 수혈식석곽묘가 채용되었다는 것은 옥전의 묘제가 목곽묘에서 수혈식석곽묘로 교체되었음을 의미한다. 실제로 이 시기의 목곽묘는 78호분 단 1기만이 존재할 정도로 수혈식석곽묘로 대체되고 있다.

III단계는 M6호분의 出字形 寶冠의 출토에서 알 수 있듯이 고령양식 일색이던 것에서 갑자기 신라양식 유물이 등장하는 시기로서 M6호분과 74, 75, 86, 99, M10-2호분이 여기에 속한다. 고배는 이단투창은 자취를 감추고 일단(장)방형 투창 고배(도면 22-105, 106)와 短脚高杯(도면 22-109)가 출토되는데, 대체로 杯部가 얕고 작아졌으며 뚜껑받이턱은 퇴화되어 段狀으로 처리되거나 아예 흔적만 남아 있다. 단각고배는 대각이 더욱 축소되어 굽과 같은 형태로 변화되었다.

개배(도면 22-114) 역시 앞 시기에 비해 杯의 깊이가 얕아졌을 뿐 아니라 口徑이 1cm 이상 짧아짐으로써 전체적으로 더욱 작아진 모습이다. 발형기대(도면 22-112)는 삼각형 투창의 형태와 배치, 鉢部의 波狀文과 葉脈文의 배치 등에서 앞 시기 고령양식 기대의 전통을 따르

도면 22 | Ⅴ기(109 : 78호분, 116 : 86호분, 105~107 · 112 · 114 · 115 · 118 : M6호분, 108 · 110 · 117 : M10호분, 111 · 113 : M10-2호분)

고 있으나 鉢部가 작고 얕아졌으며, 특히 대각의 높이에 비해 鉢部가 상대적으로 얕기 때문에 다소 불안정한 모습을 보여주고 있다.

유개식 장경호(도면 22-107)는 頸部의 만곡도가 축소되어 거의 직선을 이루며 波狀文帶가 3단이 아니라 4~5단으로 구성되어 좀더 조잡한 느낌을 준다. 단경호는 앞 시기의 것과 같은 것도 있으나 대체로 長胴化되었을 뿐 아니라 평저이거나 안으로 들어간 저부가 많으며 頸과 胴의 경계에 일조의 돌대가 돌려진 것이 증가한다.

토기 가운데 주목되는 것은 M6호분에서 발견된 把手附杯(도면 22-118)인데 작은 단면 원형의 파수가 붙은 杯는 동체가 타원형이며 말각평저와 직립구연을 이룬다. 이러한 杯는 신라토기로 잘 알려져 있는 것이다.

금속유물의 부장은 앞 시기에 비해 급격하게 양이 감소되는데, 특히 갑주자료는 전혀 출토되지 않는다. 그러나 장신구인 耳飾과 頸飾, 威儀具인 寶冠과 單鳳環頭大刀는 앞 시기의 출토품과 마찬가지로 여전히 화려하다. 특히 M6호분에서 보관이 3점이나 발견된 것과 아울러 보관 중 2점의 立飾 형식이 신라양식인 소위 '出字形'인 점은 극히 주목된다.

3) 橫口式石室墓

이 유적에서 횡구식석실묘는 M10호분 1기밖에 조사되지 않았지만 이웃하여 나란히 축조되어 있으면서 봉분이 높게 솟은 M9호분도 횡구식석실묘일 가능성이 있다.

M10호분은 원형의 봉분을 가진 고총고분으로서 한 곳의 도굴갱이

뚫려 있었지만 유물은 부장의 원상을 유지하고 있었다. 그러나 유물은 3점의 토기와 꺾쇠가 대부분인 16점의 철기만 발견되었을 뿐 갑주나 금공품, 마구 등은 전혀 출토되지 않는 이른바 薄葬이 이루어진 유구다.

이 유구에서 발견된 토기는 多透窓 고배(도면 22-110)와 단경호(도면 22-117), 팔찌형 기대(도면 22-108) 등인데, 多透窓 고배는 약간의 차이는 있지만 크기와 형태에서 M6호분 출토품과 거의 같으며, 단경호는 말각평저면서 頸과 胴의 경계에 1조의 돌대가 돌려진 것으로서 M10-2호분 출토품과 유사하다. 따라서 횡구식석실묘인 M10호분은 수혈식석곽묘 Ⅲ단계의 유구들과 동 시기에 속한 것임을 알 수 있다.

4) 橫穴式石室墓

극심하게 파괴되어 부장 유물의 원상을 파악할 수 없는 M11호분 횡혈식석실묘는 옥전고분군 내에서 가장 서쪽에 위치하며 가장 마지막에 축조된 유구다.

M11호분은 석실의 형태가 右片袖形 橫穴式인 점과 출토유물에서 보이는 棺 부속구인 蓮瓣裝飾과 못머리가 金版으로 장식된 棺釘, 嵌玉된 金製 垂下飾 耳飾의 구조 등을 보건대, 백제지역의 고분문화와 밀접한 관계가 있는 무덤이다.

유물은 대부분 상부 교란토 내에서 발견되었지만 같은 형태의 棺釘이 교란토와 유구의 바닥에서 모두 출토되었기 때문에 교란토 속에서 발견된 유물들도 모두 이 유구의 매납품으로 보더라도 큰 무리는 없을 것이다.

토기는 蓋(도면 21-102)와 有蓋 軟質甕(도면 21-103), 角杯받침으로 이용된 異形土器(도면 21-104)밖에 없으나. 금속유물은 장신구, 마구, 관 부속구 등으로 다양하고 많을 뿐만 아니라 금, 은, 금동장식이 가미된 지극히 화려한 것들이다. 이러한 유물 부장은 앞 시기에 속하는 M10호분의 薄葬과는 비교할 수 없는 현저한 변화라고 생각되며, 유물 부장에서의 이러한 변화는 석실의 형태 변화와 함께 옥전고분군 축조집단의 매장의식의 변화, 나아가서는 정치·사회적인 커다란 변화를 의미하는 것이다.

다만 극심한 도굴 때문에 비교·검토할 수 있는 토기가 없어서 다른 유구와의 상대서열을 결정할 수 없는 것이 다소 아쉽지만 고분의 축조 위치와 유구의 형태에서 이 유적의 최후에 속하는 유구임은 분명하다.

4. 分期와 編年

지금까지 옥전고분군 내의 묘제의 변화와 부장 유물에 있어서 신기종의 출현에 근거하여 단계를 설정하고 유구 상호간의 선후관계를 살펴보았다.

그 결과 목곽묘는 Ⅲ단계로 나뉘어지며 목곽묘 Ⅰ단계는 토기의 형식 변화와 신기종의 출현에 의해 다시 3소기로 나눌 수 있다. 즉 앞 시기인 삼한시대의 와질토기 전통을 가지고 있는 유구들(Ⅰa)과 전형적인 고식 도질토기가 부장되면서 세장방형 목곽묘에 장방형의 목곽묘가 새롭게 채택된 유구들(Ⅰb), 그리고 고식 도질토기에서 변화를 일으킨 토기들과 廣口小壺, 小形器臺 등이 발견되는 유구들(Ⅰc)로의 구분이다.

또한 목곽묘 Ⅲ단계는 토기의 계통에 따라서 다시 2소기로 나뉘는데, Ⅲa단계에 속하는 유구에서는 창녕 내지 신라계 유물이 집중적으로 출토되는 반면, Ⅲb단계의 유구들에서는 고령양식의 토기들만 발견되고 있다.

한편 수혈식석곽묘도 크게 Ⅲ단계로 나뉘는데, 이 중 Ⅱ단계는 토기의 형식 변화에 의해서 이른 시기(Ⅱa)와 늦은 시기(Ⅱb)로 다시 나눌 수 있다.

반면에 횡구식, 횡혈식 석실묘는 각각 1기씩만 조사되었기 때문에 세분하여 살펴보는 것은 불가능하다.

옥전고분군에서 조사된 이러한 다종다양한 유구와 유물은 이 유적이 장시간에 걸쳐 축조되었음을 보여준다. 이처럼 긴 시간 동안 축조된 옥전고분군의 다양한 형태의 무덤에 대하여 자세한 편년을 한다는 것은 옥전고분군을 체계적으로 이해하는 가장 근본적인 작업이 될 것이다.

일반적으로 가야지역의 묘제는 대개 목곽묘가 가장 먼저 등장하고 그 다음 수혈식석곽묘, 횡구식석실묘, 횡혈식석실묘의 순서로 계기적으로 축조되어 갔다는 것이 상식으로 되어 있다. 그러나 부장 유물을 자세히 살펴보면 반드시 계기적인 것이 아니라 어떤 단계에서는 서로 다른 형태의 유구들이 함께 축조되고 있다는 것 또한 부인할 수 없다.

따라서 옥전고분군에서 조사된 전체 유구의 편년은 말할 것도 없이 묘제 변화에 기준을 두고 크게 목곽묘기, 수혈식석곽묘기, 횡구식석실묘기, 횡혈식석실묘기의 4시기로 분기할 수 있겠지만, 서로 다른 유구에서 같은 시기의 유물이 출토된다는 것을 고려하면 묘제의 변천에 따라 획일적으로 분기를 설정하고 편년하기는 어렵다.

그렇기 때문에 필자는 묘제와 유물의 변화를 함께 고려하여 옥전고분군의 유구들을 크게 Ⅵ기로 分期하고 어떤 期는 다시 小期로 나누어 아래와 같이 편년하고자 한다.

Ⅰ期 : 목곽묘 Ⅰ단계가 여기에 해당하는데, 다시 3소기로 나누어진다.

Ⅰa期 : 세장방형의 목곽묘만 축조되며, 토기에서 앞 시기 와질토기의 전통이 남아 있는 시기로서 25, 49, 52호분이 여기에 속한다.

Ⅰb期 : 세장방형의 목곽묘가 주로 축조되지만 장방형 목곽묘가 새롭게 채용되며, 54호분처럼 목곽의 보강토와 상부에 돌이 사용되는 등의 변화가 나타난다. 유물로는 無蓋無透窓 고배로 대표되는 소위 전형적인 고식 도질토기들이 발견된다. 6, 21, 22, 27-A, 51, 54호분이 여기에 속한다.

Ⅰc期 : 세장방형과 장방형의 목곽묘가 축조되며, 유물에서는 노형토기의 발형기대화가 현저히 진행되며, 무엇보다도 광구소호와 소형기대 등과 같은 새로운 기종이 부장되는 시기다. 17, 27, 34, 40, 66호분이 여기에 해당한다.

Ⅱ期 : 목곽묘 Ⅱ단계가 여기에 해당한다.

유구는 세장방형과 장방형의 목곽묘가 축조되지만 장방형 목곽묘는 특히 거대화하며, 목곽의 보강토에 다량의 돌과 흙을 혼용한다든지 유구의 바닥에 관대나 시상 시설이 채용된다. 유물은 토기에서 有蓋透窓 고배와 광구형 장경호, 발형기대와 같은 신기종이 등장하며, 철기에서도 갑주와 마구, 異形有刺利器 등이 처음으로 등장한다. 특히 주목되는 것은 金製 堅下飾 耳飾과 金銅製 冠帽, 金銅裝 杏葉, 金銅裝 盛矢具와 같은 금공품들이 이 시기부터 돌발적으로 채용되고 있다는 점이다.

한편 II期에 속하는 유구 내에서도 토기의 형식 변화에 따른 선후관계가 인정되지만 이것을 小期로 세분할 정도의 큰 변화는 보이지 않는다. 약간 이른 자료들이 발견된 유구는 23, 32, 37, 45, 67-A, 68호분이며, 다소 늦은 요소의 자료들이 발견된 것은 4, 8, 36, 38, 42, 47 67-B호분이다.

III期 : 목곽묘 IIIa단계와 수혈식석곽묘 I단계가 여기에 해당된다.

목곽묘는 앞 시기와 거의 같은 형태의 것도 축조되지만, M1, M2호분처럼 거대한 봉분을 가진 고총고분도 축조된다. 뿐만 아니라 소형 유구지만 수혈식석곽묘가 처음으로 축조되기 시작하는 것도 이 시기다. 이 수혈식석곽묘는 앞 시기에서 전혀 그 계통을 찾을 수 없는 새로운 묘제로서 외부에서 이 지역에 전래된 새로운 형태의 무덤이다.

유물은 개배와 유개식 장경호와 같은 새로운 기종의 토기가 출현하며, 고배는 다양화한다. 철기는 갑주, 마구, 무기 등 앞 시기와 같은 것들이 부장되지만 한 유물의 복수매장에 의해 양적인 증가를 보이며, 금공품은 이식, 마구뿐만 아니라 大刀와 같은 도검류에도 나타난다.

무엇보다 이 시기에 나타나는 큰 변화는 이른바 창녕 내지는 신라계 유물이 집중적으로 부장되고 있는 현상이다. 그 중에서도 M1호분에서 발견된 Roman-glass는 이 시기 유물의 특성을 단적으로 보여주는 자료일 것이다.

이 시기에 속하는 유구는 5, 11, 12, 16, 20, 28, 31, 35, 41, 81, 95, M1, M2, M1-1, 2, 3호분 등이다.

IV期 : 고령양식 토기가 집중적으로 부장되는 시기로서 토기의 형식변화에 따라서 2소기로 나뉘어진다.

IVa期 : 목곽묘 IIIb단계와 수혈식석곽묘 IIa단계에 속하는 유구들이 해당된다. 목곽묘의 형태는 대체로 장방형의 것들이 축조되는데, 격벽에 의해 주·부곽이 분리된 유구도 여전히 축조되고 있다. 수혈식석곽묘는 앞 시기의 것을 계승하고 있다. 유물 역시 앞 시기의 것들과 같은 종류의 토기, 철기, 금공품이 발견되고 있지만 토기에서 창녕 내지 신라계 유물은 완전히 자취를 감추고 대신 고령양식의 토기들만 부장되고 있는 것이 주목된다. 화려한 龍鳳文環頭大刀가 복수로 부장된다든지 금동장의 특이한 地板을 가진 투구가 발견되는 것 등의 변화가 나타난다.

2, 7, 13, 24, 69, 70, 71, 72, 73, 76, 82, 83, 88, 91, 92, 93, 98, 102, M3호분 등이 이 단계에 속한다.

IVb期 : 수혈식석곽묘 IIb단계가 여기에 해당되며, 목곽묘로서는 대형분인 M4, M7호분, 소형분으로서는 유일하게 78호분이 포함되어 있다. 유물은 앞 시기의 유구에서와 마찬가지로 고령양식의 토기들만 발견되고 있는데, 자세히 보면 短脚高杯와 팔찌형 기대가 이 시기에 속하는 유구에서 집중적으로 부장되고 있다. 개배의 개와 단경호 등은 형식학적으로 발달된 것들이 매납되고 있다. 토기 이외의 금속유물들은 극심한 도굴 때문에 잘 알 수 없으나 금제 이식은 더욱 화려한 것들이 부장되었으며, 環頭部만 발견된 용봉문환두대도는 형식학적으로 앞 시기의 것들보다 한 단계 퇴화된 것들이다.

이 단계에 속하는 유구는 75, 78, 80, 84, 85, 87, 90, 96, M4, M7호분 등이다.

V期 : 수혈식석곽묘 Ⅲ단계와 횡구식석실묘가 이 시기에 해당된다.

이 시기에 나타난 변화 중 가장 주목되는 현상은 이른바 신라계 무덤형태인 횡구식석실묘의 돌연한 출현이다. 아울러 유물에서도 피장자의 실체를 단적으로 알려주는 寶冠의 형태가 신라양식인 出字形인 점과 把手附杯도 형태상 신라계인 점이 주목된다. 이처럼 앞 시기 고령양식 토기들을 계승하면서 신라계인 횡구식석실묘, 출자형 보관, 파수부배 등이 돌발적으로 출토되는 것은 이 시기의 성격을 파악하는 데 대단히 중요한 현상일 것이다.

유물을 자세히 보면 短脚高杯는 대각이 더욱 축소되어 굽의 형태로 변화하였으며, 고령양식의 발형기대는 대각에 비해 鉢部가 급격하게 작아져 안정감을 잃고 있다. 개배는 더욱 작아지고 유개식 장경호는 頸部에 4~5단의 波狀文帶가 배치되어 번잡한 느낌을 준다. 금속유물의 부장은 앞 시기에 비해 갑주자료가 한 점도 발견되지 않는 등 무구의 부장이 급속하게 감소하고 있는 현상이 특히 주목된다. 그러나 M6호분의 3점의 보관과 이식 등은 더욱 화려해진 것들이며, 용봉문환두대도 역시 문양은 다소 퇴화되었으나 여전히 부장되고 있다.

한편 M10호분 횡혈식석실묘는 묘제도 변화하였을 뿐만 아니라 장법에서도 薄葬인데, 옥전고분군 내에서 유일한 것으로서 이 M10호분이 외부로부터의 영향을 받아 축조된 것임을 암시해 주는 좋은 예일 것이다.

이 단계에 속하는 유구는 74, 75, 86, 99, M6, M6-1, M10, M10-2호분 등이다.

Ⅵ期 : 조사의 부족때문인지는 모르겠으나 이 시기에 속하는 유구는 M11호분 횡혈식석실묘 1기밖에 없다.

유적의 최남서쪽에 축조되어 고총고분의 분포상 이 유적 최후에 축조되었을 것으로 추정되는 M11호분 횡혈식석실묘는 소위 右片袖形으로서 낮은 시상을 가진 백제계 묘제다. 함께 발견된 棺 부속구인 蓮瓣裝飾과 金裝의 머리를 가진 棺釘, 嵌玉된 堅下飾 耳飾 등과 아울러 이 유구가 백제와의 깊은 관련 속에서 축조되었음을 보여주고 있다.

이상에서 지금까지 조사된 119기의 유구 중 검토 가능한 유물이 출토된 74기의 유구를 대상으로 크게 Ⅵ期로 나누어 상대 편년하였다.

그렇다면 分期한 각 시기가 어느 시기에 해당되는가를 살펴보자.

대부분의 가야고분과 마찬가지로 이 유적에서도 절대연대를 알려주는 자료는 1점도 발견되지 않았다. 다만 특수한 유물로서 M3호분의 銅盌과 M1호분의 Roman-glass, M3, M4, M6호분의 용봉문환두대도 등은 백제의 무령왕릉이나 신라의 금령총 출토품과 대비될 수 있는 자료들이다. 이 중 백제의 무령왕릉은 墓誌石이 발견되어 525년이라는 고분축조의 절대연대를 정확히 알 수 있는 무덤이기 때문에 한일 고분문화의 편년연구에 하나의 기준이 되고 있음은 주지하는 바다.

따라서 고분의 출토자료 중 무령왕릉 출토품과 대비될 수 있는 M3호분 출토 銅盌과 용봉문환두대도는 이 점에서 극히 주목되는 자료들이다. 이미 李漢祥은 양 고분에서 출토된 銅盌을 동 시기의 소산으로 보고 옥전 M3호분을 6세기 전반대로 파악한 바 있으며,[31] 穴澤·馬目은 M3호분 출토의 용봉문환두대도의 문양 형식에서 무령왕릉 출토의 단용문환두대도보다 2단계 이른 것으로 보고, 5세기 말경으로 추정한 바 있다.[32]

이처럼 절대연대를 알 수 있는 무령왕릉 출토품과 같은 유물이 발견되거나 형식적인 변화의 선상에 있는 유물이 발견된다면 일단 무령왕릉을 기준으로 절대연대를 부여하게 되는 것은 당연하다. 그러나 불행하게도 백제고분은 구조적인 특징 때문에 오늘날까지 유물부장의 원상을 유지하고 있는 고분이 없다. 따라서 무령왕릉을 전후한 시기의 백제고분에 부장된 유물의 형식학적인 변천이 어떤 것인지를 전혀 알 수 없으며, 이 때문에 서로 다른 고분에서 출토된 유물은 형태적인 유사성 때문에 모두 무령왕릉 출토품과 대비되어 같은 연대를 부여받는 경우가 있다.

---

31) 李漢祥, 1994, 「武寧王陵 出土品 追報(2)-銅製 容器類」, 『考古學誌』 6.
32) 穴澤和光·馬目順一, 1993, 「陜川玉田出土の環頭大刀群の諸問題」, 『古文化談叢 30(上)』.

예를 들면 M3호분의 銅盌과 M11호분의 嵌玉된 竪下飾 耳飾의 경우가 여기에 해당한다. 즉 李漢祥은 銅盌의 유사함에서 M3호분을 무령왕릉과 동 시기로 파악했을 뿐 아니라 M11호분 출토 이식의 구성과 제작기법이 무령왕릉 왕비의 것과 유사하다는 점을 들어서 역시 같은 시기로 파악하고 있다.[33] 그 결과 고분의 축조 위치나 형태, 출토 유물에서 볼 때는 도저히 같은 시기로 편년할 수 없는 옥전 M3호분과 M11호분이 거의 같은 시기로 편년되는 오류가 나타나고 있다.

결국 무령왕릉 출토품은 동아시아 고분문화의 편년연구에서 하나의 기준은 될 수 있지만 형태상 유사한 모든 자료를 무령왕릉 출토품과 곧바로 연결시켜 동 시기로 파악하는 것은 신중을 요한다. 특히 권위를 상징하는 특수한 유물일 경우 용봉문환두대도처럼 많이 발견되었다면 형식학적인 변화의 토대 위에서 무령왕릉 출토품과 대비하는 것에 무리가 없으나, 銅盌처럼 극소수만 발견되어 형식학적인 변화를 잘 알 수 없는 자료일 경우에는 상호 비교에 의한 계통 파악은 가능하지만, 그것만으로 연대를 단정하는 데에는 어려움이 따른다. 이 점은 거의 같은 형태의 Roman-glass가 출토된 옥전 M1호분과 경주 금령총이 커다란 연대차이를 보이는 것[34]에서 충분히 알 수 있다.

이 밖에도 龜甲文 장식이라든가 鬼面文, 개구리 문양, 鑄造鐵斧, 象嵌大刀 등 백제의 고분이나 扁圓魚尾形 杏葉과 같이 신라의 고분과 대비할 수 있는 자료는 많다. 그러나 이것들은 崔鐘圭의 지적[35]처럼 백

---

33) 李漢祥, 1995, 「大加耶系 耳飾의 分類와 編年」, 『考古研究』 4.

34) 玉田 M1호분은 5세기 3/4분기, 경주 金鈴塚은 6세기 초엽에 속하는 고분이기 때문이다.

제와 옥전, 신라나 창녕지역과 옥전지역의 문물교류의 차원으로 파악
할 수는 있으나, 산지추정과 절대연대의 부여는 좀더 많은 자료의 축
적을 기다려야 할 것으로 생각된다.

따라서 필자는 옥전고분군의 편년에 대하여 개별유물의 비교연구
에 의한 교차연대의 설정보다는 묘제와 유물 부장의 전반적인 변화상
을 비교적 믿을 수 있다고 평가받고 있는 5세기 이후의 역사기록과
연결하여 각 시기의 대강의 연대를 파악하고자 한다.

가장 먼저 주목되는 현상은 IVa期에 전면적으로 나타나는 고령계
토기의 집중적인 부장이다. 옥전 IVa期에 나타나는 고령계 토기의 집
중적이고 전면적인 부장이라는 현상은 비단 옥전지역에만 국한되지
않고 합천 반계제, 함양 백천리, 산청 생초 등 서부 경남의 광범위한
지역에 걸쳐 나타나는 공통적인 현상이다. 이러한 현상은 단순히 문화
교류라는 차원을 넘어서서 어떤 중대한 정치적인 변화에 기인되었을
것으로 추정되는데, 고령을 중심으로 하는 대가야 세력의 대외팽창,
즉 대가야연맹체의 성립을 배경으로 하고 있다고 생각된다.[36) 따라서
옥전 IV期는 대가야연맹체의 성립기와 동 시기인 5세기 4/4분기로 편
년할 수 있다.

그 다음 出字形 寶冠이 부장되고 횡구식석실묘가 축조된 옥전 V期

---

35) 崔鐘圭, 1992, 「濟羅耶의 文物交流」, 『百濟研究』 23.

36) 『南齊書』 列傳 99, 東南夷傳 加羅國條, "加羅國 三韓種也 建元元年 國王
荷知使來獻 詔曰 量廣始登 遠夷洽化 加羅王荷知 款關海外 奉贄東遐 可授
輔國將軍本國王."
金泰植, 1992, 「後期伽耶諸國聯盟의 擡頭」, 『伽耶諸國聯盟의 成立과 變
遷』; 田中俊明, 1990, 「大加耶聯盟の成立と展開」, 『東アジアの古代文化』
62.

는 신라계 문물의 옥전지역의 파급이라는 주목할 만한 현상이 나타난 시기다. 이처럼 신라계 문물이 옥전고분군에 부장될 수 있었던 역사적 배경은 고령의 대가야와 신라 사이의 정치적인 상황에서 비롯되었다고 생각되는데, 그것은 구체적으로 대가야와 신라 사이의 결혼동맹[37]과 같은 밀접한 관계의 성립 등을 가리킨다. 즉 신라와 대가야가 결혼동맹을 맺음으로써 신라 문물이 고령지역에 들어오게 되고, 이러한 상황 속에서 대가야연맹체의 일원이었던 옥전고분군에는 당연히 신라문물이 유입되었을 것이다. 따라서 옥전 V期는 520년대를 상한으로 하여 대략 6세기 2/4분기에 편년시킬 수 있을 것이다.

VI期에 속하는 M11호분은 옥전고분군 내의 고총고분의 분포상 가장 서남쪽에 위치한 이 유적 최후에 축조된 고분이기 때문에 이 지역에 있었던 정치체였던 다라국의 멸망을 전후한 시기에 축조된 무덤임이 분명하다. 그렇기 때문에 옥전 VI期는 대략 6세기 3/4분기에 편년시킬 수 있다.

뿐만 아니라 M11호분은 고분의 구조가 횡혈식석실묘고, 부장 유물 중 棺 부속구인 蓮瓣裝飾과 金裝 棺釘, 그리고 嵌玉된 竪下飾 耳飾의 제작기법이 백제고분 출토품과 유사하기 때문에 이 고분은 가야와 백제가 밀접한 관계에 있었던 시기를 반영하고 있다고 생각한다. 역사적으로 볼 때 가야와 백제가 긴밀한 관계를 맺었던 것은 A.D 541, 544

---

37) 『三國史記』法興王 9年(522), "伽倻國王 遣使請婚 王以伊湌比助夫之妹 送之"; 11年(524), "王出巡南境拓地 伽倻國王來會."
물론 이 때의 가야국왕이 어느 가야의 왕이었는지는 위 기록의 문장만으로는 알 수 없으나 『삼국사기』479년조 이후의 가야 관련 기록은 대부분 고령의 대가야에 관한 것임은 잘 알려진 사실이다.

년 백제에 의해 주도된 任那復權會議[38]를 들 수 있다. 따라서 M11호분으로 대표되는 옥전 Ⅵ期는 A.D 541, 544년을 상한으로 대가야가 멸망한 562년을 전후한 시기로 파악함이 온당할 것이다.

한편 옥전 Ⅱ期에 속하는 68, 23, 67-A, B, 8호분 등에서는 안장, 재갈, 등자, 운주 등 승마에 필요한 기본적인 一式의 馬裝具가 발견될 뿐만 아니라 覆鉢有縱細長方板 革綴冑, 山字形 飾金具가 부착된 盛矢具 등 騎乘用 甲冑, 馬具들이 부장되고 있다. 이러한 갑주와 마구들은 이 유적 내의 앞 시기에 속하는 유구들에서 선행 형태를 전혀 찾을 수 없는 것들로서, 이 시기에 돌발적으로 출현하고 있는 유물들이다.

고분시대의 갑주와 마구는 토기 등과는 달리 한 집단 내에서 지배자급에 속하는 자들의 전유물이기 때문에 이러한 유물이 돌연 출현한다는 것은 단순한 문화전파나 교역의 차원을 넘어서는 커다란 정치적 변혁의 산물이었다고 생각된다. 가야지역 초기의 갑주와 마구는 고구려와 부여로 대표되는 북방문물의 유입 내지 영향으로 출현하기 시작했던 것[39]으로 선학들에 의해 이미 충분히 밝혀졌기 때문에 옥전 Ⅱ期의 연대는 부여나 고구려에 의한 한반도 전역의 역사변동과 결부시킬 수 있을 것이다.

그런데 부여의 역사는 불명확한 점이 많을 뿐만 아니라 설혹 가야지역에 그 직접적인 영향이 있었다[40]고 하더라도 그것은 고식 도질토

---

38) 『日本書紀』 欽明紀 2, 5年(A.D 541, 544)條 참조.

39) 崔鐘圭, 1983, 「中期古墳의 性格에 대한 약간의 考察」, 『釜大史學』 7 ; 鄭澄元·申敬澈, 1984, 「古代韓日甲冑斷想」, 『尹武炳博士 回甲記念 論叢』 ; 申敬澈, 1985, 「古式鐙子考」, 『釜大史學』 9 ; 申敬澈, 1989, 「伽耶의 武具와 馬具」, 『國史館論叢』 7.

기 단계지 장경호와 발형기대와 같은 신기종이 출현하여 고식 도질토기의 단계에서 벗어난 옥전 Ⅱ期는 해당되지 않을 것이다.

따라서 옥전 Ⅱ期에 나타나는 騎乘用 甲冑와 馬具의 돌발적인 부장이라는 현상은 고구려에 의해 초래된 영남 일대의 역사적 변동에서 기인되었다고 생각된다. 이 경우 예상되는 역사적 사건은 선학들에 의해 상세하게 검토되었듯이 A.D 400년 광개토대왕의 남정을 들 수 있다.[41] 다만 갑주나 마구 연구자들에 의하면 서부경남 지역에 전래된 고구려계 유물은 고구려에서 직접 유입된 것이 아니라 김해·부산지역에 먼저 들어온 자료들이 그 지역에서 약간의 형식변화를 겪은 뒤 다시 서부경남 지역으로 들어온 것이 분명하다고 한다.[42]

한편 Ⅱ期에 처음으로 등장하는 有蓋透窓 고배와 발형기대를 보면 다양성에서 그 특징을 찾을 수 있다. 예를 들면 옥전 23호분에서 고배는 모두 29점이 출토되었는데, 형태적으로 무개식과 유개식이 있으며, 투창 형태는 이단일렬 투창, 이단일렬 다투창, 이단교호 투창, 일단 다투창, 이단교호 다투창 등으로서 옥전을 대표할 만한 고배가 인

---

40) 申敬澈, 1992, 「金海 禮安里 160號墳에 대하여」, 『伽耶考古學論叢』 1.

41) 崔鍾圭, 1983, 「中期古墳의 性格에 대한 약간의 考察」, 『釜大史學』 7.

42) 申敬澈, 1989, 「伽耶의 武具와 馬具」, 『國史館論叢』 7 ; 申敬澈, 1990, 「嶺南地方의 4·5世紀代 陶質土器와 甲冑」, 『古文化』 37 ; 宋桂鉉, 1995, 「伽耶 甲冑 樣相의 變化」, 『제4회 영남고고학대회 발표자료집』 ; 宋桂鉉, 2001, 「4~5世紀 東亞細亞의 甲冑」, 『4~5世紀 東亞細亞와 加耶』 ; 金斗喆, 1991, 「三國時代 轡의 硏究」, 慶北大學校 大學院 碩士學位論文 ; 金斗喆, 1993, 「加耶의 馬具」, 『加耶と古代東アジア』 ; 金斗喆, 2000, 「韓國古代의 馬具」, 東義大學校 大學院 博士學位論文 ; 李相律, 1993, 「嶺南地方 三國時代 杏葉의 硏究」, 慶北大學校 大學院 碩士學位論文 ; 柳昌煥, 2002, 「馬具를 통해 본 阿羅加耶」, 『古代 咸安의 社會와 文化』.

정되지 않을 정도로 다양하다. 발형기대 역시 문양이 다양하고 투창의 형태와 배치가 규칙성이 없으며, 鉢部에 비해 대각이 그다지 높지 않다는 특징이 나타난다. 이처럼 고배와 발형기대가 다양하다는 것은 이 시기 토기의 특징이 '型式 亂立期'의 토기에 있음을 의미하며, 이러한 '型式 亂立期' 토기가 부장된 시기는 대략 5세기 전반대다.[43]

이와 같이 騎乘用 甲冑와 마구문화와 '型式 亂立期'의 토기문화의 존재를 감안한다면 옥전 Ⅱ期는 대략 5세기 전반대의 늦은 시기에 편년시킬 수 있을 것이다.

옥전 Ⅰ期의 시작과 끝에 대해서는 분명한 근거를 가지고 있지 못하지만 옥전 Ⅰa期의 토기들에 나타나는 특징적인 요소들, 이를테면 瓦質系 고배라든지 磨研風의 기면조정 등은 앞 시기 와질토기의 전통을 계승한 것으로 생각된다. 따라서 Ⅰ期의 시작은 와질토기 단계가 끝나고 고식 도질토기 단계에 들어선 시기에 속한다고 생각되어, 일단 4세기 초 내지 전반대에 편년할 수 있다.[44] 그러나 이러한 토기들과 함께 발견된 49, 52호분 출토 回轉沈線文 蓋나 兩耳附臺附小壺 등은 4세기 중엽경의 김해지역 토기문화와 상통하는 바가 많다. 따라서 옥전 Ⅰ期의 시작은 4세기 중엽경으로 파악하는 것이 무난할 듯하다.

반면에 Ⅰ期의 하한은 Ⅰc期에 해당되는 17, 27호분 출토의 발형기대에 가까워진 노형토기와 직구단경호가 예안리 76호분, 화명동 5호

---

43) 趙榮濟, 2006,「西部慶南 加耶諸國의 成立에 대한 考古學的 研究」, 釜山大學校 大學院 博士學位論文.

44) 申敬澈,「釜山·慶南 出土 瓦質系 土器」,『韓國考古學報』12 ; 崔鐘圭, 1982,「陶質土器 成立 前夜와 展開」,『韓國考古學報』12 ; 安在晧·宋桂鉉,「古式陶質土器에 관한 약간의 考察」,『嶺南考古學』1.

분 출토품과 유사하기 때문에 이들 유구를 4세기 말~5세기 초에 편년시킬 수 있다. 그러나 이 지역이 김해지역과는 비교할 수 없을 정도로 낙후된 지역임을 감안한다면, 자료의 형태상의 유사성 때문에 곧바로 김해지역과 같은 시기로 편년하기란 어려울 것이며, 김해지역보다는 1단계 늦은 시기에 편년시키는 것이 타당할 것이다.

따라서 I期의 하한은 5세기 초엽이 될 것이며, 이 점은 II期의 시작이 5세기 중엽정도인 점과 상호 모순되지 않는다. 다만 I期 내의 小期인 Ia, Ib, Ic期에 대해서는 명확한 편년자료를 확보하지 못하고 있기 때문에 더 이상 자세하게 편년할 수는 없다.

끝으로 Roman-glass와 扁圓魚尾形 杏葉, 창녕형 꼭지 등 창녕 내지 신라계 유물이 집중적으로 나타나는 옥전 III期의 연대는 분명하지는 않지만 II기와 IV기의 사이인 5세기 3/4분기에 일단 위치시킬 수 있을 것이다.

그리고 고령계 유물이 계속적으로 부장된 IVb期는 IVa期와 V期 사이인 6세기 1/4분기에 편년해 둔다.

5. 소결

지금까지 다섯 차례에 걸쳐서 조사된 옥전고분군에서 확인된 유구와 유물에 대하여 묘제의 변천과 부장 유물에서의 변화를 중심으로 크게 VI期로 나누고, 각 期에 나타나나는 전반적인 변화를 이 지역을 둘러싸고 일어난 커다란 역사적 변동의 산물로 인식하여 이것을 역사기록과 대비하여 대체적인 연대적 위치를 살펴보았는데 이것을 정리하면 아래와 같다.

分期		墓制와 遺物에 의한 段階	所屬遺構				編年
			木槨墓	竪穴式石槨墓	橫口式 石室墓	橫穴式 石室墓	
I 期	I a	목곽묘 I 단계	25, 49, 52				4세기 중엽~ 5세기 초
	I b		6, 21, 22, 27-A, 51, 54				
	I c		17, 27, 34, 40, 66				
II 期		목곽묘 II 단계	23, 32, 37, 45, 67-A, B, 68, 4, 8, 36, 38, 42, 47				5세기 중엽
III 期		목곽묘 IIIa, 수혈 식석곽묘 I 단계	5, 11, 12, 20, 28, 31, 35, 41, 81, 95, M1, M2.	M1-1, 2, 3.			5세기 3 /4분기
IV 期	IVa	목곽묘 IIIa, 수혈 식석곽묘 II a단계	7, 13, 24, 69, 70, 72, 82, 91, 93, M3	2, 71, 73, 76, 83, 88, 92, 98, 102			5세기 4 /4분기
	IVb	수혈식석곽묘 II b 단계	78, M7	75, 80, 84, 85, 87, 90, 96, M4			6세기 1 /4분기
V 期		수혈식석곽묘 III 단계, 횡구식석실 묘		74, 75, 86, 99, M6, M10-2	M10		6세기 2 /4분기
VI 期		횡혈식석실묘				M11	6세기 3 /4분기

Ⅳ. 외래계 문물을 통해 본 5세기대 옥전고분군의 성격

1. 머리말

5세기대의 동아시아를 흔히 격동·격변의 시대라고 부른다. 이처럼 역동적인 상황 하에서 축조된 고분 속에는 많은 외래계 유물들이 포함되어 있을 수밖에 없을 것이다. 이와 같은 자료는 그때 그때의 역동적인 상황을 잘 반영하고 있을 뿐만 아니라 이러한 자료를 확보한 집단의 성격을 잘 보여준다.

1985년 이후 지금까지 다섯 차례에 걸쳐서 발굴조사된 옥전고분군에서는 목곽묘, 수혈식석곽묘, 횡구식석실묘, 횡혈식석실묘 등 다양한 형태의 무덤 119기가 확인되었으며, 여기에서 출토된 유물은 3,000여 점이 넘는다.

이 가운데 5세기대에 해당하는 유구는 대부분 목곽묘고, 일부 소형 수혈식석곽묘가 포함되어 있으며, 갑주와 마구, 금공품 등은 대부분 5세기대에 속하는 유구에서 출토되고 있다. 따라서 옥전고분군의 성격을 파악하기 위해서는 이 5세기대의 자료를 해석하는 것에서부터 출발해야 할 것이며, 더욱이 이 시기에 집중적으로 발견되는 외래계 유물의 성격을 이해하지 않고서는 옥전고분군의 성격을 파악할 수 없다는 것은 자명한 일이다.

그런데 지금까지 옥전고분군에 대한 집중적인 조사가 이루어졌다고 하더라도 그것은 전체 규모에 비해 극히 일부분에 지나지 않기 때문에, 이들 자료가 과연 옥전고분군의 성격을 대표하는 것인지에 대해서는 다소 주저되는 바가 많다. 또한 외래계 유물의 원산지라고 생각되는 반도 내의 다른 지역, 이를테면 백제와 고구려 지역의 5세기대 고분문화에 대한 실상을 잘 파악하지 못하고 있는 필자로서는 이러한 작업이 대단히 무모한 일이 될 것이라는 두려움도 없지 않다.

2. 자료의 검토

1) 토기

5세기대 옥전고분군에서 출토된 토기들은 다른 가야고분에서와 마찬가지로 다종다양하다. 이 가운데 지금까지의 연구성과에 의해 외래계 토기라고 파악할 수 있는 것은 고령계와 창녕계로 불리는 두 종류가 포함되어 있다.

(1) 高靈系 土器

대가야의 왕릉들로 알려진 고령 지산동고분군 출토자료를 표지로 하는 일군의 토기를 의미하며, 이들 토기에 대한 성격과 자세한 편년은 이미 선학들에 의해 이루어진 바 있다.[1]

---

1) 禹枝南, 1986,「大伽倻古墳의 編年」, 서울대학교 大學院 碩士學位論文 ;

이 유적에서 고령계 토기가 출토된 유구는 상당히 많다. 이 중 5세기대에 속하는 유구는 2, 7, 13, 24, 69, 70, 71, 72, 73, 76, 82, 83, 88, 91, 92, 93, 98, 102, M3호분 등이다. 그리고 이러한 유구에서 발견된 고령계 토기는 有蓋式 二段一列透窓 고배(도면 23-⑥, ⑦)를 비롯하여 有蓋式 一段透窓 고배(도면 23-②, ③), 유개식 장경호(도면 23-⑩, ⑪), 발형기대(도면 23-⑧, ⑫), 원통형 기대(도면 23-①), 소형 원통형 기대, 커다란 軟質蓋가 덮인 단경호(도면 23-⑤), 臺附把手附 소호(도면 23-⑨) 등을 들 수 있다. 이러한 고령계 토기들은 지산동 32호분 출토 자료와 유사한 것들이다.

(2) 昌寧系 土器

창녕 교동고분군과 주변의 계성고분군 등지에서 출토되는 자료 중 특히 고배의 뚜껑에 붙은 臺脚縮小形 꼭지(도면 24-⑤~⑦)를 일반적으로 '창녕형 꼭지' 또는 '창녕 Type'의 토기라고 부르고 있으며,[2] 최근에는 胎土, 색깔, 成形技法을 통해 창녕형 토기를 파악하려는 견해도 있다.[3]

定森秀夫, 1987, 「韓國慶尙道高靈地域出土陶質土器の檢討」, 『東アジアの考古學と歷史』上 ; 李熙濬, 1994, 「高靈樣式 土器 出土 古墳의 編年」, 『嶺南考古學』15 ; 朴天秀, 1998, 「大加耶圈 墳墓의 編年」, 『韓國考古學報』39 ; 金斗喆, 2001, 「大加耶古墳의 編年 檢討」, 『韓國考古學報』45.

2) 定森秀夫, 1981, 「韓國慶尙南道昌寧地域出土陶質土器の檢討」, 『古代文化』 33-4 ; 藤井和夫, 1981, 「昌寧地方古墳出土陶質土器の編年に就いて」, 『神奈川考古』12.

3) 朴天秀, 1990, 「5~6世紀代 昌寧地域 陶質土器의 硏究」, 慶北大學校 大學院 碩士學位論文.

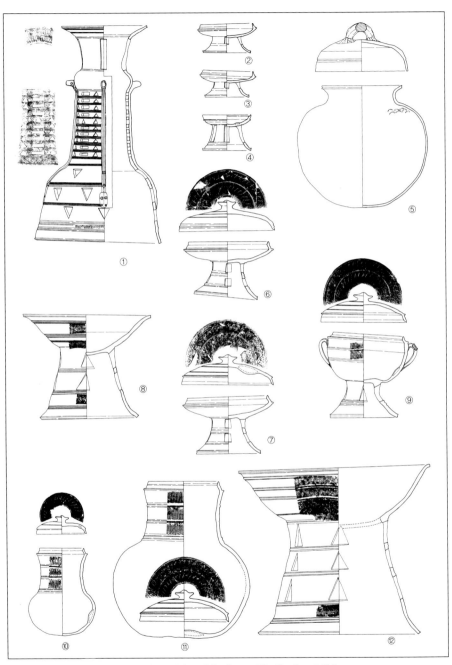

도면 23 | 대가야계 토기(①~④ : M4호분, ⑤~⑫ : M3호분)

본 유적에서 창녕계의 것으로 생각되는 토기들도 여러 유구에서 발견되었는데 대표적인 유구로는 31, M1, M2호분을 들 수 있다. 이러한 유구에서 발견된 창녕계 토기들은 有蓋式 一段長方形透窓 고배(도면 24-①, ③)를 비롯하여 二段交互透窓 고배(도면 24-②, ④), 발형기대(도면 24-⑧), 유개식 장경호(도면 24-⑥), 有蓋臺附盌(도면 24-⑤, ⑦) 등이다.

2) 무기

우리나라 고분에서 출토되는 무기는 도검을 비롯하여 화살촉 등 다양한 것들이 엄청나게 많이 발견되고 있다. 그러나 이러한 무기들은 그 형태에서 큰 차이가 나타나지 않기 때문에 어떤 지역이든 어떤 것이 재지계고 어떤 것이 외래계인지 판별하기 어렵다.

옥전고분군의 5세기대 유구에서도 다양한 무기들이 헤아릴 수 없을 정도로 많이 출토되었으나 이 글의 목적에 부합되는 자료는 거의 없다. 다만 손잡이에 金版이나 銀絲로 장식하고 그 위에 정교한 용문을 새겨넣어 외형은 大刀지만 무기라기보다는 儀器로 사용되었을 것으로 추정되는 용봉문환두대도(도면 26)만은 그 화려한 외양과 더불어 그것이 가지는 의미가 대단히 크기 때문에 일찍부터 선학들의 주목을 받아 왔다.[4]

---

4) 町田章, 1975, 「環刀の系譜」, 『奈良國立文化財硏究所論輯』Ⅲ ; 町田章, 1985, 「環頭大刀二三事」, 『山陰考古學の諸問題』 ; 穴澤和光·馬目順一, 1976, 「龍鳳文環頭大刀試論」, 『百濟硏究』 7 ; 穴澤和光·馬目順一, 1986, 「日本における龍鳳文環頭大刀の製作と配布」, 『考古學ジヤ-ナル』 226 ; 穴澤和光·馬目順一, 1986, 「單龍·單鳳環頭大刀の編年と系列」, 『福島考古學』

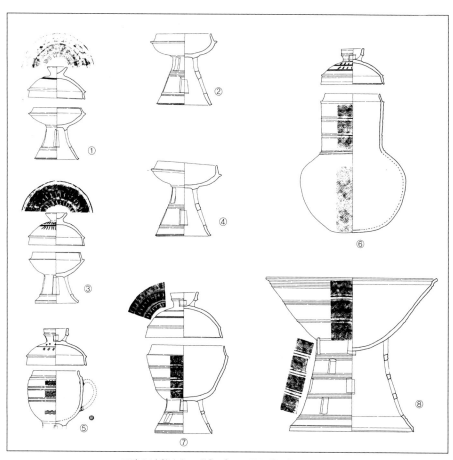

도면 24 | 창녕계 토기(①~⑤ : 31호분, ⑥~⑧ : M2호분)

27 ; 穴澤和光·馬目順一, 1993, 「陜川玉田出土の環頭大刀群の諸問題」, 『古文化談叢』 30(上) ; 新納泉, 1982, 「單龍·單鳳環頭大刀の編年」, 『史林』 65-4 ; 具滋奉, 1992, 「環頭大刀의 龍鳳紋과 龍雀紋」, 『古代硏究』 3 ; 具滋奉, 1998, 「環頭大刀의 圖像에 대하여」, 『韓國上古史學報』 27 ; 大谷晃二, 2004, 「日韓の龍鳳文環頭大刀の展開」, 『古墳出土金工品の日韓比較硏究』.

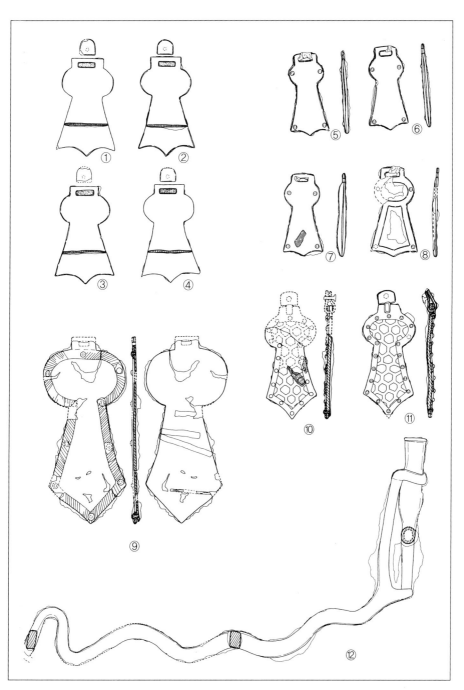

도면 25 | 편원어미형 행엽(①~④ : M1호분, ⑤~⑧ : 35호분), 검릉형 행엽(⑨~⑪ : M3호분), 기꽂이(⑫ : M3호분)

이 종류의 대도에 대한 지금까지의 연구성과를 요약하면 아래와 같다.

첫째, 용봉문환두대도는 두 계열이 존재한다. 즉 町田의 6세기형 Ⅰ식과 Ⅱ식(穴澤·馬目은 전자를 A형, 후자를 B형으로 부르며 町田도 최근에는 이 분류를 따르고 있다)이 그것이며, 각 형식은 원류를 달리한다. 그 중 A형의 원류 또는 생산지는 北朝(北魏, 東魏) 내지는 일부 고구려로 추정하고 있으나 이론도 있다. 반면에 B형의 정품(무령왕릉 출토품)은 원류가 南朝에 있다.

둘째, 용봉문환두대도는 柄頭金具와 鞘口金具에 새겨진 용문의 형태변화에 따라 형식의 분류와 편년이 가능하다. 즉 이 부분의 용문은 사실적인 것에서 모양이 붕괴·퇴화되어 가는 방향성이 인정되며, 이러한 형식학적인 편년은 무령왕릉 出土刀를 기준으로 대체적인 절대연대를 부여할 수 있다.

셋째, 우리나라의 삼국시대와 일본의 고분에서 발견되는 용봉문환두대도는 그 원산지가 중국의 南朝다. 중국과 주변 여러 나라 사이에 이루어진 冊封體制라는 동아시아의 질서 속에서 이것은 남조에서 백제로 전달되었으며, 백제에서 다시 역사적으로 親緣關係에 있던 가야와 왜로 전달되어 역사적으로 의미가 크다.

넷째, 용봉문환두대도는 어떤 정치집단의 최고 지배자 내지는 그들과 관계있는 자들만이 소유한 儀刀로서, 이러한 칼을 가진 자와 그렇지 못한 사람들 사이에는 뚜렷한 신분차이가 존재한다. 바꾸어 말하면 이 대도의 소유형태에 의해 고대사회 신분질서의 일단을 파악할 수 있다.

다섯째, 용봉문환두대도는 우리나라에서 5세기 후반에서 6세기 전반대에 성행했으며, 일본에서는 6세기대에 성행하다가 7세기대에는 거의 자취를 감추고 圓頭大刀나 頭椎大刀와 같은 다른 형태의 대도로 대체된다.

이처럼 커다란 의미를 가진 용봉문환두대도가 이 유적에서 지금까지 일곱 자루나 발견되어 현재까지 한 지역에서 발견된 예로는 그 수가 가장 많으며, 특히 M3호분에서는 한꺼번에 네자루나 발견되어 주목된다. 이 밖에 35, M4, M6호분에서 각각 한 자루씩 출토되었다.

M3호분에서는 용봉문환두대도(도면 26-①, ③) 두 자루와 單鳳文環頭大刀(도면 26-④), 龍文裝環頭大刀(도면 26-②)가 한 자루씩 발견되었으며, M4(도면 26-⑤, ⑥), M6호분에서는 單鳳文環頭大刀들이 발견되었다. 전체적인 모습은 M3호분 출토 용봉문환두대도와 거의 같지만, 세부적으로 보면 문양의 붕괴가 다소 일어나고 있다.

이 종류의 대도로서 특히 주목되는 것은 35호분 출토 銀象嵌 單鳳文環頭大刀(도면 26-⑦)인데 일반적인 金銀版으로 장식된 용봉문환두대도들과는 판이한 모습을 보여준다. 이 35호분 出土刀는 象嵌이라는 장식방법의 古拙함과 아울러 손잡이 金具 위에 묘사된 용과 봉황문이 대단히 사실적이어서 다소 상징적인 모습을 보여주는 다른 대도들보다 이른 시기의 것으로 추정된다.

그럼 이 유구에서 발견된 일곱 자루나 되는 용봉문환두대도가 어디에서 만들어지고 그 원류는 어디인가에 대해서는 이미 선학들에 의해 연구가 이루어졌다.[5] 그들의 연구성과에 따르면, 백제 내지는 중국

---

5) 위의 여러 논문 참조.

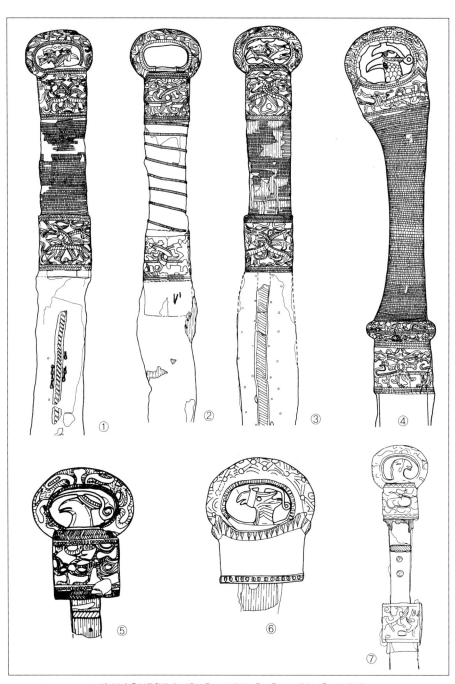

도면 26 | 용봉문환두대도(①~④ : M3호분, ⑤·⑥ : M4호분, ⑦ : 35호분)

南朝일 가능성이 높다고 생각된다

한편 M3호분 출토 단봉문환두대도(도면 26-④)는 손잡이 형태가 특이하여 주목을 끈다. 이러한 형태의 손잡이는 지금까지 국내에서는 한 점도 발견된 바 없으며, 小倉 수집자료 중 삼국시대의 素環頭大刀로 소개된 한 자루만이 확인될 뿐이다. 그런데 이러한 형태의 손잡이를 가진 대도는 이웃 일본에서는 대단히 많이 출토되고 있으며, 특히 6세기 이후의 장식대도인 圓頭大刀 손잡이는 대부분 이러한 형태를 하고 있다는 점이 주목된다. 만약 穴澤·馬目에 의해 밝혀진 것[6]처럼 이 M3호분의 단봉문환두대도가 옥전지역에서 만들어진 것이라면, 이 대도는 이후 일본 圓頭大刀의 원류가 되었을 가능성이 있다.

3) 갑주

1980년 동래 복천동고분군에서 다량으로 출토되어 크게 각광을 받았던 甲冑 자료 역시 이 고분군에서도 많이 출토되었다. 갑옷은 모두 8領이 발견되었는데 대부분 札甲이지만 板甲도 2領 포함되어 있으며 頸甲만 발견된 유구도 여럿 있다.

투구는 16領이나 발견되었는데 대부분 覆鉢形 冑(蒙古鉢形冑, 彎曲縱細長板革結冑)이지만 1점은 특이한 小札冑이며 2점의 金銅裝冑도 포함되어 있다. 이러한 갑주 중 우리의 관심을 끄는 것은 札甲과 覆鉢形 冑(도면 27-③)일 것이다. 이미 선학들이 지적한 바와 같이 札甲과 覆鉢形 冑는 鐙子나 轡 등의 마구와 함께 騎乘用 甲冑들로서 그 원류는

---

6) 穴澤和光·馬目順一, 1993, 「陜川玉田出土の環頭大刀群の諸問題」, 『古文化談叢』 30(상).

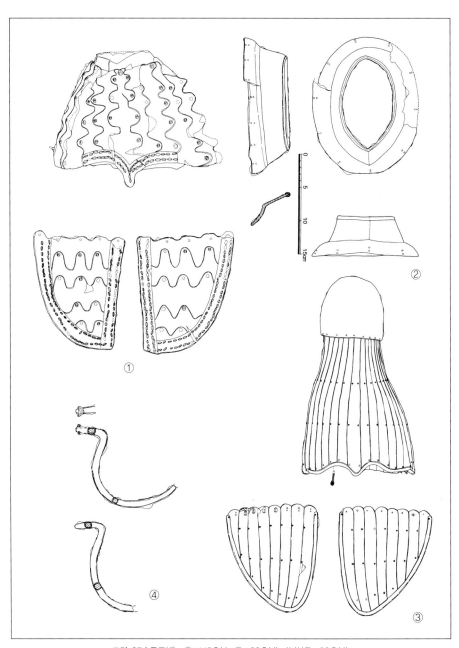

도면 27 | 투구(① · ② : M3호분, ③ : 28호분), 旗竿(④ : 28호분)

고구려를 비롯하여 북방에 있었음이 알려져 있다.[7]

이러한 사실을 염두에 두고 이 고분군 출토 갑주 자료를 볼 때 주목되는 것은 M3호분 출토 金銅裝 胄(도면 27-①)일 것이다. 금동으로 장식된 이 투구는 영남지역의 5세기대 고분에서 발견된 투구 가운데 가장 화려하다. 그런데 투구의 몸체를 구성하는 地板은 覆鉢形 胄의 몸체를 이루는 彎曲縱細長方板이 아니라 아주 기이하게 오린 철판이 이용되었으며, 몸체의 상단은 彎曲의 금동테를 붙여 놓았다. 이와 같은 형태는 꼭 같지는 않지만 平安北道 泰川郡 龍詳里의 籠梧里 山城에서 출토된 고구려 투구와 흡사하다. 따라서 대단히 화려하고 특이한 형태의 지판을 가진 이 투구는 고구려 지역에서 제작되어 이 고분군의 영조자 집단에게 전달되었거나 고구려의 투구를 모방하여 이 지역에서 만들어진 자료였을 가능성이 높을 것으로 생각된다. 뿐만 아니라 이 고분군 출토의 札甲과 覆鉢形 胄들의 원류 역시 대부분 고구려에 있었을 것으로 여겨진다.[8]

---

7) 崔鐘圭, 1983, 「中期古墳에 대한 약간의 考察」, 『釜大史學』 7 ; 鄭澄元·申敬澈, 1984, 「古代韓日甲冑斷想」, 『尹武炳博士回甲紀念論叢』 ; 申敬澈, 1989, 「伽倻의 武具와 馬具」, 『國史館論叢』 7 ; 申敬澈, 1990, 「嶺南地方의 4·5世紀代 陶質土器와 甲冑」, 『古文化』 37 ; 申敬澈, 1992, 「4·5世紀代の金官加耶の實像」, 『巨大古墳と加耶文化』 ; 申敬澈, 1994, 「5-6세기의 韓半島南部出土甲冑の諸問題」, 『六·七世紀東アジアの再發見』 ; 宋桂鉉, 1988, 「三國時代 鐵製甲冑의 硏究」, 慶北大學校 大學院 碩士學位論文 ; 宋桂鉉, 1995, 「加耶甲冑 樣相의 變化」, 『제4회 영남고고학대회 발표자료집』 ; 宋桂鉉, 2001, 「4~5世紀 東亞細亞의 甲冑」, 『4~5世紀 東亞細亞와 加耶』.

8) 宋桂鉉은 金銅裝 胄를 자세하게 분석하여 옥전 M3호분 출토 金銅裝 胄는 반계제 가A호분 출토 方形板 胄와 함께 고령지역에서 생산되어 이러한 지역에 배포되었을 가능성을 타진하고 있다(宋桂鉉, 2000, 「加耶의

다만 M3호분 출토의 小札冑(도면 27-②)는 지금까지 알려진 覆鉢形 冑와 비교할 때 형태가 판이할 뿐만 아니라 冑體部가 小札로 구성되어 있는데, 이는 中國 河北省 燕下都 44호분 등에서 출토된 투구에서 확인되고 있기 때문에 이러한 小札冑는 중국의 갑주문화에 기반을 둔 백제계 갑주일 것으로 추정한 탁견이 제시된 바 있다.[9]

4) 마구

이 고분군에서는 우리나라에서 출토될 수 있는 馬具類 중 거의 빠짐없이 갖추어졌다고 할 수 있을 정도로 다양한 것들이 발견되었는데 무엇보다도 우리나라뿐만 아니라 동아시아 전체에서도 희소한 자료였던 馬冑(도면 28-①, ②, ③)가 무려 6領이나 발견되고, 더욱이 M3호분에서는 서로 다른 형태의 것이 2領이나 발견된 것은 놀랄 만한 일이다.

또한 이러한 馬冑와 set를 이루는 馬甲(도면 28-④) 역시 2領이나 발견되었다. 그런데 馬甲은 小札들을 가죽끈으로 연결한 것이기 때문에 오랜 세월이 지나면서 가죽끈이 삭아서 馬甲의 전체적인 형태를 파악하기 어렵지만 馬冑는 부식이 심하더라도 어느 정도는 형태를 파악할 수 있다.

이 유적에서 발견된 馬冑는 말의 코 부분이라든가 챙(庇)의 형태 등에서 약간씩 차이를 보이지만 크게 보면 챙과 얼굴 덮개부, 볼 가리개로 구성되어 전체적인 모습은 고구려 고분벽화에 묘사된 것들과 유

金銅裝飾 甲冑에 대하여」, 『加耶의 歷史와 文化』).

9) 申敬澈, 1989, 「加耶의 武具와 馬具」, 『國史館論叢』 7.

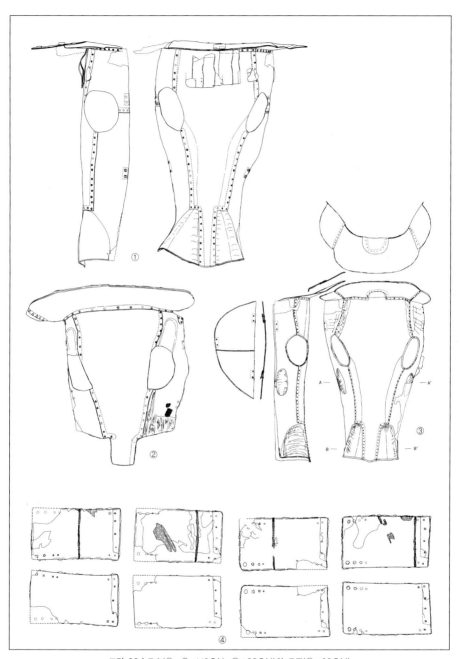

도면 28 | 馬冑(①·② : M3호분, ③ : 28호분)와 馬甲(④ : 28호분)

사하다. 따라서 이 고분 출토 馬冑와 馬甲은 이미 선학들에 의해 밝혀진 것처럼 그 원류가 고구려에 있음이 분명하다.[10]

이처럼 마구로서 그 원류가 고구려에 있다고 생각되는 것은 그 밖에도 등자, 기꽂이(도면 25-⑫) 등을 들 수 있으며,[11] 이들 자료 또한 고분군에서 다수 출토되고 있다. 따라서 이 고분군에서 출토된 대부분의 마구들은 그 원류가 고구려에 있음을 잘 알 수 있다.

그러나 최근의 연구성과에 의하면 장식용 마구의 일종인 杏葉과 鏡板轡는 양상을 달리하는 것처럼 생각된다.

이 유적에서 발견된 杏葉은 형태상 心葉形과 扁圓魚尾形, 劍稜形의 세 종류가 확인되는데, 이 가운데 심엽형 행엽은 그 원류가 고구려라는 데 대해서는 대체적으로 의견이 일치하나, 편원어미형과 검릉형 행엽은 원류를 달리하는 것으로 추정되고 있다.

편원어미형 행엽(도면 25-①~⑧)은 M1, M2, 35호분에서 집중적으로 출토되고 있는데, 이러한 행엽은 경주를 중심으로 부산 복천동,

---

10) 崔鐘圭, 1983, 「中期古墳의 性格에 대한 약간의 考察」, 『釜大史學』 7 ; 申敬澈, 위의 논문 ; 若松良一, 1991, 「埼玉將軍山古墳出土의 馬冑」, 『埼玉縣さきたま資料館調査研究報告』 4 ; 塚田良道, 1992, 「東國의 加耶文化」, 『考古學ジャーナル』 350 ; 李相律, 1999, 「加耶의 馬冑」, 『加耶의 對外交涉』 ; 李相律, 2005, 「新馬冑考」, 『嶺南考古學』 37 ; 金斗喆, 2003, 「高句麗軍의 南征과 加耶」, 『加耶와 廣開土大王』.
   다만 堀田은 그의 논문에서 馬冑의 챙의 형태를 기준으로 三山形과 三花形으로 나누고 전자를 고구려계통, 후자를 백제계통으로 파악한 바 있으나 이 고분군에서 마주가 출토된 양상에 의하면 다소 무리한 견해인 것 같다. 堀田啓一, 1984, 「古代日朝의 馬冑에 대하여」, 『橿原考古學研究所論輯』 7.

11) 申敬澈, 1985, 「古式 鐙子考」, 『釜大史學』 9 ; 東潮, 1984, 「蛇行狀鐵器考」, 『橿原考古學研究所論輯』 7.

양산 부부총, 창녕 교동, 대구 내당동, 성주 성산동 등지의 고분에서 발견되는 신라계 유물로서 지극히 지역색이 강한 자료임이 밝혀졌다.[12] 따라서 옥전 M1, M2호분에서 출토된 편원어미형 행엽 역시 신라계 유물일 것으로 생각된다. 그러나 이것이 경주에서 곧바로 이 지역에 이입되었다는 뜻은 아니며, 토기와 같은 자료를 함께 고려하면 인근 창녕지역에서 유입되었던 것으로 추측된다.

반면 M3호분에서 출토된 검릉형 행엽(도면 25-⑨, ⑩, ⑪)은 최근 경주 식리총에서 출토된 마구를 분석하고 해남 월송리 조산고분, 고령 지산동 44호분 등의 출토 지역을 고려하면,[13] 백제지역에서 제작되어 가야나 신라지역에 이입되었을 가능성이 크다.

한편 鏡板轡에 대해서도 근년 자세한 연구가 발표[14]되었는데 이 고분군 출토 轡는 鏡板의 형태와 遊環의 사용 등이 확인되기 때문에 고구려나 신라 계통보다는 그 원류가 백제지역에 있었을 것으로 추정하고 있다.

5) Roman-glass

옥전 M1호분에서는 경주지역을 제외한 우리나라 전역에서 한 점도 출토된 적이 없는 Roman-glass가 한 점 발견되어 우리를 당혹시키

---

12) 姜裕信, 1987, 「新羅·伽倻古墳 出土 馬具에 대한 硏究」, 嶺南大學校 大學院 碩士學位論文 ; 李相律, 1993, 「嶺南地方 三國時代 杏葉의 硏究」, 慶北大學校 大學院 碩士學位論文.

13) 金斗喆, 1991, 「三國時代 轡의 硏究」, 慶北大學校 大學院 碩士學位論文.

14) 위의 논문.

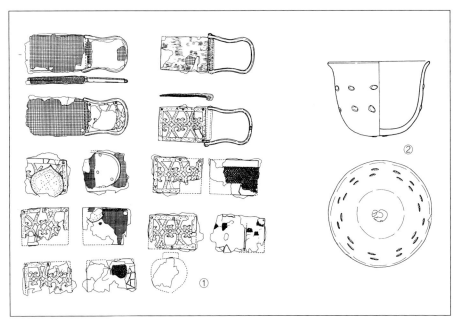

도면 29 | M1호분 출토 금동장 銙帶(①)와 Roman-glass(②)

고 있다.

M1호분에서 출토된 Roman-glass(도면 29-②)는 무색 투명한 유리잔으로서 높이 7.1cm, 아가리 지름 9.7cm의 크기인데 중위에 남색의 소-다 유리를 이용한 斑點이 2열 횡으로 붙어 있다. 器壁 속에는 직경 0.1mm 가량의 氣泡가 무수하게 들어 있으며, 남색 斑點은 직경 0.4~1.01cm 정도의 부정형으로서, 부착된 방향이나 하나 하나의 간격도 일정하지 않다.

이러한 형태의 Roman-glass는 경주 금령총에서 꼭 같은 것이 출토된 바 있어서 주목되는데, 주지하다시피 Roman-glass는 지금까지 금령총, 서봉총, 천마총, 황남대총 등의 신라고분에서만 19점이 발견된 희귀 자료다. 그 원류는 지중해 지역이나 라인 강 유역의 Roman-glass며, 중앙아시아를 가로질러서 극동아시아로 파급된 문화요소로 보고 있다. 우리나라와 가장 가깝게는 중국 河北省 景縣의 封魔奴墓와 北燕의 馮素弗墓에서 발견된 것으로 알려져 있다. 따라서 우리나라에서 출토된 대부분의 Roman-glass는 이러한 루트를 따라서 유입되었을 것으로 추정된다.15)

그렇다고 하더라도 본 M1호분 출토 Roman-glass가 어떤 이유 때문에 그리고 어디로부터 왔을까에 대해서는 여전히 의문이 남을 수밖에 없다. 물론 지리적으로 가장 가깝고 또 우리나라에서 유일하게 많은 자료가 발견된 경주지역에서 파급되었을 가능성을 가장 먼저 생각해 볼 수 있다. 뿐만 아니라 M1호분에서는 창녕계 토기와 편원어미형 행엽이 함께 출토되고 있어서 이 Roman-glass도 다른 자료들과 함께 창녕을 매개로 경주지역에서 파급되었을 것으로 추정하는 것이 가장 온당하게도 보인다.

그러나 꼭 같은 것이 출토된 금령총과 옥전 M1호분을 비교해 보면 연대에서도 옥전 M1호분 쪽이 대략 반세기 정도 앞서고 있으며, 또 대가야에도 포함되지 않는 소정치집단이었던 다라국에서 이러한 자료가 발견된 데 대한 납득할 만한 설명도 현재로서는 어려울 것 같다.

Roman-glass 이외에도 M1호분 출토의 金銅裝 銙帶(도면 29-①) 등도 낙동강 이서의 가야고분에서는 대단히 발견예가 드문 자료들로서 옥전고분 문화의 성격을 이해하는 데 중요한 것들이다.

---

15) 由水常雄·柵橋淳二, 1977, 「朝鮮의 古代ガラス」, 『東洋의 カラス』; 由水常雄, 1987, 『古新羅古墳出土의 ローマ·グラス, ガラスの道』; 金元龍, 1987, 「古代韓國과 西域」, 『韓國美術史研究』.

3. 외래계 유물의 해석

앞장에서 살펴본 옥전고분군 출토 외래계 문물과 이러한 자료가 출토된 유구에 대하여 정리하면 아래와 같다.

여기에서 우리가 알 수 있는 것은,

첫째, 고구려계 문물인 札甲과 覆鉢形 冑, 馬冑, 馬甲, 기꽂이, 旗竿(도면 27-④), 盛矢具(도면 30) 등은 대부분의 대형 유구에서 출토되고 있으며 5세기의 전 기간에 걸쳐서 확인되고 있는 점이다.

이러한 현상에 대해서는, 이와 같은 문물이 A.D 400년 광개토대왕의 남정 시 파급되었으며 이후 이러한 자료를 모방하여 자체 생산되었을 가능성을 생각게 한다. 그런데 김해의 대성동과 양동리 고분군에 대한 조사가 이루어지고 많은 유구에서 갑주와 마구가 다량 출토됨으로써 이러한 자료에 대한 연구가 활성화되었다. 그 결과 최근의 연구에 따르면 400년 고구려의 남정에 의해 파급된 마구들은 김해지역에서 형식변천을 거듭하면서 변형되거나 새로운 것들이 만들어지고 이러한 자료들이 다시 서부경남의 각 지역에 파급되었음이 밝혀졌다.[16)]

---

16) 1989, 「加耶의 武具와 馬具」, 『國史館論叢』 7 ; 申敬澈, 1990, 「嶺南地方의 4·5世紀代 陶質土器와 馬具」, 『古文化』 37 ; 金斗喆, 1991, 「三國時代 鑣의 硏究」, 慶北大學校 大學院 碩士學位論文 ; 金斗喆, 1993, 「加耶の馬具」, 『加耶と東アジア』 ; 金斗喆, 2000, 「韓國 古代의 馬具」, 東義大學校 大學院 博士學位論文 ; 李相律, 1993, 「嶺南地方 三國時代 杏葉의 硏究」, 慶北大學校 大學院 碩士學位論文 ; 李相律, 2005, 「三國時代 馬具의 硏究」, 釜山大學校 大學院 博士學位論文 ; 宋桂鉉, 1995, 「加耶 甲冑 樣相의 變化」, 『제4회 영남고고학대회 발표 자료집』 ; 宋桂鉉, 2001, 「4~5世紀 東亞細亞의 甲冑」, 『4~5世紀 東亞細亞와 加耶』 ; 柳昌煥, 2002, 「馬具를 통해 본 阿羅加耶」, 『古代 咸安의 社會와 文化』.

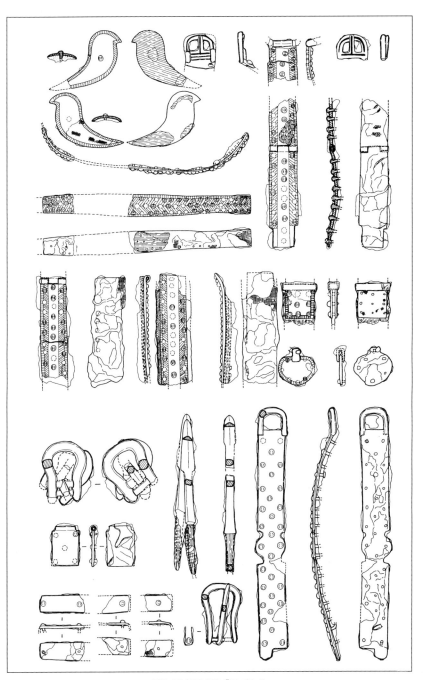

도면 30 | M3호분 출토 盛矢具

札甲과 覆鉢形 冑는 가죽끈의 부식으로 인해 형식분류가 가능할 정도로 복원되는 자료가 드물기 때문에 그 계통을 밝히기는 어렵지만 서부경남 지역에 유입되는 양상은 대체로 마구와 같았을 것으로 추정된다.

둘째, 창녕계 또는 창녕을 매개로 한 신라계 문물의 파급은 31, M1, M2호분에서 확인되는데, 이러한 유구는 모두 5세기 3/4분기에 속한다.

이와 같은 현상에 대해서는, 이 시기부터 신라세력이 낙동강을 넘어서 급속하게 확산되었고 그 결과 신라계 유물이 갑작스럽게 출토된 것이라고 이해할 수도 있다. 그러나 이 고분군 내의 다음 단계에 해당되는 유구들에서는 이 같은 자료들이 전혀 나타나지 않기 때문에 필자는 신라의 팽창에 의한 결과라기보다는 오히려 이 단계에 다라국이 신라계 문물을 적극적으로 흡수한 결과가 아닐까 추측하고 있다.

왜냐하면 427년 고구려의 천도와 이에 따른 고구려와 백제 사이에 형성된 군사적인 긴장상태는 한반도 전체에 영향을 끼치게 되고 그 틈바구니에서 다라국을 비롯한 가야 제국은 독자적으로 성장할 수 있는 기회를 확보하고 나아가 대외교류를 할 수 있는 여지를 마련하였을 것으로 생각된다. 이 때 다라국도 인근의 창녕 내지는 창녕을 매개로 하여 신라 문물을 흡수한 것으로 추정된다.

옥전고분군 내에서 이 시점을 계기로 하여 거대한 봉분을 가진 고총고분이 등장한 것도 이러한 시대적 상황을 반영한 것으로 생각되며, 고령의 대가야가 후기가야의 맹주세력으로 등장할 수 있는 기틀이 마련된 것도 역시 이러한 상황에서 비롯된 것은 아닐까 한다.

셋째, 대가야계의 유물은 M3, M4호분 등 5세기 4/4~6세기 1/4분기에 속하는 유구들에서 집중적으로 확인된다. 이처럼 5세기 4/4분기에서의 대가야계 문물의 확산은 475년 고구려에 의한 대 백제 공격과 그에 수반된 한반도 남부지역의 혼란 속에서 앞 시기부터 힘을 축적하기 시작한 대가야의 급성장에서 비롯된 것으로 여겨지며, 그 결과 (大)加耶王 荷知의 南齊에 대한 遣使外交도 가능했을 것으로 생각된다.

단 이 때의 (大)加耶王 荷知의 對 南齊 遣使外交에서는 어떤 연구자[17]의 지적처럼 대가야가 섬진강 하구를 이용하여 독자적으로 활동을 한 것으로는 보지 않는다. 그것은 무엇보다도 대가야계의 유구와 유물이 발견되는 지역을 볼 때, 지금까지의 조사에서는 섬진강 좌우안에 대가야의 거점유적이 확인되지 않는다. 만약 대가야가 중국이나 일본과의 외교를 중시하였다면 이 외교의 통로가 되는 섬진강변의 어딘가에 거점 취락을 형성하여 비교적 안정적인 내왕을 도모했을 가능성이 높다.

그렇지만 대가야의 거점 취락을 알려주는 유적은 섬진강 유역이 아니라 남원이나 장수, 진안 등지의 내륙지역에서 많이 발견되고 있다.[18] 이처럼 대가야가 섬진강 유역이 아니라 전라도 내륙지역으로 나아갔다는 것은 이 지역의 토착세력을 정복하여 영역을 확장시키려 했다기보다는 백제와 연결하여 더 넓은 세계로 나아가기를 바랬던 것

---

17) 朴天秀, 1996,「大加耶의 古代國家 形成」,『碩吾 尹容鎭敎授 停年退任 紀念論叢』.

18) 郭長根, 1999,「湖南 東部 地域의 石槨墓 硏究」, 全北大學校 大學院 博士 學位論文 ; 郭長根, 2006,「대가야와 섬진강」,『5~6세기 동아시아의 국제정세와 대가야』.

은 아닌가 생각된다.

이처럼 후기가야의 맹주세력으로 등장한 대가야의 힘은 인근의 다라국에 영향을 미치고 마침내 다라국은 대가야연맹의 일원으로 편입되었다. 그 결과 M3호분으로 대표되는 5세기 말에 해당하는 여러 유구에서는 대가야계 토기와 백제-대가야계의 금공품들, 예를 들면 小札胄와 용봉문환두대도, 검릉형 행엽 등 마구와 무구들이 대량으로 유입되었던 것이다.

한편 이러한 상황 속에서 M3호분에서 발견된 특이한 地板을 가진 金銅裝 胄는 그 계통이 대가야-백제계가 아니라 고구려계임이 밝혀짐으로써 다른 유물들과는 계통을 달리한다는 것이 확인되었다. 이처럼 5세기 말에 고구려계 유물이 옥전고분군에 유입될 수 있는 역사적 배경은, 481년 대가야가 백제·신라 연합군과 함께 대 고구려 전투에 참가[19]하고 이 과정에서 비록 적국이지만 선진지역인 고구려 문물을 흡수했을 가능성이 있으며, 그것이 M3호분의 金銅裝 胄일 가능성이 높다.

4. 소결

다라국 지배자들의 묘역이었던 옥전고분군에서는 다종다양한 자료들이 출토되었는데 그 중에서 외래계 문물이라고 생각되는 것들에 대해 지금까지 파악된 자료를 중심으로 간단하게 살펴보았다.

---

19) 『三國史記』 新羅本紀 炤知痲立干 3年 3月條 참조.
  양기석, 2006, 「5世紀 後半 韓半島 情勢와 大加耶」, 『5~6세기 동아시아의 국제정세와 대가야』.

그 결과 이 고분군에서 외래계 문물로서 압도적으로 많이 발견된 것은 騎乘用 甲冑와 馬具들로 대표되는 고구려계 유물들이었음을 알 수 있었다. 이 고분군 내에서 고구려계 문물이 이렇듯 다량으로 출토되고 있는 것은 5세기대의 우리나라 정세에서 비롯된 것으로 생각되며, 이러한 현상은 고구려와 적대적인 관계에 있었던 백제지역을 제외하면 거의 공통적인 현상이었을 것으로 추측된다.

　한편 이러한 상황 속에서 어떤 한정된 시기에는 특정한 외래계 문물이 집중적으로 출토되는 대단히 흥미로운 현상이 확인된다. 즉 5세기 3/4분기에 해당하는 유구들에서 편원어미형 행엽과 Roman-glass, 창녕형 토기로 대표되는 이른바 창녕 내지는 신라계 유물의 이입이 그것이다. 그런데 이러한 현상에 대해, 신라세력이 가야지역에 진출한 결과라고 단정짓기에는 그 다음 단계의 유물의 성격이 전혀 비신라적인 것이어서 이해가 되지 않는다. 따라서 필자는 5세기 3/4분기의 다라국은 고구려와 백제 사이에 형성된 긴장상태의 틈바구니에서 성장의 기틀을 확보하고 그 결과 인근의 창녕 내지는 신라지역과 교류하게 되었으며, 그 과정에서 상기한 바와 같은 창녕 내지는 신라계 문물이 移入된 것으로 생각한다.

　또한 5세기 4/4분기가 되면 바로 직전시기의 유물과는 판이한 자료들이 발견되는데, 토기가 고령계 일색으로 변화된다는 점이다. 주지하다시피, 후기가야 연맹체의 맹주국인 고령의 대가야는 5세기 후반이 되면 급성장하고 곧이어 그 세력을 영남의 서남부 일대로까지 확산시켜 나갔다. 이 과정에서 가장 가까이 위치하고 있으면서 주목되는 세력은 합천의 다라국이었을 것이며, 따라서 가장 먼저 대가야의 판도로 편입되었을 것이다. 이는 옥전 70, 72, M3, M4, M7호분 등 다라국의 지배자급 무덤에서 고령계 토기만 출토되는 것으로 충분히 증명된다. 또한 합천 반계제 가A호분, 함양 백천리 1호분에서도 같은 현상이 나타나는데, 이러한 대가야 세력의 확산이 반영되었던 결과라고 생각된다.

그리고 이렇게 형성된 대가야연맹체라는 커다란 힘을 배경으로 중국 南齊로 사신을 파견하여 대가야의 존재를 국제사회에 알리고자 했던 것이 479년 南齊書의 기록으로 남아 있는 것은 아닐까 추측된다.

이처럼 5세기대 옥전고분군 내에서 출토된 외래계 문물을 보건대, 다라국은 5세기 전반대에는 보다 발달한 고구려의 騎乘用 甲胄와 馬具 등의 문물을 받아들이면서 성장하고 있었으며, 5세기 3/4분기가 되면 반도 내의 정세에 편성하여 인근의 창녕 내지는 창녕지역을 매개로 독자적으로 신라의 문물을 흡수했음을 알 수 있다. 그러나 5세기 4/4분기가 되면 급속하게 팽창해 오는 대가야의 세력권 하에 들어가 대가야연맹체의 중요한 일원으로 편입되었다.

이러한 다라국은 6세기대에 접어들자 신라의 강력한 성장과 가야지역에로의 진출이라는 영남지역의 역사변동에 휩싸여 5세기와는 전혀 다른 역사의 길을 걸었던 것이 6세기대의 여러 유구와 유물에서 나타나는데 이 점에 대해서는 다른 기회에 상론하고자 한다.

V. 옥전고분 출토 鐵鏃에 대한 小考

1. 머리말

삼국시대의 신라·가야 고분에서는 철제의 대도, 화살촉, 도끼 등 다양한 무기들이 엄청나게 많이 출토되고 있으며, 특히 화살촉은 형태의 다양성과 함께 시간적인 추이가 잘 반영되고 있는 유물이기 때문에 일찍부터 선학들의 주목을 받아왔다.[1]

철촉에 대한 지금까지의 연구는 대개 평면적인 형태의 관찰에서 형식을 분류하고 각 형식의 원류와 계통, 그리고 시간의 흐름에 따른 형식의 변화과정을 다른 유물의 검토와 병행하면서 분석하고 있다.

그 결과 철촉은 無莖式에서 有莖式으로, 그리고 有莖式은 다시 有頸式으로 발전해 왔으며, 有頸式은 短頸式에서 中頸式으로 발전하고, 최

---

1) 安順天, 1984, 「4世紀代 鐵鏃에 관한 小考」, 『伽耶通信』 1~9 ; 宋桂鉉, 1988, 「嶺南地域 出土의 鐵鏃에 대하여」, 『제2회 釜山大-九州大 考古學會 硏究會』 ; 金性泰, 1988, 「韓半島 東南部地域 出土 鐵鏃의 硏究」, 成均館大學校 大學院 碩士學位論文 ; 이현주, 1993, 「3~4세기대 鐵鏃에 대하여」, 『釜山市立博物館 硏究論集』 2 ; 禹炳喆, 2004, 「嶺南地方 出土 4~6세기 鐵鏃의 형식분류」, 『嶺南文化財 硏究』 17 ; 禹炳喆, 2005, 「嶺南地方 3~6世紀 鐵鏃의 地域性 硏究」, 慶北大學校 大學院 碩士學位論文 ; 禹炳喆, 2006, 「新羅 및 加耶式 鐵鏃의 成立과 擴散」, 『韓國考古學報』 58 ; 金斗喆, 2006, 「三國時代 鐵鏃의 硏究」, 『百濟硏究』 43.

후에 長頸式으로 발전했다는 데 대체로 의견의 일치를 보이고 있다. 철촉의 형식은 鏃頭[2]의 평면 형태에 따라서 柳葉形, 刀子形, 菱形, 蛇頭形, 鑿頭形, 鳴鏑 등으로 분류하고 여기에 逆刺가 있는 것과 없는 것에 따라 명칭을 세분하고 있다. 예를 들면 柳葉形 逆刺式 長頸鏃이나 刀子形 短頸鏃 등이 그것이다.

일단 철촉에 대한 이러한 분류방법은 매우 객관적이며 따라서 타당성이 높은 분석방법이라고 생각된다.

그럼에도 불구하고 지금까지의 연구는 형식분류에 지나치게 치중한 나머지 철촉이 가지고 있는 기본적인 기능, 즉 철촉은 소모용으로 만들어졌으며 또한 수렵이나 전투에서 살상력을 높이기 위해 고안된 것이라는 점은 거의 간과하고 있다. 그 결과 지금까지의 연구에 의하면 철촉이 매우 발달한 시기, 바꾸어 말하면 늦은 시기에 속하는 고분에서는 長頸式 철촉들이 주류를 이루거나 아니면 전부 그러한 것들만 발견되어야 함에도 불구하고 의외로 短頸式 철촉들도 많이 발견되는 점에 대해 어떤 납득할 만한 설명도 내놓지 못하고 있는 실정이다.

따라서 필자는 철촉이 가진 기본적인 기능, 즉 소모용으로서 대량생산되어야 한다는 점과 살상력의 증대라는 측면에 주목하고자 하며, 철촉의 분석에서는 이 두가지 점에 입각하여 살펴보고자 한다.

이 점을 염두에 두고 철촉을 살펴보면, 먼저 철촉이 대량생산이 되기 위해서는 형태가 복잡한 것에서 간단한 것으로 바뀌어 갔을 가능성이 높으며, 살상력을 증대시키기 위해서는 관통력과 비거리, 정확도,

---

2) 철촉의 세부 명칭에 대해서는 연구자들마다 약간씩 다르며, 특히 촉머리는 鏃頭와 鏃身으로 불리고 있다. 필자는 머리를 鏃頭, 목을 頸으로 파악하고 이 양자를 합한 것을 鏃身으로 부르고자 한다.

명중한 후의 제거, 방어용 무기와의 관계 등이 고려되어야 할 것이다. 특히 살상력을 증대시키기 위한 관통력은 鏃頭의 폭이 작아져 더욱 날카롭게 변화됨으로써 증대될 것이며, 정확도를 높이기 위해서는 鏃頭가 얇고 넓은 것에서 단면이 원이나 삼각형, 능형으로 변모되었을 것이다. 그리고 보다 멀리 쏠 수 있기 위해서는 鏃身의 무게가 가벼워져야 했을 것이며, 아울러 적중한 뒤에 쉽게 제거할 수 없도록 逆刺가 달린 것으로 발전해 갔을 것임은 쉽게 예측된다.

그리고 철촉의 기능적인 발전과 변화는 단조기술의 발달과 방어용 무기의 발전과도 밀접한 관계가 있었을 것이며, 또한 화살대와 활의 구조도 결코 무관하지는 않겠지만 대부분의 고분에서 활과 화살대가 남아 있기를 기대하기란 어렵다.

이 글에서는 철촉이 갖는 이러한 기본적인 기능을 염두에 두고, 옥전고분군의 출토 자료에 대해 살펴보고자 한다.

이 경우 선학들의 분석방법과 같이 철촉의 평면형태와 頸의 길이에 의한 형식분류는 여전히 유용하다고 생각되어 그대로 따르겠지만, 살상력의 증대라는 측면에서 보면 전체의 길이와 무게가 무엇보다도 중요한 분석 대상으로 여겨진다. 그러나 무게는 산화가 심하여 정확한 것을 알기 어렵고, 莖은 대부분 결실되었기 때문에 전체의 길이 또한 알 수 없는 것이 많다. 따라서 지금까지 비교적 잘 남아 있는 鏃頭와 頸을 대상으로 살펴볼 수밖에 없다. 물론 長頸이니 短頸이니 하는 용어 자체가 이미 화살촉의 길이를 의미하고 있으나 그것이 일률적으로 적용되지는 않는다. 왜냐하면 短頸式이면서도 대단히 긴 것이 있는가 하면 長頸式이면서도 매우 짧은 것이 있기 때문이다.

따라서 필자는 지금까지의 분류에 의한 철촉의 명칭을 따르면서 분석의 주안점을 鏃頭와 頸으로 이루어진 鏃身部의 길이의 변화를 살핌과 동시에 철촉의 전체적인 발전 과정을 파악해 보고자 한다. 아울러 같은 시기에 속하는 유구들에 부장된 철촉의 수량과 형태에서 차이가 나타나는 것은 궁극적으로 어떤 의미가 있는가에 대해서도 살펴보고자 한다.

2. 鐵鏃의 분석

다섯 차례에 걸쳐 발굴조사가 실시된 옥전고분군에서 철촉이 출토된 유구는 20여 기에 이르지만 여기에서는 목곽묘인 59, 52, 49, 40, 8, 31, 70, M3호분과 석곽묘인 2호분에서 출토된 철촉만을 검토 대상으로 삼았다. 이들 자료들 가운데 무더기로 銹着되어 계측이 불가능한 것이나 태반이 결실되어 버린 것들은 분석 대상에서 제외하였다.

철촉에 대한 검토는 앞서 지적한 기능적인 면을 고려하여 頭幅과 頭長, 頸長 그리고 頭長과 頸長을 합한 身長을 중시하였으며 대부분 결실되었거나 완전하게 남아 있더라도 철촉의 기능적인 측면에서 볼 때 그다지 의미가 없는 것으로 생각되는 莖에 대해서는 무시하였다.

아울러 철촉에 대한 분류의 명칭은 이미 사용되고 있는 용어를 따랐으나, 柳葉形 長頸鏃 중 흔히 蛇頭形 또는 菱形으로 불리는 철촉들은 柳葉形 長頸鏃에서 분리시켜 蛇頭形으로 통일시켰다. 특히 柳葉形과 蛇頭形 철촉에서 頭幅에 비해 頭長이 두 배 이상 긴 것은 柳葉形으로 하고 두 배 이하인 것은 蛇頭形으로 분류하였는데, 그 중에는 다소

애매한 것들도 있다. 그리고 한 유구에서 같은 형태, 같은 크기의 것이 여러 점 출토된 경우에는 완전한 형태를 보여주는 대표적인 것만을 선택하였다.

이상의 관점을 염두에 두고 옥전고분군 출토 철촉에 대하여 정리하면 다음 표와 같다.

옥전고분군 출토 鐵鏃(단위는 cm)

유구	도면	頭幅	頭長	頸長	身長	형식	비고
59	39-①	2.0	6.5		6.5	柳葉形 無頸式	목곽묘
	-②	2.0	7.0		7.0	柳葉形 無頸式	
52	31-①	1.3	2.9	3.6	6.5	柳葉形 中頸式	목곽묘, 촉 5점
	-②	1.4	3.0	4.2	7.2	柳葉形 中頸式	
	-③	1.2	2.5	3.6	6.1	柳葉形 中頸式	
	-④	1.1	3?	4.4	7.4?	鑿頭形(?)	
49	31-⑤	1.8	2.8	7.9	10.7	柳葉形 逆刺式 長頸鏃	목곽묘
40	31-⑥	1.4	2.2	2.5	4.7	柳葉形 中頸式	목곽묘, 촉 10점
	-⑦	1.3	2.7	2.4	5.1	柳葉形 短頸式	
	-⑧	1.6	2.3	3.1	5.4	柳葉形 中頸式	
8	32-①	1.1	1.8	4.9	6.7	蛇頭形 長頸式	목곽묘, 촉 15점
	-②	1.3	1.8	4.3	6.1	蛇頭形 長頸式	盛矢具, 투구, 환두대도, 등자
	-③	1.2	2.5	3.9	6.4	柳葉形 中頸式	재갈, 금제 이식
31	33-①	0.8	12.2		12.2	刀子形	목곽묘, 촉 14점
	-②	0.8	12.4		12.4	刀子形	盛矢具, 환두대도, 이식,
	-③	0.8	12.2		12.2	刀子形	창녕계 토기
	-④	0.8	12.2		12.2	刀子形	
70	34-①	1.0			7.0	蛇頭形 中頸式	목곽묘, 촉 14점
	-②	1.3			5.0	蛇頭形 中頸式	갑주, 이식, 마구
	-③	0.9	3.0	8.4	11.4	刀子形 長頸式	화살통 속에 무더기
	-④	0.8	2.6	7.6	10.2	刀子形 長頸式	고령계 토기
M3	35-①	1.4	2.7	7.5	10.2	異形逆刺式 長頸鏃	A군 철촉, 43점
	-②	1.0	2.3	8.6	10.9	刀子形 逆刺式 長頸鏃	목곽묘, 고총고분
	-③	0.8	2.5	8.5	11.0	刀子形 逆刺式 長頸鏃	갑주, 마구, 이식
	-④	0.8	2.4	8.6	11.0	刀子形 逆刺式 長頸鏃	용봉문환두대도

M3	-⑤	0.8	2.4	9.6	12.0	刀子形 逆刺式 長頸鏃	고령계 토기
	-⑥	0.6	2.3	8.8	11.1	刀子形 逆刺式 長頸鏃	B군 철촉, 36~40점
	-⑦	0.8	2.4	10.0	12.4	刀子形 逆刺式 長頸鏃	
	-⑧	0.8	3.4	8.4	11.4	刀子形 逆刺式 長頸鏃	
	36-①		2.7	9.4	12.1	異形逆刺式 長頸鏃	C군 철촉, 42점
	-②	0.8	2.3	8.8	11.1	刀子形 逆刺式 長頸鏃	
	-③	0.8	2.4	8.6	11.0	刀子形 逆刺式 長頸鏃	
	37-①	1.2	4.2	4.6	8.8	柳葉形 中頸式	D군 철촉, 53점
	37-②	1.2	4.5	4.6	9.1	柳葉形 短頸式	
	36-⑦	1.2	4.5	4.0	8.5	柳葉形 短頸式	E군 철촉, 32점
	-⑧	1.1	3.8	4.2	8.0	柳葉形 短頸式	
	-⑨					柳葉形 短頸式	F군 철촉, 60여 점
	36-④	1.2	4.2	4.6	8.8	柳葉形 中頸式	G군 철촉, 60여 점
	-⑤	1.0	4.2	5.0	9.2	柳葉形 中頸式	
	37-⑤	0.9	2.6	9.8	12.4	刀子形 逆刺式 長頸鏃	H군 철촉, 50~60여 점
	38-①	0.7	2.2	9.1	11.3	刀子形 逆刺式 長頸鏃	I군 철촉, 40여 점
	-②	0.7	1.9	9.1	11.0	刀子形 逆刺式 長頸鏃	
	-③	1.0	2.8	9.0	11.8	蛇頭形 또는	
	-④	1.0	3.0	9.0	12.0	柳葉形 長頸式	
	-⑤	1.2	2.6	10.2	12.8	柳葉形 長頸式	
	37-③	1.2	4.6	4.6	9.2	柳葉形 短頸式	J군 철촉, 50여 점
2	38-⑦	1.0	1.6	2.8	4.4	蛇頭形 中頸式	소형 수혈식석곽묘
	-⑧	1.3	4.4	4.2	8.6	柳葉形 短頸式	철촉, 5점
	-⑨	1.0	2.8	5.0	7.8	柳葉形 中頸式	

위의 표에 의하면 옥전고분군 출토 철촉은 세 번에 걸쳐 커다란 변화가 일어났음을 알 수 있다.

그 첫 번째의 변화는 59호분에 보이는 無頸鏃(도면 39-①, ②)이 사라지고 52호분부터 有頸鏃(도면 31-①, ②, ③)이 등장하여 주류를 이루는 것이다.

그 두 번째 변화는 8호분에서 長頸鏃(도면 32-①, ②, ③)이 등장하는 것이다.

세 번째는 전혀 새로운 형태의 刀子形 鐵鏃(도면 33-①~④)이 31

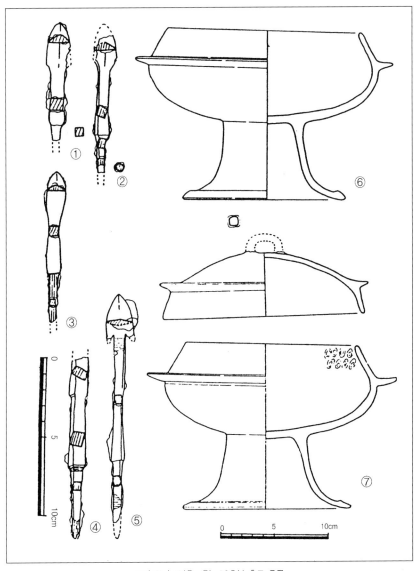

도면 31 | 49(⑤ · ⑦), 52호분 출토 유물

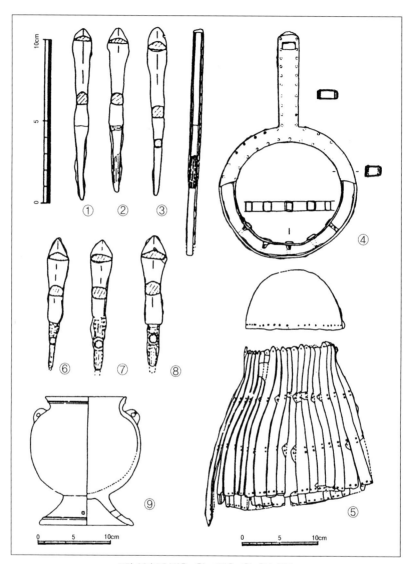

도면 32 | 8호분(①~⑤), 40(⑥~⑨) 출토 유물

호분에서 등장하여 이후 옥전지역 철촉의 주류를 형성할 뿐만 아니라 31호분 이후부터는 형태의 다양성에도 불구하고 대부분의 철촉이 長身化해 가는 점이다.

이상과 같은 큰 변화의 흐름 속에서 다시 세부적인 면을 살펴보자.

52호분과 40호분, 8호분 출토 철촉은 모두 장신화는 이루지 못했으나 자세히 보면 40호분 철촉(도면 32-⑥~⑧)은 52호분 출토 철촉(도면 31-①~③)에 비해 鏃頭는 넓어지고 대신 鏃身은 짧아지고 있다. 이처럼 鏃頭가 넓어지면 관통력은 감소하지만 鏃身이 짧아짐으로써 전체의 무게가 가벼워지고 따라서 더 멀리 날릴 수 있을 것이다. 이 점은 적과 더 멀리 떨어진 상태에서 이루어지는 싸움에 적응하기 위한 고려였다고 생각되며, 결국 40호분 단계에서 어떤 전술상의 변화가 일어난 것은 아닐까 생각된다.

한편 8호분에서는 처음으로 長頸式 철촉이 등장하고 있는데 비록 長頸鏃이라 하더라도 아직 장신화는 이루지 못한 것들이다.

그것은 어떻든 8호분에서 출토된 철촉은 鏃頭의 폭이 좁아짐으로써 관통력이 향상되고 있으며 鏃頭에 비해 상대적으로 頸이 길어져 철촉의 전체 무게는 가벼워짐으로써 보다 멀리 날아갈 수 있게 되었다.

그리고 31호분 단계에서 나타나기 시작한 刀子形 철촉은 頭幅이 더욱 좁아짐으로써 날카로운 끝 부분을 이용한 관통력은 훨씬 증대되고 있으나 頸이 없으면서 대단히 길기 때문에 전체의 무게는 다소 무거워지고 있다. 이 같은 현상은 비거리에서 퇴보를 초래하여 철촉의 발달 과정상 역행하는 것으로 생각되지만 이 문제는 활의 개량을 통해 극복할 수 있었을 것이다.

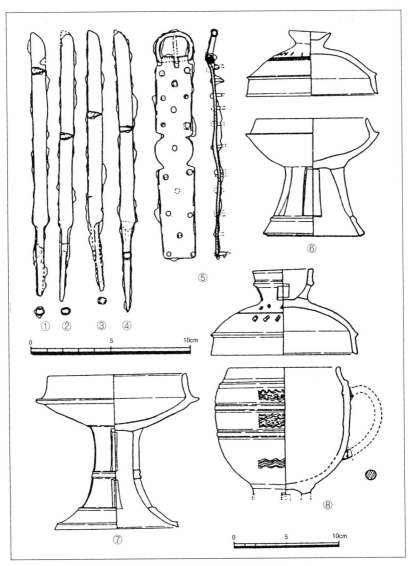

도면 33 | 31호분 출토 유물

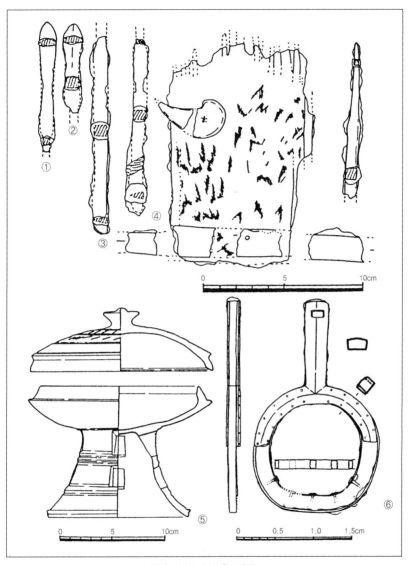

도면 34 | 70호분 출토 유물

한편 31호분의 刀子形 無頸鏃은 刀子形 長頸鏃으로 발전되면서 비거리를 더욱 증대시키는 방향으로 나아가고, 아울러 70, M3호분(도면 35)에서처럼 한 번 적중되면 쉽게 화살을 빼낼 수 없도록 逆刺形 鏃頭로 발전하고 있다.

이상과 같은 각 유구 간의 화살촉의 변화와 아울러 같은 형태에 속하는 철촉의 변화에 대해 살펴보면 다음과 같다.

柳葉形 철촉은 無頸式에서 有頸式으로의 변화는 간취되지만 일반적으로 알려진 것처럼 有頸式 내에서의 短·中頸式에서 長頸式으로의 변화는 거의 나타나지 않고 시종일관 中頸式 또는 短頸式으로 일관되면서 단지 鏃身部만 길어지고 있음을 알 수 있다.

반면에 蛇頭形 철촉은 鏃頭의 형태상의 특징 때문에 등장할 때부터 中頸 내지는 長頸鏃으로 만들어질 수밖에 없으며 柳葉形과 같은 短頸 鏃은 나타날 수 없는 것 같다. 이러한 蛇頭形 철촉도 柳葉形 철촉과 마찬가지로 늦은 시기가 되면 장신화가 이루어지고 있다.

한편 刀子形 철촉은 앞에서 살펴본 대로 등장기의 형태는 31호분의 예와 같이 도자와 같은 頸이 없는 것에서 출발하여 비거리의 증대라는 필요성 때문에 보다 가벼워져서 70, M3호분 출토 철촉에서 알 수 있듯이 도자의 형태는 극단적으로 짧아지고 대신 대단히 긴 목(長頸)을 가진 형태로 발전하고 있다. 그런데 31호분과 70, M3호분 출토 철촉을 비교하면 너무 현격한 차이가 나기 때문에 이 사이에 과도기적인 형태가 존재했을 가능성은 충분히 예상된다.

이처럼 옥전고분군 출토 철촉에서 알 수 있는 사실은, 크고 작은 미세한 변화와 더불어 다양한 형태의 차이에도 불구하고 시간이 흐를수록 모두 장신화되어 간다는 공통 현상이 나타나고 있다는 점이다.

그런데 刀子形 철촉은 장신화되어 가면서 장경화함으로써 도자형의 부분이 대단히 짧아지기 때문에 전체 무게가 가벼워져 더 멀리 날 수 있도록, 바꾸어 말하면 비거리의 증대라는 기능적인 면에서의 진보가 확인되고 있다. 그러나 柳葉形 철촉은 頸部만 길어지는 것이 아니라 鏃頭도 같이 길어져서 장신화하고 있기 때문에 이 계통의 철촉은 시간이 흐를수록 더욱 무거워져서 비거리 측면에서 본다면 오히려 퇴보하는 역기능적인 현상이 나타나고 있다. 이러한 현상은 화살의 발전이라는 측면에서 볼 때 전혀 이해되지 않는 것으로서, 이를 극복할 수 있는 기술적인 진보, 즉 활의 개량이 수반되지 않으면 나타나기 어려운 현상이다.

刀子形 철촉은 무게 중심이 한쪽에 치우쳐져 있어서 정확도에서 다소 문제가 있었을 것으로 보이는데, 이 문제는 鏃頭를 작게 함으로써 해소하지 않았을까 추정된다. 또한 다소 무겁기 때문에 멀리 날지 못한다는 결함은 있지만 무게 중심이 가운데에 있어서 정확도가 높은 柳葉形 中·短頸鏃들이 여전히 많이 생산되었던 것은 아닐까 생각된다. 왜냐하면 長身化한 柳葉形 中·短頸鏃은 활의 개량을 통해 비거리만 확보하게 된다면 오히려 정확해질 뿐만 아니라 무게에 의한 破壞力이 월등히 뛰어났을 것으로 쉽게 추측되기 때문이다.

한편 옥전고분군 출토 철촉 중에는 다소 예외적인 것들이 존재하고 있는데 49호분의 柳葉形 逆刺式 長頸鏃(도면 31-⑤)과 M3호분 출토 異形 逆刺式 長頸鏃(도면 35-①, 36-①)들이 그것이다. 이 중 49호분 출토품은 공반된 토기를 볼 때 대단히 이른 시기, 즉 長頸鏃이 등장하

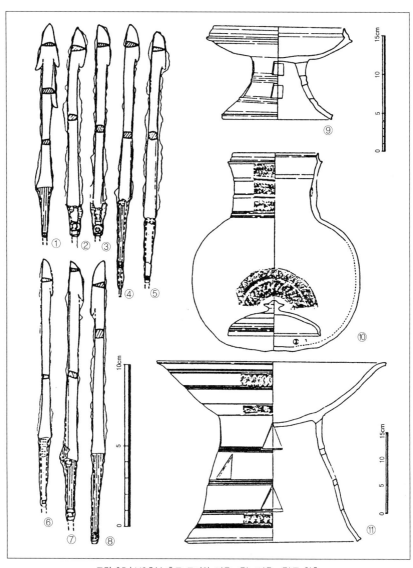

도면 35 | M3호분 출토 토기와 A(①~⑤), B(⑥~⑧)군 철촉

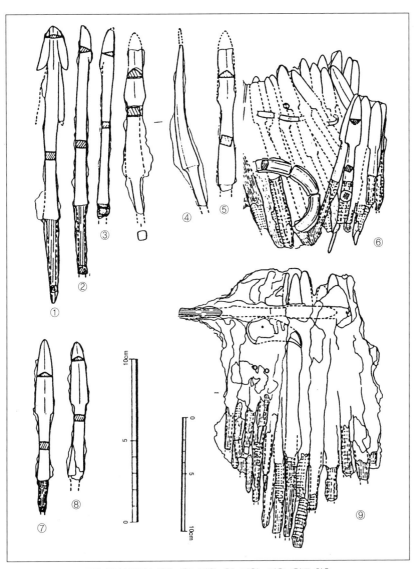

도면 36 | M3호분 C(①~③), E(⑦ · ⑧), F(⑨), G(④~⑥)군 철촉

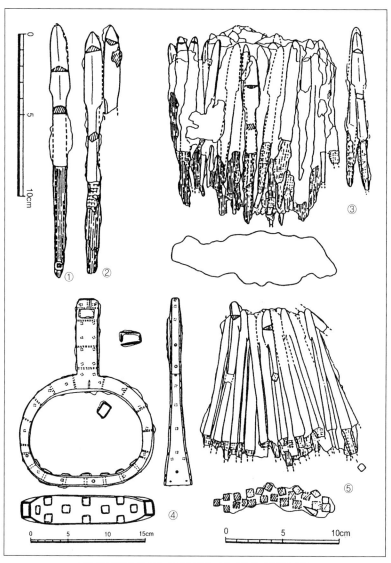

도면 37 | M3호분 출토 등자와 D(① · ②), H(⑤), J(③)군 철촉

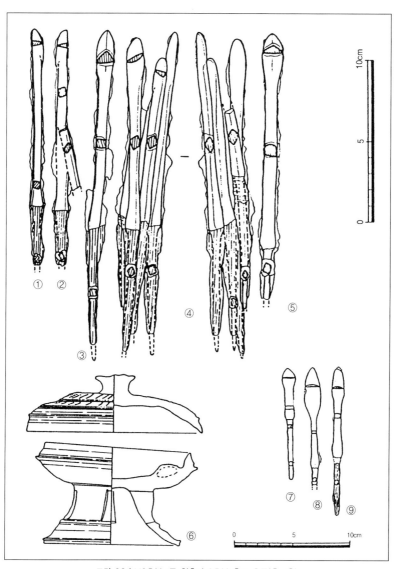

도면 38 | M3호분 I군 철촉과 2호분 출토 유물(⑥~⑨)

는 8호분보다는 거의 1세기 정도 앞 시기의 것으로 생각되기 때문에 옥전고분군의 철촉의 발달 과정상 전혀 맞지 않는다. 따라서 필자는 이것이 철촉이라 하더라도 그것은 형태적인 면에 국한될 뿐이며 용도에서는 작살 같은 것으로 사용되었던 것은 아닐까 추측하고 있다.

그리고 M3호분의 異形鏃은 수백 점의 철촉 가운데 겨우 3~4점밖에 발견되지 않았기 때문에 일반적인 철촉 연구에서는 무시해도 좋을 것이다. 다만 형태의 특이함과 아울러 M3호분의 성격을 고려해 볼 때 이것들은 무기로서의 철촉이 아니라 다른 용도로 쓰인 것은 아닐까 생각하고 있다.

어떻든 옥전고분군 출토 철촉은 형태의 다양성에도 불구하고 대체적으로 시간이 흐를수록 장신화되어 가고 있으며, 鏃頭의 폭이 좁아짐으로써 관통력이 증대되고 있음을 알 수 있다. 또한 柳葉形과 蛇頭形 철촉의 변화에서 한 번의 전술상의 변화와 활의 개량이 이루어졌음을 알 수 있다.

3. 유구 및 共伴遺物의 검토

앞장에서 살펴본 옥전고분군 출토 철촉의 변화에 대해 그 의미를 좀더 분명하게 밝히고 이들 철촉의 대체적인 편년을 파악하기 위해 철촉이 출토된 유구와 공반유물에 대하여 살펴보자.

遺構와 共伴遺物

遺構	裝身具		武具				馬具					유구형식	유구규모(m)
	冠帽	耳飾	大刀	甲	冑	盛矢具	馬冑	鐙子	轡	鞍橋	飾馬具		
59												목곽묘	1.3x3.3
52												목곽묘	1.3x3.1
49												목곽묘	1.6x5.1
40												목곽묘	2.x4.1
8		○	○		○	○		○	○			목곽묘	2.1x4.3
31		○	○			○						목곽묘	1.1x3.1
70		○	○	○				○	○	○	○	목곽묘	1.8x5.6
M3	○	○	○	○	○	○	○	○	○	○	○	목곽묘	2.7x10.6
2												수혈식 석곽묘	0.5x1.8

상기 유구들에 대한 편년은 이미 보고서와 논문을 통해 밝힌 바 있으므로 이 장에서는 상술하지 않고 그 결과만을 정리한다.

49, 52, 40호분은 필자 편년[3] 玉田 Ⅰ期에 해당되며 연대는 대략 4세기 중반~후반이 중심이다. 이 중 49, 52호분은 瓦質系 고배(도면 31-⑥, ⑦)에 의해 4세기 중엽 정도에 위치시킬 수 있으며, 40호분은 소형기대와 같은 신기종이 출현하고 있기 때문에 4세기 후반~5세기 초의 어느 시점으로 편년된다.

8호분은 玉田 Ⅱ期로서 대체로 5세기 전반대에 위치되는데 공반된 등자(도면 32-④)가 일본 瑞王寺古墳 출토 자료와 유사하기 때문에 5세기 전반대의 늦은 시기에 편년시킬 수 있다.

31호분은 玉田 Ⅲ期에 속하기 때문에 5세기 3/4분기에 편년된다.

2, 70, M3호분은 玉田 Ⅳa期에 속하기 때문에 모두 5세기 4/4분기

---

3) 趙榮濟, 1996, 「玉田古墳群의 編年研究」, 『嶺南考古學』 18.

에 편년된다.

다만 無頸式 철촉이 발견된 59호분은 토기로서는 陶質蓋(도면 39-③) 1점만 출토되었기 때문에 정확한 편년은 어려우나 陶質蓋를 보면 49, 52호분보다는 늦은 것임을 알 수 있다.

이상과 같은 각 유구의 편년을 염두에 두고 앞 장에서 살핀 철촉의 변화에 대해 다시 한 번 살펴보면 다음과 같다.

먼저 59호분 출토 無頸式 철촉(도면 39-①, ②)은 비교할 만한 자료는 없으나 일반적으로 철촉이 無頸式에서 有頸式으로 발전한다고 생각되므로 59호분 철촉은 옥전고분군 내에서 가장 이른 형태의 것이다. 그러나 함께 나온 陶質蓋에 의하면 59호분은 49, 52호분보다 늦은 시기에 해당된다. 따라서 59호분 철촉은 전대의 전통을 가진 것으로서 늦게까지 남은 문화적 잔존물일 가능성이 높다.

52, 40호분 출토의 柳葉形 中·短頸鏃들(도면 31-①, ②, ③, 32-⑥, ⑦, ⑧)은 옥전고분군 내에서 有頸式 철촉들의 발현기[4]의 것들이라고 생각되며 이것은 토기에서 완전한 도질화와 어떤 관계가 있을 것으로 생각된다.

한편 5세기 전반대에 속하는 8호분에서는 처음으로 長頸式의 철촉(도면 32-①, ②, ③)들이 등장하고 있는데, 이 8호분에서는 覆鉢有縱細長方板 革綴冑(도면 32-⑤)와 각종 마구들이 함께 출토됨으로써 이 단계에서의 長頸鏃 출현은 騎乘用 甲冑文化와 연동하여 나타난 현상으로 추측된다. 이 점은 동 시기에 속하는 옥전 23호분이나 67-A,

---

4) 4世紀代에 有頸式 철촉이 등장한다고 지적한 논문이 있다.
　安順天, 1984, 「4世紀代 鐵鏃에 대한 一小考」, 『加耶通信』 1~9.

B호분에서도 같은 현상이 나타나기 때문에 더욱 확실하다고 생각된다.

그리고 5세기 3/4분기에 속하는 31호분에서는 갑자기 刀子形(도면 33-①~④)이라는 전혀 새로운 형태의 철촉이 나타나는데, 이 31호분에서는 고배(도면 33-⑥), 장경호, 개(도면 33-⑧)에서 이른바 창녕형 토기5)들이 많이 발견되고 있기 때문에 이 새로운 철촉은 혹시 창녕지역과의 교류를 통해 받아들여진 것은 아닌가 추측된다.

한편 같은 시기에 속하는 2, 70, M3호분은 유구 상호간의 규모나 부장된 유물의 양과 질에서 현격한 차이가 나타나는데, 말할 것도 없이 M3호분은 당시의 최상층, 즉 다라국의 왕릉이며, 그 다음이 70호분, 최하층이 2호분임을 쉽게 알 수 있다. 이것은 결국 5세기 4/4분기 내에서 옥전고분군 축조집단의 계층분화와 신분질서의 우열을 반영하고 있다고 생각된다. 이러한 현상은 철촉을 통해서도 잘 나타난다.6) M3호분에서는 형태와 상관없이 모두 鏃身이 8cm 이상이라는 최신의 것들만 부장되고 있는 데 비해 70호분에서는 刀子形은 長身의 것이지만 蛇頭形은 전부 7cm 이하라는 차이가 나타난다. 아울러 刀子形 長頸

---

5) 定森秀夫, 1981, 「韓國慶尙南道昌寧地域出土陶質土器の檢討」, 『古代文化』 33-4 ; 藤井和夫, 1981, 「昌寧地方古墳出土陶質土器の編年に就いて」, 『神奈川考古』 12 ; 朴天秀, 1990, 「5-6世紀代 昌寧地域 陶質土器의 研究」, 慶北大學校 大學院 碩士學位論文 ; 朴升圭, 1990, 「一段長方形透窓 高杯에 대한 考察」, 東義大學校 大學院 碩士學位論文.

6) 金性泰도 그의 논문에서 부장된 철촉의 수량차에 의해 고분의 계층화를 파악한 바 있으나 필자와는 관점이 다르다.
金性泰, 1988, 「韓半島 東南部地域 出土 鐵鏃의 研究」, 成均館大學校 大學院 碩士學位論文.

鏃에서도 M3호분의 것은 逆刺式으로 기능적으로 더욱 발전한 것임에 비해 70호분 출토품은 銹着이 심하여 정확하지는 않으나 逆刺式이 아닌 덜 발달한 것이다. 이에 비해 2호분에서는 刀子形이나 8cm 이상의 철촉은 한 점도 없고 겨우 다섯 점의 蛇頭形(도면 38-⑦)이나 柳葉形(도면 38-⑧, ⑨)밖에 없는 점에서 뚜렷이 차이를 보이고 있다.

4. 鐵鏃의 부장형태에서 본 M3호분 단계의 대가야연맹체

앞의 장에서 살펴본 것처럼 옥전고분군 내에서 철촉이 출토된 유구 중에는 같은 시기에 속하는 것이 3基(2, 70, M3호분) 있으며, 이들 유구는 규모나 부장유물의 양과 질 및 출토된 철촉에 의해 뚜렷한 계층차이가 존재하고 있음을 알 수 있었다.

그리고 M3호분은 이미 보고서에서 자세하게 밝힌 바처럼 5세기 4/4분기의 다라국 왕릉임과 동시에 토기의 관찰에 의해 거의 비슷한 시기에 속하는 지산동 44호분 단계에서 대가야연맹체의 일원이었음이 분명해졌다.

아울러 거의 같은 시기의 대가야연맹체에 속하는 고분은 옥전 M3호분뿐 아니라 반계제 가A, 백천리 1호분 등도 해당된다는 것을 이미 보고서를 통해 밝힌 바 있다.

그렇다면 이러한 고분들과 옥전 2, 70, M3호분과의 사이에는 철촉에 어떤 차이가 있으며, 나아가 유구의 규모와 부장유물의 양과 질에서 나타나는 차이는 궁극적으로 무슨 의미가 있는지에 대해 살펴봄으로서 5세기 4/4분기 대가야연맹체 내에서 옥전고분군 축조집단이 차

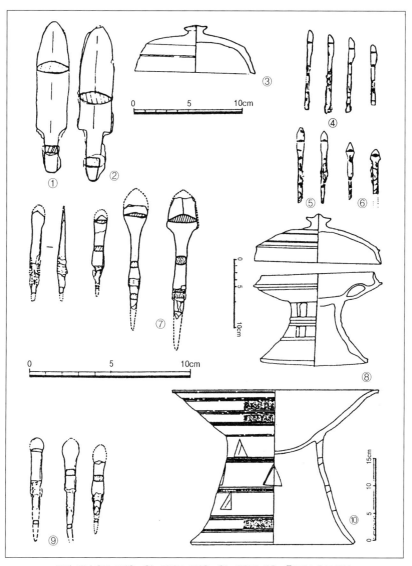

도면 39 | 옥전 59(①~③), 지산동 44(④~⑧), 백천리 1(⑨·⑩)호분 출토 유물

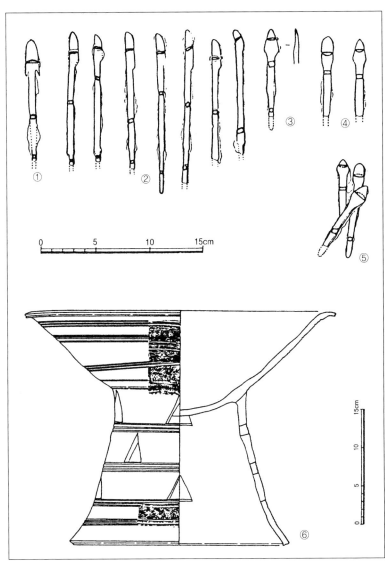

도면 40 | 반계제 가A-1호분 출토 유물

지하는 위치를 보다 뚜렷하게 파악해 보고자 한다.

이를 위해 먼저 철촉을 비교해 보면 다음의 표와 같다.

5세기 4/4분기 대가야연맹체에 속하는 고분 출토 鐵鏃

유구	도면	頭幅	頭長	頸長	身長	형식	비고
지산동 44	39-④	1.0	4.0	7.0	11.0	刀子形 長頸式	27점, 刺가 있을 가능성
	-⑤	1.3	3.5	3.5	7.0	柳葉形 短頸式	22점
	-⑥	1.0	2.0	3.0	5.0	蛇頭形 中頸式	22점
반계제가A	40-①	0.9	3.2	9.0 이상	12.0 이상	刀子形 逆刺式 長頸鏃	다수
	-②	0.7	2.6	8.4	11.0	刀子形 長頸式	다수
	-③	1.3	2.7	3.6	6.3	三角形 中頸式	다수
	-④	1.0	2.8	3.6	6.4	柳葉形 中頸式	다수
	-⑤	1.3	2.4	?	?	蛇頭形	다수
백천리 1	39-⑦	2.0	2.8	4.0	6.8	6각형 異形鏃	9점
	-⑧	0.9	1.8	2.0	3.8	蛇頭形 中·短頸式	20여점
옥전 M3	35-⑥	0.6	2.3	8.8	11.1	刀子形 逆刺式 長頸鏃	B군 철촉 36~40여점
	-⑦	0.8	2.4	10.0	12.4	刀子形 逆刺式 長頸鏃	
	-⑧	0.8	3.4	8.4	11.4	刀子形 逆刺式 長頸鏃	
	36-⑦	1.2	4.5	4.0	8.5	柳葉形 短頸式	E군 철촉 32점
	-⑧	1.1	3.8	4.2	8.0	柳葉形 短頸式	
옥전 70	34-①	1.0				蛇頭形 短頸式	14점
	-②	1.3				蛇頭形 短頸式	
	-③	0.9	3.0	8.4	11.4	刀子形 長頸式	화살통 속에 무더기
	-④	0.8	2.6	7.6	10.2	刀子形 長頸式	
옥전 2	38-⑦	1.0	1.6	2.8	4.4	蛇頭形 中頸式	5점
	-⑧	1.3	4.4	4.2	8.6	柳葉形 短頸式	
	-⑨	1.0	2.8	5.0	7.8	柳葉形 中頸式	

지산동 44호분은 주석실이 극심하게 파괴되어 많은 부장유물이 없어졌을 뿐만 아니라 철촉들도 교란된 흙 속에서 발견되고 있기 때문에 부장된 유물의 양과 질을 다른 고분과 직접 비교하기는 어렵다. 그러

나 철촉은 다행히 50여 점이 가량 확인되고 있는데 刀子形 長頸鏃(도면 39-④)이 가장 많으며, 蛇頭形 中頸鏃(도면 39-⑥)과 柳葉形 短頸鏃(도면 39-⑤)이 확인되고 있다. 이처럼 다양한 형태의 철촉이 함께 부장된 것은 옥전 M3호분과 같은 양상이다. 그러나 刀子形 長頸鏃은 M3호분의 것과 같이 장신화가 이루어졌을 뿐만 아니라 刺가 있는 최신의 것[7]일 가능성이 있는 반면에 蛇頭形과 柳葉形은 鏃身長이 5~7cm 범위에 포함되는 것들이기 때문에 옥전 M3호분보다는 70호분과 유사하다.

이와 같은 현상은 반계제 가A호분에서도 나타난다. 즉 반계제 가A호분에서는 蛇頭形(도면 40-③)과 柳葉形(도면 40-④), 刀子形 철촉들이 출토되었는데 刀子形(도면 40-②)은 11cm 이상의 長身鏃들임에 비해 나머지는 6~6.5cm가량밖에 되지 않는다. 그리고 반계제 가A호분에서는 刀子形 逆刺式 長頸鏃과 같이 가장 발달된 형태의 것과 더불어 逆刺가 없는 刀子形 철촉들이 포함되어 있기 때문에 옥전 M3호분의 刀子形 逆刺式 長頸鏃들에 비해 다소 발달하지 못한 것들을 부장하고 있음을 알 수 있다.

한편 백천리 1호분에서도 많은 철촉들이 발견되었는데 蛇頭形 中·短頸鏃들(도면 39-⑧)이 주류를 이루며, 鏃身의 길이가 3.5~4.0cm 정도의 극히 짧은 것들이다. 이러한 철촉은 말할것도 없이 옥전 2호분 출토품들과 대비되는 매우 발달되지 못한 것들이다.

이상에서 살펴본 것처럼 철촉만을 기준으로 볼 때, 그리고 철촉의

---

7) 보고서에는 명확하지 않으나, 필자는 옥전 M3호분의 철촉을 고려할 때 逆刺가 있는 것으로 생각한다.

발전이 형태와 상관없이 단신에서 장신화로 진행하고 있음을 염두에
둔다면 5세기 4/4분기 내의 대가야연맹체에 속하는 각 지역 최고 수
장급 무덤 가운데는 옥전 M3호분이 가장 발달된 최신 철촉들을 부장
하고 있고, 지산동 44호분과 반계제 가A호분에는 옥전 70호분과 같이
다소 기능이 떨어진 것들이 부장되고 있다. 그리고 백천리 1호분은
옥전 2호분과 비교가 되지만 철촉의 수량 면에서 백천리 1호분 쪽이
훨씬 우월하다.

이러한 철촉의 부장 양상에서 보이는 차이가 옥전고분군 내에서의
M3, 70, 2호분과 같은 계층화를 반영하고 있다면 가장 강대한 집단은
옥전M3호분이며, 그 다음이 지산동 44, 반계제 가A호분으로서 옥전
70호분 정도고 최하가 백천리 1호분일 것이다.

그런데 일반적으로 대가야연맹체 안에서의 맹주국은 고령의 대가
야이며, 나머지는 모두 대가야의 세력에 예속되거나 그 영향 아래에
있는 정치집단들이라고 한다면, 철촉의 분석에 의하여 지산동 44호분
보다 옥전 M3호분 쪽이 더욱 최신의 무기를 갖춘, 바꾸어 말하면 더
강대한 정치집단으로 나타나는 현상은 전혀 맞지 않는다.

이 점을 보다 분명하게 밝히기 위해 유구의 규모와 다른 부장유물
을 함께 살펴볼 필요가 있다.

다음의 표에 의하면 유구의 규모나 부장된 유물의 양과 질에서 옥
전 M3호분에 비해 반계제 가A호분과 백천리 1호분은 대단히 열등한
상태며, 이러한 현상은 철촉의 부장 양상과 궤를 같이하고 있음을 알
수 있다.

또한 지산동 44호분과 옥전 M3호분을 비교해 보면 봉분의 규모는

유구	裝身具		武具				馬具					기타	유구형식	유구규모(m)
	耳飾	頸飾	大刀	甲	冑	盛矢具	馬冑	鎧子	재갈	안장	飾馬具	銅盌		
지산동44		○	○			○	○	○	○	○	○	○	수혈식석곽	1.8x9.4
반계제가 A	○		○		○	○		○	○	○	○		수혈식석곽	1.3x6.4
백천리1	○		○			○	○	○	○	○			수혈식석곽	1.2x7.4
옥전M3	○		○	○	○	○	○	○	○	○	○	○	목곽묘	2.7x10.6
70	○		○	○	○	○		○	○	○	○		목곽묘	1.8x5.6
2													소형석곽묘	0.5x1.8

지산동 44호분 쪽이 훨씬 크지만 내부 주체의 규모와 부장유물의 종류는 옥전 M3호분 쪽이 우월하며 이 점 역시 철촉의 부장양상에서 나타나는 차이와 일치한다.

이와 같이 일반적으로 알려진 사실, 즉 대가야연맹체 내의 맹주로 인식되고 있는 지산동 44호분이 오히려 옥전 M3호분에 비해 다소 열등하게 나타나는 현상은 어떻게 이해할 것인가?

이에 대해 필자는 아무런 확정이나 단서를 가지고 있지 않지만, 다음과 같은 몇 가지 가능성을 생각하고 있다.

첫째, 지산동 44호분의 주석실이 극심하게 파괴되면서 대부분의 중요 자료들이 유실되었을 가능성이다.

둘째, 지산동 44호분 단계, 즉 5세기 4/4분기에 해당되면서 44호분보다 더 큰 규모의 고분이 조사되지 않은 채 존재하고 있을 가능성이다.

이 두 가지 가능성 중 철촉에서 장신화가 이루어지지 않은 보다 덜 발달된 철촉들이 지산동 44호분에서 발견된 사실을 고려한다면 옥전 M3호분처럼 모든 철촉이 장신화된, 바꾸어 말하면 최신의 철촉들만 부장된 다른 고분이 존재할 가능성을 상정할 수 있기 때문에 후자의 가능성이 더 높다고 생각된다.

만약 지산동 44호분과 같은 시기에 속하면서 철촉에서나 부장 유물의 양과 질에서나 옥전 M3호분을 능가하는 다른 지산동 고분이 발견된다면, 철촉의 부장 양상이나 다른 유물의 양과 질에서 나타나는 차이는 결국 대가야연맹체 내에서의 정치집단 상호간의 우열을 반영하는 것으로 생각할 수 있을 것이다. 이 점에서 대가야연맹체 내에서 맹주국인 대가야 다음으로 힘이 강성한 정치집단이 다라국이며, 나머지 집단들은 다소 힘이 약한 것들이라고 하는 최근의 연구성과[8]는 그 타당성을 인정할 수 있을 것이다.

5. 소결

이상에서 필자는 옥전고분군 출토 철촉에 대하여 그것이 가지고 있는 기본적인 기능, 즉 철촉은 소모품이기 때문에 대량 생산되었다는 점과 살상력이 증대하는 측면에 주안점을 두고 검토해 보았다.

그 결과 옥전고분 출토 철촉은 대략 세 차례에 걸쳐 커다란 변화가 있었음을 알 수 있다.

그것은 52호분 단계(4세기 중엽)부터 有頸式 철촉이 등장하는 것이 첫 번째 변화이며, 이 변화에는 고식 도질토기의 출현과 그에 따른

---

8) 田中俊明, 1990, 「大加耶聯盟の成立と展開」, 『東アジアの古代文化』62.

사회변화가 근본적인 원인으로 작용하였을 것으로 추정된다.

두 번째 변화는 옥전 8호분 단계(5세기 전반대)에서 長頸鏃이 등장하는 것으로, 여기에는 甲冑와 馬具라는 이른바 騎乘用 武裝具의 등장이 그 변화 요인으로 작용한 것이 분명하다.

세 번째 변화는 31호분 단계(5세기 3/4분기)부터 刀子形 철촉이 등장하여 이후 형태변화를 일으키면서 철촉의 주류를 형성한 것으로서 이 단계 이후부터 모든 철촉이 장신화되어 간다. 이러한 새로운 형태의 刀子形 철촉은 31호분의 토기자료에 의하면 인근 창녕지역과의 교류에 의해 유입되었던 것은 아닐까 추정된다.

옥전고분군 출토 철촉은 이상과 같은 커다란 변화 외에도 또 다른 미묘한 변화가 엿보인다. 그것은 59호분에서 8호분 쪽으로 갈수록 철촉이 가벼워져 비거리가 향상되고 있으며 이것은 더욱 멀리 화살을 날려보내야 할 전술상의 필요에서 비롯되었던 것으로 생각된다.

반면에 8호분 이후부터 M3호분까지는 鏃頭의 폭이 좁아짐으로써 관통력은 증대되나 철촉의 장신화가 진행되면서 오히려 무거워지고 있다. 이러한 현상은 철촉의 기능적인 측면에서 볼 때 퇴보겠지만 아마 더 멀리 쏠 수 있는 활의 개량에 의해 극복되었을 것으로 추측된다. 아울러 화살촉이 날카로워질 뿐 아니라 무거우면서도 멀리 쏠 수 있다면 관통력이나 파괴력은 현저하게 증대될 것이며 이것은 결국 방어용 무장구, 즉 갑주의 발전과 결코 무관하지는 않을 것으로 여겨진다.

한편 철촉이 출토된 옥전고분군 내에는 2, 70, M3호분과 같은 거의 동 시기에 축조된 유구가 3기 포함되어 있는데 이들 유구에서 출토된 철촉은 부장된 수량이나 형태에서 현격한 차이가 나타난다. 즉 M3호분에는 수백 점에 달하면서 모두 장신화된, 바꾸어 말하면 최신형 철촉들이 대량으로 부장되어 있는 데 비해 70호분에서는 장신화된 최신형의 것과 그렇지 못한 것들이 수십 점 발견되고 있고 2호분에서는 장신화되지 않은 것이 겨우 5점만 부장되어 있을 뿐이다. 이러한 철촉의 부장 양상과 아울러 상기 3고분의 규모와 공반 자료를 보면 M3호분은 옥전고분 집단 내에서 신분적으로 최정점에 있었음을 쉽게 알 수 있다. 그 다음이 70호분, 그리고 가장 낮은 신분의 소유자가 2호분 피장자였음을 알 수 있다.

이처럼 5세기 4/4분기에 옥전고분 영조자 집단 내에는 M3호분을 정점으로 하는 신분의 상하질서가 뚜렷하게 존재하고 있었음을 알 수 있다. 그리고 이러한 옥전 M3호분은 함께 출토된 토기에 의하면 지산동 44호분 단계의 대가야연맹체 내의 일원이었음이 분명하기 때문에 이 시기에 속하는 여러 고분들, 예를 들면 옥전 M3호분과 지산동 44호분을 비롯하여 반계제 가A호분, 백천리 1호분 등에서 출토된 철촉을 기준으로 대가야연맹체 내에서 각 지역 집단들의 힘의 우열을 파악할 수 있다. 그 결과 가장 힘이 강대한 것은 옥전 M3호분이며 그 다음이 지산동 44호분, 그 아래가 반계제 가A호분, 최하가 백천리 1호분으로 나타났다.

그런데 옥전 M3호분에 비해 반계제 가A호분이나 백천리 1호분은 유구의 규모나 부장유물의 양과 질에 의해 보다 하위에 속한다는 것은 충분히 이해되지만, 대가야연맹체의 맹주국인 대가야의 지산동 44호분이 오히려 옥전 M3호분보다 열등하게 나타나는 것은 우리의 상식을 벗어나는 것이다. 이 점에 대해 필자는 아직 조사되지 않은 지산동고분군 속에 5세기 4/4분기에 해당되면서 지산동 44호분을 능가하는 고분이 존재하지 않을까 추정하고 있다.

이상에서 철촉이 가진 기본적인 기능에 주안점을 두고 옥전고분 문화의 성격의 일단을 밝히고자 했지만 대단히 중요한 철촉의 무게에 대해서 대부분의 보고서에 기술되어 있지 않았기 때문에 관찰의 결과에 대한 신뢰도가 낮을 수밖에 없음을 자인하면서 차후의 과제로 남겨둔다.

제2부 多羅國史

Ⅰ. 다라국의 성립

1. 머리말

다라국에 대한 역사기록은 「梁職貢圖」와 『日本書紀』에만 나타나는
데[1] 정리하면 아래와 같다

> "旁小國 有半波·卓·多羅·前羅·斯羅·止迷·麻連·上己文·下枕羅等 附
> 之"(「梁職貢圖」 百濟國使傳)
> "俱集于卓淳 擊新羅而破之 因以平定 比自㶱·南加羅·㖨國·安羅·多
> 羅·卓淳·加羅 七國"(『日本書紀』 9 神功紀 49年 3月)
> "安羅次旱岐 夷吞溪·大不孫·久取柔利 加羅上首位 古殿奚 卒麻旱岐
> 散半奚旱岐兒 多羅下旱岐 夷他 斯二岐旱岐兒 子他旱岐等…(下略)"
> (『日本書紀』 欽明紀 2年 4月)
> "日本吉備臣 安羅下旱岐 夷吞溪·大不孫·久取柔利 加羅上首位 古殿
> 奚 卒麻君 斯二岐君 多羅二首位 訖乾智 子他旱岐 久嗟旱岐 仍附百
> 濟…(下略)"(『日本書紀』 9 欽明紀 5年 11月)
> "新羅打滅任那官家(一本云 二十一年 任那滅焉 總言任那 別言 加羅

---

1) 『三國史記』婆娑尼師今 29年條의 "新羅가 比只國·多伐國·草八國을 병합
  했다"라는 기록 가운데 보이는 多伐國이 多羅國일 것이라고 추정하기도
  하지만, 필자는 多伐國을 대구지역으로 비정하는 견해에 따른다.

國·安羅國·斯二岐國·多羅國·卒麻國·古嵯國·子他國·散半下國·乞湌
國·捻禮國 合十國"(『日本書紀』 19 欽明紀 23年 正月)

　이상의 사료를 통해 다라국에 대하여 알 수 있는 것은 다라국이 가
야 한 소국이었다는 점, 다라국에는 下旱岐와 二首位와 같은 官職 또
는 官等이 존재했다는 것이고, 그 밖의 여러 사정, 즉 다라국의 영역과
중심지, 성립과 발전, 사회구조, 대외관계 등에 대해서는 전혀 알 수
없다. 다만 일찍이 문헌학자들은 多羅와 大野(城)가 음이 서로 통하기
때문에 大野城이 있던 오늘날의 합천 일대에 다라국이 있었을 것으
로 추정해 왔다.[2]

　그러다가 경상대학교에 의해 1985년 이래 다섯 차례에 걸쳐서 옥전
고분군이 대규모로 조사되고 3,000여 점의 유물과 함께 독특한 구조
의 유구 및 갑주, 마구, 보관을 비롯한 귀금속제 장신구 등 어떤 가야
고분 출토품에 비교해도 뒤지지 않을 정도의 우수한 유물들이 발견됨
으로써 옥전고분군이 다라국 지배집단의 묘역임이 밝혀지게 되었다.
특히 고분군과 1Km 정도 떨어진 곳에 多羅國과 이름이 꼭 같은 多羅
里가 존재함으로써 이 점은 더욱 분명해졌다.

　한편 필자는 옥전고분군에 대한 일련의 보고서를 준비하면서 파악
한 사실들을 토대로 옥전고분군의 묘제와 편년, 경제적 기반, 계층분
화 등에 대한 논문을 통해 시간의 흐름에 따른 옥전고분군의 변화를
파악하고 이것을 대체적인 다라국의 성립과 발전, 쇠퇴의 과정으로

---

2) 金泰植의 아래의 論文에 잘 정리되어 있다.
　金泰植, 1995, 「後期加耶 聯盟體의 擡頭」, 『加耶聯盟史』.

인식하였다.3)

　그 결과 다라국은 필자의 분류 玉田 Ⅱ期, 즉 5세기 전반대에 돌발적으로 성립하였으며, 다라국 최초의 지배집단은 그 이전 시기에 이 지역에 존재했던 사람들이 성장해서 구성된 것이 아니라 외부로부터 들어온 자들이었을 가능성이 있음을 추론하였다. 그렇지만 옥전 Ⅱ기의 유구와 유물에 대한 자세한 분석과 新來者 집단에 대한 집중적인 검토는 필자의 능력 부족으로 이루어지지 못했다.

　그러다가 최근 고령과 함안, 김해 등지의 조사가 진전되고 그 결과들이 속속 공표되면서 다라국의 성립에 대한 새로운 검토의 실마리들이 제공됨으로써 그 동안 다소 미진했던 옥전 Ⅱ기의 문화 내용과 다라국의 성립에 관한 수수께끼를 어느 정도 해소할 수 있다고 판단되어 이 글을 준비하게 되었다. 따라서 여기에서는 필자의 분류 옥전 Ⅱ기에 속하는 유구들과 유물들을 집중적으로 분석함으로써 다라국 성립에 대한 필자의 생각을 분명하게 밝히고자 한다.

　다만 다라국의 성립에 대하여 고분자료만을 분석하고 당연히 검토되어야 할 생활유적과 생산유적, 주변 고분군에 대한 분석은 여러 번 지적한 대로 아직 조사가 이루어지지 못하여 살펴보지 못했으며, 이는 이 글의 근본적인 한계로 지적될 수 있을 것이다.

---

3) 趙榮濟, 1994, 「陜川玉田古墳群の墓制について」, 『朝鮮學報』150 ; 趙榮濟, 1995, 「多羅國의 經濟的 基盤」, 『加耶諸國의 鐵』; 趙榮濟, 1996, 「玉田古墳群의 編年研究」, 『嶺南考古學』18 ; 趙榮濟, 1997, 「玉田古墳群의 階層分化에 대한 研究」, 『嶺南考古學』20.

2. 옥전 Ⅱ기의 유구분석

옥전 Ⅱ기에 속하는 유구는 4, 8, 14, 19, 23, 32, 36, 37, 38, 42, 45, 67-A, B, 68호 등 15기로서 모두 목곽묘들이다. 이러한 목곽묘들을 분석하기 위해 전후시기인 옥전 Ⅰ기와 Ⅲ기의 목곽묘들에 대해서 함께 정리하면 아래 표와 같다.

옥전 Ⅰ~Ⅲ기의 목곽묘

分期	遺構	墓壙(m)				石補强		바닥시설	
		長	幅	平面積	長幅比	有	無	棺臺	屍床
Ⅰ期	25	4.0	1.7	6.8	2.4 : 1		○		
	49	5.1	1.6	8.0	3.2 : 1		○		
	52	3.1	1.3	4.0	2.4 : 1		○		
	6	3.5	1.5	5.3	2.3 : 1		○		
	21	1.8	0.6	1.2	3.0 : 1		○		
	22	2.1	0.9	1.9	2.3 : 1		○		
	27-A	3.2	1.7	5.4	1.9 : 1		○		
	51	2.9	1.1	3.2	2.6 : 1		○		
	54	5.7	3.2	18.7	1.8 : 1	○			○
	17		0.9				○		
	27		1.4				○		
	34	3.1	1.2	3.7	2.6 : 1		○		
	40	4.1	2.1	8.4	2.0 : 1		○		
	66						○		
Ⅱ期	4	3.5	1.4	4.9	2.5 : 1		○		
	8	4.3	2.1	9.0	2.0 : 1		○	○	
	14	3.4	1.6	5.4	2.1 : 1		○		
	19	3.5	1.2	4.2	2.9 : 1		○		
	23	7.2	4.6	33.1	1.6 : 1	○		○	
	32	3.5	1.1	3.9	3.2 : 1		○		
	36	3.5	1.4	4.9	2.5 : 1		○		
	37	1.8	0.8	1.6	2.3 : 1		○		
	38						○		
	42	3.8	1.5	5.7	2.5 : 1		○		

	45	2.6	1.1	2.9	2.4 : 1		○	
	47	4.6	1.8	8.3	2.6 : 1		○	
II期	67-A	5.3	2.2	11.7	2.4 : 1	○		○
	-B	5.0	1.9	9.5	2.6 : 1	○		○
	68	2.8	1.2	3.4	2.3 : 1		○	
	11	3.1	1.3	4.0	2.4 : 1		○	
	16	2.1	0.3	0.6	7.0 : 1		○	
III期	31	3.1	1.1	3.4	2.8 : 1		○	
	41	3.9	1.0	3.9	3.9 : 1		○	○
	81	2.5	1.0	2.5	2.5 : 1		○	
	35	6.6	3.1	20.5	2.1 : 1	○		○

이 표에서 알 수 있는 것은 옥전고분군의 목곽묘들은 장폭비가 2.3 : 1 이상인 세장방형이면서 폭이 2m를 넘지 않는 소형들이며, 바닥에는 棺臺나 屍床施設들을 만들지 않고, 목곽의 보강에도 흙만을 사용하는 특징을 보여주고 있다.

그러나 I기의 54호분(도면 2-⑫)은 유구도 클 뿐만 아니라 장폭비 1.9 : 1의 장방형이며, 목곽의 보강에 할석을 이용하고 바닥에도 할석을 깔아서 시상을 만들어 다른 목곽묘와 차이를 보인다. II기의 23호분(도면 41-①)은 더욱 유구가 커졌을 뿐만 아니라 장폭비 1.6 : 1의 장방형을 이루고 목곽에 붙여서 할석을 쌓고 할석과 묘광 사이에 판축상으로 흙을 다져넣어서 목곽을 보강하였으며, 바닥에는 피장자가 안치된 부분을 중심으로 시상을 만들었다.

이처럼 I기의 54호분과 II기의 23호분은 옥전고분군 내의 목곽묘와는 확연하게 구별되는 유구들로서 유사한 선행형태 없이 돌발적으로 이 지역에 나타나는 유구들이다. 따라서 54, 23호분과 같은 목곽묘는 그 원류를 이 지역에서 찾기보다는 영남의 다른 지역에서 찾아야 할 것이다.

1976년 김해 예안리고분군에서 처음으로 확인되기 시작한 목곽묘는 그 이후 영남의 거의 전 지역에서 확인되고 있으며, 그 수도 헤아릴 수 없을 정도로 많아졌다.

이러한 목곽묘에 대하여 종합적인 분석을 시도한 李在賢[4])에 따르면, 2세기 후반 장방형의 목곽묘가 등장한 이래 김해·부산지역에 이러한 장방형 목곽묘가 꾸준히 축조되고 4세기에는 시상이 마련되는 등의 변화가 나타나며, 5세기대의 도항리고분군의 대형묘에 한정해서 이러한 시상시설이 채용되고 있다. 반면에 3세기 후반 이후의 경주-울산지역에는 대형의 유구라도 폭이 2m를 넘지 않으면서 장폭비 3 : 1 전후의 세장한 목곽묘가 등장하여 성행하고 있으며, 이러한 목곽묘를 '구정동-중산리식'으로 부를 것을 주장하였다.[5])

영남지역의 목곽묘에 대한 이러한 대체적인 이해 위에서 옥전 Ⅰ~Ⅲ기의 목곽묘를 살펴보면 54, 23호분을 제외한 여타의 목곽묘는 '경주형 목곽묘'의 유형에 해당되나 54, 23호분만은 '김해-부산식 목곽묘'의 범주에 포함됨을 알 수 있다. 특히 23호분의 경우 목곽-외부에 접하여 할석을 쌓고 할석과 묘광 사이에는 판축상으로 흙을 다져넣어서 목곽을 보강한 것이 복천동 32호분과 동일하기 때문에 54, 23호분과 같은 장방형의 목곽묘는 '김해-부산식'의 목곽묘 유형임이 분명하

---

4) 李在賢, 1994, 「영남지역 木槨墓의 구조」, 『嶺南考古學』 15.

5) 이러한 細長한 木槨墓에 대하여 申敬澈은 '慶州型 木槨墓', 李盛周는 '新羅式 木槨墓'로 부르고 있다.
申敬澈, 2000, 「Ⅴ. 調査所見」, 『金海 大成洞古墳群』Ⅰ ; 李盛周, 1996, 「新羅式 木槨墓의 전개와 의의」, 『新羅고고학의 제문제』.

도면 41 | 가야의 목곽묘(①: 옥전 23호분, ②: 대성동 1호분, ③: 옥전 49호분, ④: 쾌빈동 1호분, ⑤: 도항리〈문〉20 호분)와 투창고배(⑥~⑨: 옥전 23호분, ⑩: 도항리〈문〉20호분, ⑪: 도항리〈문〉36호분, ⑬: 도항리〈문〉27호분, ⑫: 예안리 117호분, ⑭: 복천동 101호분, ⑮: 복천동 106호분)

다.

아울러 묘광의 평면형태는 세장하지만 목곽의 보강에 할석을 이용한 67-A(도면 4), B호분도 '김해-부산식' 목곽묘의 영향을 받은 유구로 생각되며, 이들 유구에 채용된 관대시설도 마찬가지였을 것[6]으로 생각된다.

그런데 여기에서 주목해 두고 싶은 것은 '김해-부산식' 목곽묘 유형에 속하거나 그 영향을 받은 유구들이 평면적으로 볼 때 10m^{2}에 가깝거나 이것을 훨씬 상회하는, 즉 이 시기 옥전고분군 내에서 규모가 가장 큰 무덤들이라는 점이다. 따라서 다라국의 성립에 대한 고고학적인 징표를 거대한 무덤이 축조되고 여기에 많은 유물 부장이 이루어진 유구, 바꾸어 말하면 지배자의 등장을 상징적으로 보여주는 유구들의 축조에서 찾는다면 옥전 II기의 23호분과 8(도면 3-⑧), 67-A, B호분이야말로 다라국의 성립을 알려주는 상징적인 유구들임이 분명할 것이다.

3. 옥전 II기의 유물분석

옥전 II기의 유물상의 변화는 토기에서 有蓋透窓 고배와 광구형 장경호, 발형기대와 같은 신기종이 등장하고, 철기에서 갑주와 마구, 異形有刺利器 등이 출현하며 이와 함께 金製 垂下附耳飾과 금동제 관모,

---

6) 李在賢은 그의 논문에서 목곽묘 바닥에 割石을 이용하여 棺臺나 屍床施設을 만든 것도 4세기의 '金海-釜山式' 목곽묘에 처음으로 등장하는 현상으로 파악하고 있다.
李在賢, 1994, 「영남지역 木槨墓의 구조」, 『嶺南考古學』 15.

金銅裝 杏葉이나 盛矢具와 같은 금공품들이 이 시기부터 돌발적으로 채용될 뿐만 아니라 유물의 개인집중화 현상이 나타나는 것 등을 들 수 있다.

이하에서는 유구의 분석에서 파악된 다라국의 성립에 대한 해결의 실마리를 가지고 있을 뿐만 아니라 옥전 II기의 변화된 유물상을 잘 반영하고 있다고 생각되는 23호분과 8, 47, 67-A, B호분 출토 자료를 중심으로 토기와 금속기로 나누어서 분석해 보고자 한다.

1) 토기

옥전 23, 8, 67-A, B호분은 토기 주부장 공간의 극심한 도굴로 인해 토기들이 대부분 유실되어 버렸지만 다행히 23호분만은 꽤 많은 토기들이 남아 있었다.

옥전 23호분에서는 모두 64점의 토기가 발견되었는데 유구의 2/3가 도굴당한 것임을 감안한다면 본래는 엄청나게 많은 토기가 부장되었을 것으로 추정된다.

이 중 가장 먼저 주목되는 것은 고배들인데, 크게 보면 무개식과 유개식으로 나눌 수 있다.

모두 8점이 발견된 무개식은 투창의 수와 배치에 따라서 二段一列透窓 고배와 二段交互透窓 고배로 나눌 수 있으며, 二段一列透窓 고배는 各段 4개씩의 투창을 가진 일반적인 가야식 고배와 투창의 수가 5개 이상인 多透窓 고배로 나뉘어진다. 전자는 1점밖에 없는 것에 비해 후자, 즉 다투창 고배는 4점으로 압도적으로 많으며, 3점이 발견된 交互透窓 고배도 모두 다투창이라는 점을 감안한다면, 23호분에서 발견된 무개식 고배는 대부분 다투창임을 알 수 있다.

유개식 고배 역시 二段一列透窓 고배와 二段交互透窓 고배로 대별되지만 여기에 一段長方形透窓 고배가 포함되어 있다. 모두 25점이나 발견된 유개식 고배 중 대다수를 차지하는 것은 21점이나 발견된 二段一列透窓 고배인데, 무개식 고배와는 달리 투창 수가 各段 4개씩인 일반적인 가야식 고배가 16점으로서 절대다수를 차지하고 있는 반면 다투창인 것은 5점밖에 없다. 그런데 절대다수를 차지하는 일반적인 가야식 고배의 투창 형태를, 보면 극단적으로 세장방형인 것이 있는가 하면 상단은 逆梯形, 하단은 梯形이거나 삼각형을 이룬 것 등 다양한 것들이 포함되어 있다.

2점밖에 발견되지 않았지만 유개식 二段交互透窓 고배는 소위 '신라양식 고배'에 속하는 것으로서 주목되는 자료며, 역시 2점만 발견된 一段長方形透窓 고배는 모두 다투창인 점이 특징이다.

이상에서 알 수 있듯이 옥전 23호분 출토 고배는 그 형태가 아주 다양하고 다투창 고배가 유달리 많이 포함되어 있으며, 같은 형태의 고배라 하더라도 脚端部의 처리를 비롯하여 뚜껑받이 턱의 형태와 端部 처리, 대각의 상단과 하단의 경계를 이루는 부분의 처리 등에서 보이는 다양성을 하나의 특징으로 지적할 수 있다. 특히 유개고배에 나타나는 상단 逆梯形과 하단 梯形 또는 삼각형의 투창을 가진 고배와 一段長方形 다투창 고배는 주목할 만한 자료로 생각된다.

이처럼 옥전 23호분의 고배가 다양성을 그 특징으로 한다면 이러한 고배들은 이 지역에 있었던 앞 시기의 고배의 전통을 이어받아서 만들어진 것이 아니라 다른 지역에서 확립된 고배 형태가 이 지역으로 유입되었거나 혹은 영향을 받아서 만들어졌을 가능성이 높을 것이다. 따라서 23호분 출토 고배의 성격을 분명하게 파악하기 위해서는 이러한 고배가 출토된 다른 지역의 자료들과 비교 검토를 해 볼 필요가 있다.

먼저 옥전 23호분 출토 고배 중 가장 특징적인 다투창 고배(도면 41-⑦)는 동래 복천동 101호분과 함안 도항리 20, 27호분에서 출토된 바 있다. 이 중 복천동 101호분 출토 고배(도면 41-⑭)는 투창의 수가 各段 7개씩의 二段一列 다투창 고배인데, 脚端部가 두툼하게 처리된 점에서 대비될 만하며, 도항리 20, 27호분 출토 다투창 고배(도면 41-⑩, ⑬)는 모두 7점이 발견되었는데, 1점의 무개식을 제외하면 모두 유개식이다.

도항리 출토 다투창 고배는 一段長方形 투창 고배들로서 옥전 23호분 출토 도면 41-⑥ 고배와 비교할 만한 것들이지만 23호분 출토품에 비해 杯部가 둥글고 깊으며, 특히 器高가 훨씬 높다. 즉 도항리의 것들은 모두 기고 13.2~16.8cm에 해당되는 것들임에 비해 옥전 23호분 출토품은 기고가 8.8cm밖에 되지 않는 낮은 것들이다. 그럼에도 불구하고 도항리 출토품이 주목되는 것은 一段長方形의 다투창 고배가 대단히 희소한 자료여서 많은 부분에서 차이가 난다 하더라도 옥전 23호분 출토품과 그 계보를 같이하는 것으로 생각되기 때문이다.

옥전 23호분 출토 고배에서 나타나는 다른 특징적인 요소는 고배의 대각에 뚫린 투창 형태가 상단 逆梯形, 하단 梯形 또는 삼각형을 이룬다는 것인데, 이러한 형태의 고배(도면 41-⑧, ⑨)로는 김해 예안리 117호분과 복천동 106호분, 도항리 36호분 출토품을 들 수 있다.

이 중 예안리 117호분 출토품(도면 41-⑫)은 상단 세장방형, 하단 삼각형의 투창을 가진 유개고배인데 옥전 23호분 출토품에 비해 杯部의 깊이가 얕고 직선적이며, 뚜껑받이 턱은 심하게 돌출하고, 대각은 보다 길면서 하방이 급격하게 벌어지고 있는 것에서 차이가 난다.

복천동 106호분 출토품(도면 41-⑮)은 옥전 23호분 출토품과는 다른 무개고배들이지만 대각에 뚫린 투창 형태는 거의 같은 상단 逆梯形, 하단 삼각형 또는 梯形인데 투창의 폭이 옥전 23호분 출토품에 비해 좁고, 대각이 높으면서 하방이 급격하게 벌어지고 있는 것에서 차이가 난다.

도항리 36호분의 봉토 내에서 발견된 고배(도면 41-⑪)는 모두 11점인데, 1점의 예외도 없이 무개식의 長脚 고배들로서 상단은 세장방형, 하단은 삼각형의 투창이 뚫린 것들이다. 모두 杯部가 얕은 무개식인 점과 기고가 대단히 높은 長脚인 점, 그리고 대각의 상단에 세장방형의 투창이 뚫린 것에서 옥전 23호분 출토품과는 직접 연결시키기는 어려운 점이 있지만 계통을 살펴볼 때는 충분히 주목될 만한 자료라고 생각된다.

이처럼 가야지역에서 발견되는 二段一列透窓 고배의 일반적인 투창 형태에서 벗어난 옥전 23호분 출토품과 꼭 같은 것이 발견되지는 않았지만 예안리 117호분 출토품을 비롯하여 복천동 106호분, 도항리 36호분 출토품들은 옥전 23호분 출토 고배의 계통을 파악하는 데 주목되어야 할 자료들이라고 생각된다. 다만 꼭 같은 것이 없다는 것에 대해서는, 옥전 23호분과 이들 유구 사이에 존재하는 시기차이에 의한 것이 아닌가 생각된다.

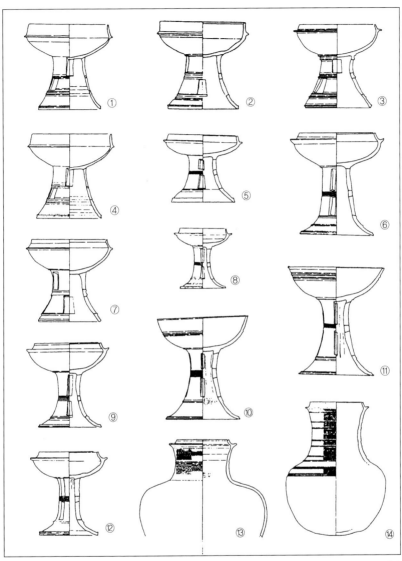

도면 42 | 교호투창 고배(① · ④ : 옥전 23호분, ⑦ : 옥전 4호분, ② : 복천동 39호분, ③ : 월성로 가–13호분)와 투창고배(⑤ : 옥전 47호분, ⑧ : 대성동 1호분, ⑥ · ⑩ · ⑪ : 예안리 130호분, ⑨ : 옥전 68호분, ⑫ : 도항리〈문〉42 호분), 유개식 장경호(⑬ : 쾌빈동 1호분, ⑭ : 대성동 1호분)

옥전 23호분에서는 2점의 신라양식 고배(도면 42-①, ④)가 발견되었는데, 이 고배는 동래 복천동 39호분 출토품(도면 42-②)과 유사하므로 양 고배가 속한 시기도 같을 것이라는 주장이 제기되어 있다.[7] 그러나 양 고배는 기고에서 차이가 날 뿐만 아니라 뚜껑받이, 器壁의 두께, 하단 투창과 脚端部 사이의 공백부 등에서 다소 차이가 나기 때문에 반드시 같은 시기의 소산품이라고는 단정하기 어려울 것이다. 다만 宋桂鉉도 지적한 바와 같이 이러한 고배가 신라의 중심지에서는 발견되지 않는 기형이고 전형적인 신라토기가 형성된 직후 신라토기가 확산되는 과정에서 신라의 영향을 강하게 받은 지역에서 나타나는 신라계 고배로 파악해 두는 것이 좋을 것이다. 한 걸음 나아가서 유사한 고배가 출토된 23호분 단계의 옥전고분군과 복천동고분군으로 대표되는 부산지역과의 관계를 살필 수 있는 호자료의 한 예로서 파악할 수 있을 것이다.

한편, 옥전 23호분과 함께 옥전 Ⅱ기에 편년되는 다른 유구에서 발견된 특징적인 고배들에 대해서 간단하게 살펴봄으로써 옥전 23호분 고배의 성격을 더욱 분명하게 파악해 보자.

먼저 주목되는 것은 옥전 47, 68호분 출토 3점의 유개고배(도면 42-⑤, ⑨)다. 이 고배는 二段一列의 장방형 투창이 뚫린 가장 일반적인 가야식 고배지만 대각의 중위, 즉 상단과 하단의 경계부에 돌대가 아닌 여러 줄의 침선을 돌린 것이 특징적이다. 여러 줄의 침선에 의해 대각의 상하단을 구획한 고배는 함안 도항리 42호분과 김해 대성동 1호분, 예안리 130호분 등에서 출토되는데, 이 가운데 도항리 42호분

---

7) 宋桂鉉, 2000, 「加耶의 金銅裝飾 甲冑에 대하여」, 『伽倻의 歷史와 文化』.

출토 유개식 고배(도면 42-⑫)는 뚜껑받이 턱에서 약간의 차이가 있을 뿐 68호분 출토품과 거의 같다. 그리고 대성동 1호분의 유개고배(도면 42-⑧)와 예안리 130호분 출토 유·무개식 고배(도면 42-⑥, ⑩, ⑪)는 대각의 중위에 여러 줄의 침선을 돌린 것 이외에는 다소 차이가 나는 것들이다.

이상에서 살펴본 옥전 Ⅱ기에 속하는 23, 47, 68호분 출토의 다양한 고배들은 많은 요소에서 부산·김해지역이나 함안지역에서 출토된 고배들과 공통점이 있음을 알 수 있다. 다만 같은 옥전 Ⅱ기에 속하는 4호분 출토 신라양식 고배(도면 42-⑦)가 김해·부산이나 함안지역이 아닌 경주 월성로 가-13호분 출토품(도면 42-③)과 유사하여 다소 예외적인데, 이 점에 대해서는 후술한다.

옥전 Ⅱ기에 속하는 유구에서 고배 다음으로 주목되는 자료는 발형기대다. 이 발형기대에는 鉢部와 대각에 다양한 문양이 시문되어 있고 여러 형태의 투창이 뚫려 있기 때문에 가야토기의 형식적인 변천과 지역색을 추출하는 데 좋은 연구대상이 되고 있다.[8]

옥전 Ⅱ기에 속하는 유구에서 발형기대는 모두 13점이 출토되었는데, 그 중 23호분에서 8점이나 발견되었다.

옥전 Ⅱ기 발형기대(도면 43-①)의 鉢部에는 密集波狀文(6), 鋸齒文(6), 幼虫文(5), 絡繩文(3) 등이 보이는데, 密集波狀文과 鋸齒文이 주를 이룬다. 脚部에는 密集波狀文(2), 集線半圓文(2), 幼虫文(1) 등의 문양이 보인다. 투창의 형태와 배치는 다양하게 나타나는데 장방형 上下一

---

8) 朴天秀, 1998, 「大加耶圈 墳墓의 編年」, 『韓國考古學報』39 ; 朴天秀, 1999, 「고고학 자료를 통해 본 大加耶」, 『고고학을 통해 본 가야』 ; 趙榮濟, 2000, 「加耶の鉢形器臺について」, 『福岡大學 綜合研究所報』240.

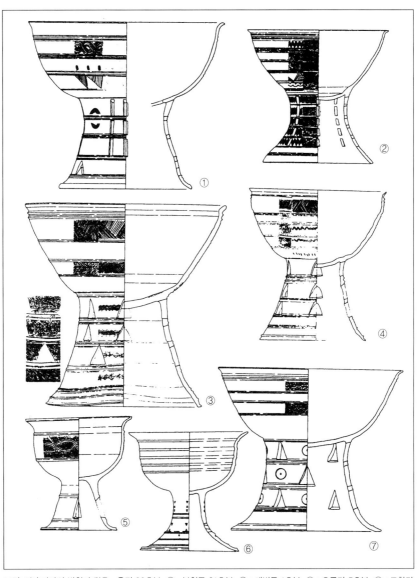

도면 43 | 가야의 발형기대(① : 옥전 23호분, ② : 복천동 21호분, ③ : 쾌빈동 1호분, ④ : 오곡리 5호분, ⑦ : 도항리 〈문〉10호분)와 향로형 기대(⑤ : 저포리 B6호분, ⑥ : 저포리 B29호분)

列(2), 品字式(1), 方形品字式(1)도 있으나 圓孔이나 變形 火焰形, 無莖
逆刺式 鏃形도 보인다. 기대와 세트를 이루는 토기는 直口短頸壺(1),
無蓋長頸壺(2) 등이며, 鉢深 : 脚高는 1 : 0.9~1 : 1.6이며 평균 1 : 1.2
로서 鉢深과 脚高가 거의 비슷한 형태다.

이처럼 옥전 Ⅱ기 발형기대에서 나타나는 특징은 문양이 다양하고,
투창의 형태와 배치에서 규칙성이 없으며, 鉢部에 비해 대각이 그다지
높지 않다는 것이다.

이러한 옥전 Ⅱ기에 속하는 발형기대는 옥전고분군 내에 국한시켜
서 보는 한, 시간이 흐를수록 鉢部의 다양한 문양은 密集波狀文 중심
으로 정형화되어 가며, 대각의 투창도 三角形 品字式 중심으로 바뀌면
서 鉢部에 비해 상대적으로 대각이 높아지고 유개장경호가 발형기대
와 세트를 이루는 것으로 변화한다.

옥전고분군에서 나타나는 발형기대의 특징이나 변화과정과 거의
비슷한 양상을 보이는 것은 지산동고분군을 중심으로 하는 고령지역
이다. 즉, 쾌빈동 1호분 출토 鉢形器臺(도면 43-③)를 보면 鉢部의 문
양은 密集波狀文(4), 鋸齒文(4), 幼虫文(4), 絡繩文(2), 斜格子文(2), 点
半圓文(1), 無文(1) 등이며, 대각에는 密集波狀文과 幼虫文이 각각 2례
씩 발견되었다. 투창은 三角形 上下一列(3)이 가장 많으며, 三角形 品
字式과 長方形 品字式, 方形 品字式이 각각 1례씩 포함되어 있다. 鉢
深 : 脚高는 1 : 0.9에서 1 : 1.2사이이며, 평균 1 : 1.1, 즉 鉢深과 脚高가
거의 같은 것들임을 알 수 있다.

결국 쾌빈동 1호분의 발형기대는 다양한 문양과 정형화되지 않은
투창 형태와 배치, 鉢深과 脚高가 거의 같은 것으로서 옥전 Ⅱ기의 발

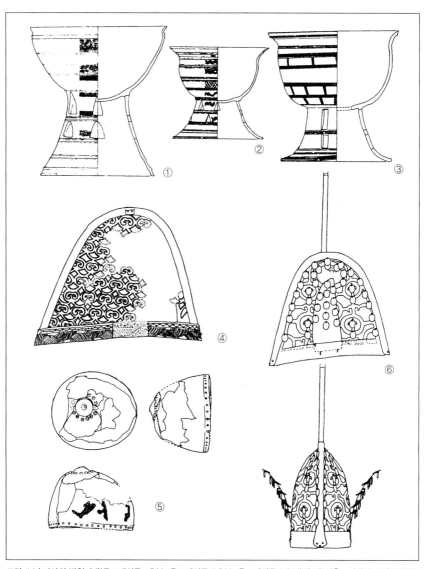

도면 44 | 가야의 발형기대(① : 대성동 1호분, ② : 대성동 2호분, ③ : 대성동 3호분)와 관모(④ : 이양선 수집 문화재, ⑥ : 옥전 23호분), 금동제 투구 覆鉢(⑤ : 옥전 23호분)

형기대와 그 특징을 같이하고 있다. 다만 옥전 Ⅱ기의 발형기대와 차이가 나는 것은, 鉢部의 문양에서 옥전고분군 발형기대에서는 나타나지 않는 無文과 点半圓文, 斜格子文이 보이고, 대신 대각의 문양 중 옥전구분군의 발형기대에 보이는 集線半圓文이 나타나지 않는 점이다. 뿐만 아니라 투창에서도 아치형이나 예외적인 형태가 없는 점에서도 약간의 차이가 보이는데, 이 가운데 아치형 투창은 지산동 35호분 출토 발형기대에서 많이 보이므로 쾌빈동 1호분과 옥전 Ⅱ기의 유구들 사이에는 약간의 시기폭이 존재할 것으로 추정된다.

지산동 35호분과 그 이후의 지산동고분군에서 발견된 발형기대들은 鉢部의 문양이 다양한 것에서 密集波狀文과 葉脈文이 세트를 이루면서 시문되는 것으로 바뀌며, 脚部의 투창도 다양한 형태와 배치에서 아치형과 三角形 上下一列의 형태로 정형화되어 간다. 鉢部에 비해 脚高가 상대적으로 높아질 뿐만 아니라 유개장경호가 세트를 이루는 형태로 통일되어 감을 알 수 있으며, 이 같은 지산동고분의 발형기대에서 나타나는 변화는 옥전고분군의 그것과 궤를 같이한다.

한편 충분한 조사가 이루어지지 못했거나 조사는 이루어졌지만 아직 보고되지 않은 유구들이 많아서 분명하지는 않지만, 옥전 Ⅱ기나 쾌빈동 1호분 단계에서 나타나는 발형기대의 특징들은 아라가야의 고지인 함안 도항리(도면 43-⑦)나 오곡리 유적(도면 43-④), 김해 대성동(도면 44-①, ②, ③), 예안리고분군, 동래 복천동 21(도면 43-②), 22호분과 그 이전 단계의 유구들에서도 공통적으로 나타나고 있다.

다만, 김해지역의 발형기대에서는 고령지역의 늦은 시기 발형기대에 주된 문양으로 채택된 葉脈文이 시문되지 않는 것을 제외하면 가야지역에서 발견되는 발형기대의 문양이 전부 나타나고 있음에 비해, 함안과 동래지역에서는 縱集線文이 탈락되고 있다. 그리고 복천동의 경우 10, 11호분 단계가 되면 鉢部나 脚部의 문양이 密集波狀文(山形文)으로 정리되면서 투창은 方形 品字式, 세트를 이룬 토기는 무개식 장경호로 통일되고 있다. 특히 다른 지역의 발형기대가 시간의 흐름에 따라 鉢部에 비해 대각이 상대적으로 높아지고 있는 것에 비해 오히려 앞 시기보다 대각이 상대적으로 낮아지는 아주 특이한 현상이 나타나고 있다.

이상에서 알 수 있는 것은 옥전 Ⅱ기에 속하는 유구에서 출토된 발형기대는 쾌빈동 1호분으로 대표되는 고령지역과 대단히 밀접한 관계가 있다는 것이다. 그러나 이것이 곧 고령지역으로부터 영향을 받아서 발형기대가 옥전 Ⅱ기에 등장했다는 의미는 아니다.

이 점에 대해서는 쾌빈동 1호분을 포함하는 고령지역뿐만 아니라 거의 비슷한 시기에 속하는 함안이나 김해, 부산지역의 여러 유구에서 출토된 발형기대들을 모두 비교 검토해 보아야 할 것이다. 특히 발형기대가 서부경남식 노형기대에서 발전한 것이고 鉢部에 다양한 문양을 시문하여 장식한 것이 중요한 특징이라면, 이러한 자료가 출토된 지역에서 먼저 발형기대가 발생하고 여기에서 어떤 계기에 의해 옥전을 비롯한 가야의 여러 지역으로 파급되었을 것으로 파악하는 것이 순리적일 것이다.

이러한 관점에서 본다면 가장 주목되는 지역은 김해와 합천지역이다.

먼저 김해지역에서는 가야지역에서 발견된 발형기대에 시문된 문양이 모두 나타날 뿐만 아니라 대각에 비해 鉢部가 깊은 것들이 발견되고 있다. 특히 대성동 2, 3호분(도면 44-②, ③)에서는 鉢部에 縱集線文이나 密集波狀文, 絡繩文, 斜格子文 등이 시문된 서부경남식 노형기대9)에서 발형기대로 이행중에 있다고 생각되는 기대들이 발견되고 있기 때문에 김해지역에서 가야의 발형기대가 발생했을 가능성이 가장 높다. 이러한 초기의 발형기대는 일정한 기간 동안 板狀把手가 붙은 김해·부산지역의 노형기대와 공존하다가 5세기 전반대의 어느 시점에서 노형기대를 완전히 축출하고 가야의 기대로서 자리잡았을 것으로 생각된다.

한편 발형기대의 조형으로서 주목해 볼 만한 자료들이 합천 황강 상류역인 저포 B유적에서 발견되고 있다. 즉 저포 B-6, 8, 21, 29호분에서 발견된 기대(도면 43-⑤, ⑥)들이 그것인데, 이 기대들은 완전한 노형기대에서 벗어난 형태로서 香爐形이라고 부를 수 있는 자료들이며, 표면에 無文, 縱集線文, 絡繩文, 幼虫文, 斜格子文, 密集波狀文 등이 시문되어 있기도 하지만 특히 삼각형이나 사각형의 stamp문이 애용되고 있다. 보고자들은 이들 자료를 4세기대를 중심연대로 파악하면서 가장 늦은 B-6호분을 4세기 말~5세기 초로 비정하고 있다. 그러나 이들 자료는 기형상 발형기대로의 형식변화를 인정하기 어려울 뿐만 아니라 이른 시기의 발형기대에 많이 등장하는 鋸齒文이 한 점도 없는 점,10) 이 지역에서 성행한 stamp문이 초기의 발형기대에서 단

---

9) 把手가 부착되지 않은 소위 西部慶南式 爐形土器에는 원칙적으로 문양이 施文되지 않는다.

10) 황강 상류역에서 출토된 器臺에 鋸齒文이 시문된 예는 鳳溪里 63, 76, 78, 187호 목곽묘 출토품을 들 수 있는데, 이들은 모두 5세기대 이후의

한 예도 발견된 바 없다는 점 때문에 이러한 자료들을 발형기대의 조형으로 파악하기는 어려울 것으로 생각된다.

2) 금속기

옥전 23호분은 극심한 도굴 피해를 입었으나 토기에 비해 금속기는 비교적 많이 남아 있었다. 이 금속기를 종류별로 정리해 보면 아래와 같다.

- 武器·武具 : 金銅裝彎曲縱長板冑(1), 頸甲(1), 大劍(1), 環頭大刀
  (2), 鐵鉾(1), 盛矢具(1), 鐵鏃(91)
- 馬具 : 馬冑(1), 鐙子(1雙), 재갈(1), 雲珠(1), 鉸具(3)
- 裝身具 : 金銅製 冠帽(1), 金製 垂下附耳飾(1雙)
- 기타 : 旗竿(3), 鑿(1), 꺾쇠(10), ㄱ자형 철기(2)

이러한 금속유물 중 가장 주목되는 자료는 금동제 관모와 金銅裝冑이다.

먼저 冠帽(도면 44-⑥)는 寶冠의 內冠과 거의 같은 형태지만 外輪의 정상부에 金銅棒이 부착되어 있어서 내관과 구별된다. 이와 같은 관모는 유례가 없는데, 李養璿 蒐集文化財[11](도면 44-④) 중에 유사한 것이 있기는 하다. 그러나 이 관모에는 外輪의 정상부에 棒과 같은 것이 붙어 있던 흔적만 남아 있으며, 透彫裝飾의 문양도 옥전 23호분의 것

것들이다.
東亞大學校 博物館, 1986,『陜川 鳳溪里古墳群』.

11) 國立慶州博物館, 1987,『菊隱 李養璿 蒐集文化財』.

이 三葉文임에 비해 李養璿 蒐集品은 二葉文이어서 차이가 난다.

최근 우리나라의 冠에 대한 일련의 논문을 발표해 온 毛利는 옥전 23호분의 冠을 冠帽尖緣式 Ⅳ류로 분류하면서 고구려 벽화에 유례가 있음을 지적하고, 동시에 옥전 23호분 출토 관모가 고구려 문물과 관계가 있음을 시사하고 있다.[12]

한편 金銅裝 冑(도면 44-⑤)는 가야고분 출토품 중에는 아주 드물게 발견되는 것으로서 형태는 覆鉢有縱長板冑(蒙古鉢形冑) 형태를 취하고 있다. 이러한 冑는 대개 철제로서 영남에서는 복천동 38호분을 필두로 89, 69호분, 대성동 10, 18호분 등 4세기 전반대에 속하는 유구에서 가장 먼저 발견되기 시작하였다.

그러나 가야지역의 투구는 몇몇 예를 제외하면 시종일관 실용적인 철제가 만들어지고 있음에 비해 경주지역은 실전용 갑주의 부장은 짧은 시간 내에 끝나고 대신 지배층의 威儀具로서 금공품이 부장되는 것으로 바뀌고 있다.[13] 따라서 비실용적인 장식투구인 옥전 23호분 출토 冑는 그 원류가 고구려에 있다 하더라도 고구려에서 직접 유입되거나 실용적인 갑주문화가 오랫동안 지속된 김해·부산지역보다는 금공품이 성행하는 경주나 신라문화권의 영향 아래에서 만들어진 것으로 추정된다. 그러나 같은 시기에 속하는 옥전 8, 67-A, B호분 출토 철제의 蒙古鉢形 冑나 札甲은 이러한 갑주가 일찍부터 많이 발견되고 있는 김해·부산지역과의 관계나 그 영향 아래에서 이 지역에 등장한 유물들이라 생각된다.

---

12) 毛利光俊彦, 1997,「朝鮮古代の冠-伽耶」,『堅田直先生古稀記念論文集』.

13) 申敬澈, 2000,「伽耶의 武具와 馬具」,『國史館論叢』7.

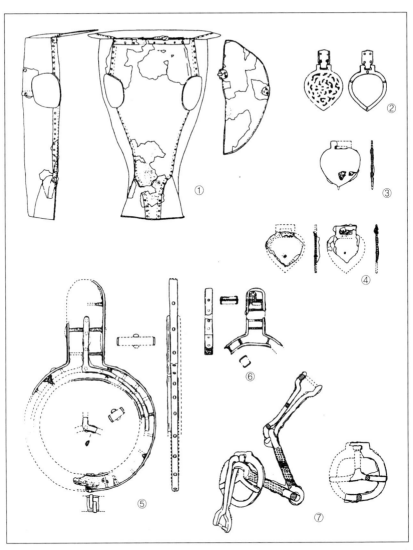

도면 45 | 마구(①·④·⑥ : 옥전 23호분, ⑤·⑦ : 옥전 68호분, ② : 朝陽十二臺鄕磚廠88M1, ③ : 대성동 3호분)

다만 옥전 Ⅱ기의 갑주문화 중 옥전 68호분 출토 三角板革綴板甲은 그 제작지가 김해지역[14]이든 백제 또는 일본[15]이든 간에 김해지역과의 관계 속에서 이 지역에 유입되어 들어온 것으로 추정된다.

신라·가야고분에 대한 연구에서 최근 가장 주목을 받으면서 괄목할 만한 연구성과가 이루어진 것은 마구에 대한 연구일 것이다. 그 중에서도 실용마구인 등자와 재갈, 장식마구인 杏葉에 대한 연구는 개별유물의 형식학적인 편년과 계통, 원류, 제작기법에 이르기까지 다방면에 걸쳐 아주 정치한 성과를 거두고 있다.

옥전 23호분을 비롯하여 옥전 Ⅱ기에 속하는 여러 유구에서도 예외 없이 이러한 마구들이 출토되었는데 이것들을 살펴보면 아래와 같다.

먼저 옥전 23, 67-A, B, 68호분에서 출토한 등자(도면 45-⑤, ⑥)는 柳昌煥 분류 ⅠA$_2$식이거나 ⅠA$_3$식에 해당되는 것으로서 모두 5세기의 이른 시기에 속한다. 이러한 형식의 등자는 모두 낙동강 하류역에서 개발된 뒤 이 지역에 직접 유입(68호분 출토 등자)되었거나 그 영향 아래에서 제작된 것으로 밝혀지고 있다.[16]

아울러 옥전 23, 68호분에서 출토된 재갈(도면 45-⑦)은 環板響들로서 모두 ㅗ자형 환판비에 속하는 것들이다. 金斗喆의 연구에 따르면, 이러한 ㅗ자형 환판비는 X자형 환판비의 영향을 받아서 5세기대 광개토대왕의 남정으로 야기된 기마전술과 그 기동력에 자극을 받아

---

14) 宋桂鉉, 2000,「加耶의 金銅裝飾 甲冑에 대하여」,『伽耶의 歷史와 文化』.

15) 申敬澈, 1999,「福泉洞古墳群의 甲冑와 馬具」,『福泉洞古墳群의 재조명』.

16) 柳昌煥, 1994,「加耶古墳 出土 鐙子에 대한 研究」, 東義大學校 大學院 碩士學位論文.

김해·부산지역에서 개발한 것으로서 북방계 환판비와는 확연하게 구별되며, 이후 남부지방의 板轡들은 銜外環이 수평으로 연결되는 이 ⊥자형 환판비의 영향을 받았다고 한다.[17] 따라서 옥전 Ⅱ기에 속하는 유구에서 발견된 환판비들은 김해·부산지역에서 개발된 것이 유입되었거나 그 영향을 받아 만들어진 것으로 생각된다.

장식마구인 杏葉은 23호분에서 출토되고 있는데, 3점의 鐵地金銅製 心葉形 杏葉(도면 45-④)들로서 李相律 분류[18] 甲群 Ⅰ그룹에 속한다. 이러한 심엽형 행엽은 지금까지의 조사성과에서 보는 한 김해 대성동 3호분 출토 철제의 것이 최고인데, 다만 그 원류에 대해서는 연구자마다 다소 상이한 견해를 보여준다. 즉 李相律과 金斗喆은 이 형태의 행엽이 고구려의 마구로부터 영향을 받은 데서 비롯되었다고 주장하는 데 비해 申敬澈은 중국 동북지방의 鏡板轡의 경판을 모델로 하여 낙동강 하류역에서 고안·제작된 것이 분명하다[19]고 주장하고 있다.

그러나 최근 공개된 요령지역의 三燕時代에 속하는 朝陽 十二臺鄕磚廠 88M1호분에서 출토된 透彫文이 들어 있는 금동장 심엽형 행엽[20]

---

17) 金斗喆, 1997, 「前期加耶의 馬具」, 『加耶와 古代日本』.

18) 李相律, 1993, 「三國時代 杏葉 小考」, 『嶺南考古學』 13.

19) 申敬澈, 1999, 「福泉洞古墳群의 甲冑와 馬具」, 『福泉洞古墳群의 재조명』.

20) 遼寧省文物考古研究所·朝陽市博物館, 1999, 「朝陽十二臺鄕磚廠88M1發掘簡報」, 『文物』 1999-11.
이 유구에서는 2점의 心葉形 杏葉이 출토되고 있다. 이 유구에 대한 연대는 3세기 중엽 전후라는 주장과 4세기대일 것으로 보는 견해가 있는 등 다양하여 연대가 확정적이지 못하다.
田立坤, 1999, 「北票喇嘛洞墓地의 初步認識」, 『奈良文化財研究所發表資料集』; 張克舉, 1998, 「前燕出土的馬胄及其源流」, 『靑果集』; 神谷正弘, 2000, 「日本·韓國·中國出土の馬胄について」, 『古代武器研究』 1.

(도면 45-②)을 볼 때 김해·부산지역의 초기 행엽은 이 지역으로부터 직접적인 영향을 받았거나 낙동강 하류역에 전달되어 등장했을 가능성이 높을 것이다.

그렇더라도 옥전 23호분 출토 행엽이 바로 鮮卑系 또는 高句麗系라는 의미는 아니다. 옥전 23호분의 연대를 볼 때 이 행엽은 다른 마구 자료들과 함께 김해·부산지역의 초기 마구의 영향 아래에서 이 지역에 들어온 것이거나 아니면 이 지역에서 제작했을 가능성이 높을 것이다.

마구 중 발견 예는 그다지 많지 않지만 마구의 계통과 의미를 살펴보는 데 주목되는 자료는 馬冑일 것이다.

옥전고분군에서는 모두 6領의 마주가 발견되었는데, 옥전 23호분 출토 마주(도면 45-①)는 극심하게 부서져서 완전한 모습을 알아볼 수는 없지만 추정 복원된 형태를 보건대 얼굴 덮개부의 上板이 1매로 구성된 李相律 분류 B류에 해당하며 그 원류는 고구려에 있다. 그리고 B류 마주를 고구려의 독창적인 마주로 파악하고 이 유형의 마주가 영남지역에 등장하게 된 데에는 A.D 400년 고구려군의 남정이 계기가 된 것으로 파악하고 있다.[21]

그러나 神谷正弘의 주장[22]처럼 단일 유적에서 가장 많은 수의 마주가 발견된 옥전고분군 내에서 같은 형태, 같은 기술로 만들어진 마주를 찾을 수 없다는 것은 이 지역에서 필요에 따라 마주를 제작했기 때문일 것이며, 따라서 옥전 23호분 출토 마주도 계보는 고구려에 있

---

21) 李相律, 1999,「加耶의 馬冑」,『加耶의 對外交涉』.

22) 神谷正弘, 2000,「日本·韓國·中國出土의 馬冑について」,『古代武器研究』1.

었다 할지라도 경주나 김해·부산 등지에서 제작되기 시작한 마주를 모델로 삼아 이 지역에서 제작되었을 가능성이 높다.[23]

다만 옥전 23호분 단계에서 마주뿐만 아니라 한 벌의 마구들이 앞 시기부터 등장하여 계승되면서 제작된 것이 아니라 갑자기 등장하고 있다는 것이 이해되지 않는데, 이 점에 대해서는 후술한다.

4. 다라국 성립의 역사적 배경

필자는 앞의 장이나 다른 글들에서 옥전 II기의 묘제와 유물이 앞 시기와 연결되지 않고 이 시기 이 지역에서 돌발적으로 등장하고 있다고 강조한 바 있다. 그리고 이 지역의 최고 首長墓(王陵)가 이 시기에 처음 등장하고 있기 때문에, 다라국은 이 지역에서 그 이전부터 자리잡고 있었던 사람들에 의한 역사발전의 결과로 이루어진 것이 아니라 돌발적으로 이루어졌으며, 그것은 외부로부터의 신래자 집단에 의하였을 가능성이 높음을 지적하였다.

그렇다면 다라국은 어떤 역사적 요인에 의해 이루어졌을까?

앞에서 옥전 II기의 왕묘인 23호분을 중심으로 유구와 유물에 대하여 살펴보았다. 그 결과 옥전 23호분처럼 평면 장방형을 이루면서 바

---

23) 金宰佑는 최근 영남지역의 馬冑를 검토하면서 옥전 23호분의 마주를 그의 분류 B류로 파악하고 옥전 23호분의 馬冑는 다른 馬具와는 달리 김해·부산지역의 가야권역과는 관계가 없고 고구려의 영향을 받아서 경주를 비롯한 신라권역에서 파급되었을 것으로 보고 있다.
金宰佑, 2004, 「嶺南地方의 馬冑에 대하여」, 『嶺南考古學』 35.
그러나 馬具製作 工人과 馬冑製作 工人을 별개의 工人集團으로 파악한 것은 찬동하기 어렵다.

닥에 棺臺(屍床)를 설치하고 목곽의 보강에 할석을 이용한 무덤의 형태는 낙동강 하류역인 김해·부산지역의 무덤 형태와 닮았음을 알 수 있었으며, 시기적으로 김해·부산지역의 이러한 형태의 무덤이 이른 시기에 해당하기 때문에 옥전 23호분을 비롯한 옥전 Ⅱ기의 대형 목곽묘는 김해·부산지역의 목곽묘로부터 영향을 받았거나 이러한 목곽묘를 축조한 인간집단들에 의해 만들어졌음을 알 수 있었다.

유물은 토기와 금속기로 나누어서 살펴보았는데, 먼저 토기는 김해나 함안지역의 토기들과 꼭 같지는 않지만 특징적인 요소에서 많은 부분을 공유하고 있음을 알 수 있었고, 금속유물 중 冠帽는 비슷한 예가 1점, 그것도 개인 수집품이기 때문에 정확한 비교 검토는 어렵지만 일단 고구려계일 가능성이 있다. 그리고 유례가 적은 金銅裝 冑 역시 꼭 같은 것은 발견된 바 없지만 전반적인 문화양상에 비추어 보면 신라의 영향이 클 것으로 생각된다.

반면 대부분의 마구는 이 지역에서 제작되었을 가능성이 높지만 등자, 재갈, 행엽 등의 마구가 영남지역 내에서는 김해·부산지역에서 가장 먼저 등장하고 있어서 이들 자료는 김해·부산지역 마구의 영향을 받았거나 그 지역의 공인집단이 어떤 요인에 의해 이 지역으로 이동해와서 제작했을 가능성이 높다.

이처럼 옥전 Ⅱ기의 왕묘를 비롯한 지배집단의 무덤과 토기, 금속기는 몇 예를 제외하고는 대부분 김해·부산지역의 고분문화와 깊은 관계가 있음을 알 수 있다. 특히 이것이 계기적인 것이 아니라 이 지역에 돌발적으로 등장하고 있다는 것은, 단순한 문화요소의 전래나 영향이라는 차원을 넘어서 인간집단의 이동을 고려하지 않을 수 없다. 더욱

이 그것이 지배자 집단에 속한 사람들이라면 그 이동의 이면에 커다란 역사적 사건을 염두에 두지 않으면 안 될 것이다.

한편 이처럼 지배집단에 속하는 자들의 무덤과 유물들이 돌발적으로 변화하는 현상은 함안지역에서도 보인다. 즉 최근 공표된 함안 도항리의 대형 목곽묘들 역시 옥전 23호분을 전후하는 시기에 유구가 대형화하면서 시상이 만들어지고 이 지역의 특징적인 토기였던 고식 도질토기와는 계통상 연결되지 않는 토기들이 등장하면서 갑주와 마구, 금공품들이 폭발적으로 부장되고 있음을 알 수 있다.

이러한 변화는 대가야의 고지였던 고령지역에서도 거의 동시에 이루어진 것으로 보인다. 물론 고령지역에서는 이른 시기의 목곽묘가 지금까지 조사된 바 없기 때문에 변화의 양상에 대해 단언할 수는 없으나, 최근 공개된 쾌빈동 1호분과 출토 유물은 주목된다. 즉, 쾌빈동 1호분(도면 41-④)은 장방형이면서 할석을 이용하여 시상을 만들어 서부경남의 여타 목곽묘와는 확연하게 구별되는 형태를 보여주고 있다.

뿐만 아니라 봉토 내 埋納土器와 유구 내 副葬土器 역시 古式 도질토기 단계를 벗어난 발형기대들이 11점이나 발견되고 있는데, 이 발형기대의 형태나 문양, 透窓의 배치 등은 앞의 장에서도 언급한 것처럼 옥전 23호분 출토 발형기대와 그 특징을 같이한다. 이러한 자료 역시 김해지역의 발형기대의 영향에서 등장되었다고 생각한다. 그리고 1점의 口緣部片에 지나지 않지만 波狀文이 시문된 유개식 장경호(도면 42-⑬)의 존재는 주목된다. 장경호는 현재까지 발견된 자료에 국한시킨다면 이른바 고령양식 장경호의 최초의 예라고 생각되는데 이러한 장경호 역시 김해지역과의 관계에서 등장했을 가능성이 높다.

왜냐하면 같은 형태의 유개식 장경호가 대성동 1호분에서도 1점(도면 42-⑭) 발견되었는데, 頸部의 구성에 2단과 3단이라는 차이는 있지만 頸部에 시문된 문양을 보면 쾌빈동 1호분의 경우 이후 가야지역 유개식 장경호의 문양으로 예외없이 시문되는 波狀文인 데 비해, 대성동 1호분은 絡繩文, 櫛描列点文(幼虫文), 点圓文, 縱集線文 등 이후의 가야지역 장경호에는 전혀 채택되지 않는 문양이다. 뿐만 아니라 이러한 문양은 초현기의 발형기대에 많이 등장하기 때문에 대성동 1호분 출토 장경호는 쾌빈동 1호분 출토품보다는 고식으로 생각되기 때문이다.

다만 쾌빈동 1호분은 유구 한쪽이 파괴되어 유물부장의 원상을 잃어버려 마구나 갑주 등 금속유물이 전혀 발견되지 않았기 때문에 이 유구를 고령지역의 이른 시기 지배집단에 속하는 자의 무덤으로 단언하기 어렵고, 금속유물을 통한 다른 지역과의 비교 검토가 불가능하다는 점이 안타깝다.

그러나 가야고분의 조사경험에 비추어 보건대 한 유구에서 발형기대가 11점이나 출토되었다면 이 유구가 대형에 속하는 유구임이 거의 확실하며, 현재까지 고령지역에서 발견된 가장 이른 시기에 속하는 대형 유구, 즉 지배집단의 무덤임이 거의 확실하다. 따라서 고령지역 역시 이 단계부터 갑작스럽게 변화가 이루어지고 대가야가 성립되기 시작한 것으로 추측된다.

5. 소결

옥전지역에는 無文土器, 半月形 石刀, 磨製石鏃 등이 발견되기 때문에 훨씬 이전인 청동기시대부터 사람들이 살았으며, 다라국이 성립되기 이전에도 얼마간의 사람들이 정착하여 평화롭게 살았다는 것을 4세기대 목곽묘의 존재를 통해 잘 알 수 있다. 또한 이러한 목곽묘가 상당 기간 동안 축조된 것으로 미루어 다라국이 성립되고 나서도 이들이 다라국의 일원으로서 일정한 기능을 맡았음이 분명하다.

그러다가 400년 고구려 광개토대왕의 남정으로 초래된 영남 일대의 변화와 혼란은 기존의 질서를 재편할 정도로 극심하였다. 그 중에서도 중심지였던 김해·부산지역에 자리잡고 살던 집단은 더욱 심대한 타격을 받아 마침내 집단이 와해[24]되었거나 아니면 그 지역을 버리고 다른 지역으로 이동했을 가능성은 쉽게 예상할 수 있다. 그 와중에 이 지역에 있던 어떤 집단이 합천지역으로 이주해 들어왔고, 이에 다라국이 성립되었을 것이다.

그 결과 다라국의 성립을 알려주는 옥전 Ⅱ기의 대형 유구들인 23, 8, 67-A, B호분 등의 묘제와 유물이 김해·부산지역의 묘제나 유물과 같거나 그 특징을 같이하는 것들로 나타나게 되었다. 이러한 현상은 비단 합천지역에만 국한되는 것이 아니라 함안이나 고령 등지에서도 일어났음은 이들 지역에서 발견되는 묘제나 유물에서 감지되고 있다.

다만 다라국의 성립과 관련하여 반드시 검토되어야 할 다라국의 영

---

24) 大成洞古墳群으로 대표되는 김해지역 지배집단의 와해 등을 의미하는데, 여기에 대해서는 아래의 글에 잘 나타나 있다.

申敬澈, 1995, 「金海 大成洞·東萊 福泉洞古墳群 點描」, 『釜大史學』 10.

역과 내부구조, 생산양식 등에 대해서는 고분군의 조사만으로는 밝힐 수 없었다. 이 점 앞으로 城山里의 土城과 住居址, 반경 1Km 이내에 분포해 있는 小古墳群에 대한 조사를 통해 밝혀지기를 기대하면서 필자의 과제로 남겨 둔다.

Ⅱ. 다라국의 발전

1. 머리말

고고자료를 통해 한 시대의 인간의 생활과 역사를 밝힌다는 것은 어쩌면 무리한 시도일 뿐 아니라 불가능한 작업일 수도 있다. 특히 단위집단에 대한 광범위하고 종합적인 유적조사, 예를 들면 생활유적, 생산유적, 매장유적 등의 유적조사가 충분히 이루어지지 않았을 경우 더욱 그럴 가능성이 높을 것이다.

그럼에도 불구하고 필자가 하나의 고분유적인 옥전고분군을 통해서 다라국이라는 가야의 한 소국의 역사를 복원해 보고자 하는 것은 아래와 같은 이유에서다.

첫째, 대부분 역사학적 고고학의 입장을 취하고 있는 우리나라 고고학에서 고고자료의 해석은 궁극적으로 우리나라 역사의 복원으로 귀결될 수밖에 없으며, 특히 영남 일대 고분에 대한 연구는 더욱 그러할 수밖에 없다.

둘째, 다라국에 대한 역사기록은 아주 疏略하여 다라국이란 국명만 파악될 뿐 구체적인 모습을 역사기록에서 찾을 수 없기 때문에 고고자료를 활용할 수밖에 없으며, 다행히 옥전고분군이 다라국 지배집단의 묘역임이 분명하기 때문에 어느 정도 그것이 가능하다고 생각되는 점이다. 즉 합천 일대는 일찍부터 여러 문헌사학자들에 의해 다라국의 고지로 비정[1]되어 왔을 뿐만 아니라 옥전고분군의 이웃 마을인 多羅里가 多羅國이라는 국명의 잔존 형태를 보이기 때문이다.[2]

---

1) 金泰植의 아래의 논문에 잘 정리되어 있다.
    金泰植, 1992, 「加耶諸國聯盟의 成立과 變遷」, 서울대학교 대학원 博士學位論文.

2) 옥전고분군이 위치한 陜川郡 双冊面 일대가 多羅國의 故地라고 하는 점에 대해서는 많은 연구자들이 동의하고 있으나, 김태식만은 散半下國의 故地로 보고 다라국은 지금의 합천읍 일대로 파악하고 있다. 씨가 이렇게 파악한 이유는 지금의 草溪가 『三國史記』 地理志의 江陽郡의 屬縣인 草八兮縣과 音相似하여 이 지역에 가야소국이 있었다는 선학들의 주장을 받아들이는 한편, 草溪盆地 안에는 뚜렷한 유적이 없기 때문에 가까운 곳에 위치한 玉田古墳群을 散半下國의 지배집단으로 파악한 점과 함께 합천읍 가까이에 꽤 규모가 큰 盈倉里古墳群을 필두로 하여 주변에 여러 고분군이 존재하고 있기 때문에 이것을 하나의 가야소국이 존재한 증거로 파악하여 이 곳을 다라국의 故地로 비정하고 있다.
    만약 氏의 주장대로라면 비록 부분적인 조사만 이루어져 부장유물에 대해서는 알 수 없지만 盈倉里古墳群보다 훨씬 규모가 클 뿐만 아니라 규모만 보면 오히려 옥전고분군을 능가하는 三嘉古墳群이 있는 지금의 陜川郡 三嘉面 일대에도 씨가 주장하는 것처럼 단순히 진주에 비정되는 卒麻國의 주변 세력이 아니라 분명한 가야소국이 존재해야 할 것이다. 그렇게 될 경우 오늘날의 합천군 내에는 多羅國, 散半下國, ○○國이라는 3개 가야소국이 존재했다는 결론에 이르는데, 이것은 대개 오늘날 1郡에 1小國이 있었을 것으로 추정하는 氏의 생각에도 배치되는 현상이다.
    필자는 고고학적으로 볼 때 옥전고분군을 중심으로 하면서 황강수계 일대에 고분군이 분포하는 지역을 多羅國의 故地로 파악하고 三嘉지역에는 이름을 알 수 없지만 별도의 가야소국이 존재했을 것으로 생각하며, 유적이 거의 없는 초계분지나 규모가 작은 盈倉里古墳群 등이 분포하는 합천읍 일대에는 어떤 가야소국도 존재했을 가능성이 없을 것으로 생각한다.

셋째, 옥전고분군은 충분하지는 않지만 다른 가야 고분유적의 조사에 비교해 볼 때 체계적이고 광범위한 발굴 조사가 이루어져 단위 고분군의 실상을 비교적 충실하게 파악할 수 있는 좋은 조건을 갖추고 있어서 많은 유익한 정보를 확보할 수 있기 때문이다.

다만 고분군과 함께 인접하여 존재하고 있는 것으로 생각되는 생활유적과 생산유적, 아울러 반경 1Km 이내에 분포하면서 수기의 고총고분과 다수의 소형 유구들로 이루어진 주변 고분군[3]에 대한 조사가 이루어지지 못해 다라국의 역사를 밝히는 데 근본적인 장애가 되고 있는 것은 안타까운 일이며, 이러한 문제점을 파악한 이상 빠른 시일 내에 이들 유적에 대한 조사가 이루어지기를 기대한다.

옥전고분군은 지금까지 다섯 차례에 걸쳐서 조사되고 수많은 중요자료가 발견됨으로써 사적 제326호로 지정되어 복원·보존되고 있다. 조사 내용은 10권의 보고서와 1권의 조사개보, 시굴조사 보고서 등을 통해 널리 알려졌는데, 대략 4세기 후반대에서 6세기 중엽까지 목곽묘, 수혈식석곽묘, 횡구식석실묘, 횡혈식석실묘와 같은 다양한 형태의 무덤들이 순차적으로 축조되었으며, 시기에 따른 특징적인 토기들과 함께 冠帽, 寶冠, 垂下附耳飾과 같은 금공품, 甲冑, 馬甲冑와 같은 철제 무장구, 龍鳳文環頭大刀와 같은 裝飾大刀 등이 다량 발견되어 이 고분군의 중요성을 크게 부각시켰다.

한편 다라국에 대한 역사기록은 「梁職貢圖」와 『日本書紀』에만 나타

金泰植, 위의 논문.

3) 上浦里, 烏西里, 多羅里古墳群을 들 수 있는데, 자세한 위치는 옥전고분군의 여러 보고서에 실려 있는 유적분포도를 참조하기 바란다.

나는데, 기록에 의하면 國名과 함께 二首位와 下旱岐 등 官等 또는 官職名만 확인될 뿐 여타의 것에 대해서는 전혀 알 수 없다. 이처럼 국명만 나타나고 실체가 불분명한 다라국의 역사에 대하여 옥전고분군의 조사성과를 바탕으로 해서 그 대강을 파악하고자 하는 것이 이 글의 목적이지만 많은 부분에서 한계가 있을 것으로 생각된다.

2. 分期와 劃期

1) 유구·유물의 변화와 계층분화

필자는 옥전고분군의 조사로 확인된 다양한 유구와 수많은 유물에 대하여 살펴보고[4] 유구의 형태 변화와 유물의 형식 변화, 조합상의 차이에 근거한 종합편년안[5]과 유구의 위치와 구조, 크기, 부장유물의 양과 질에서 나타나는 차이점을 시간의 흐름에 따른 계층분화의 결과로 파악[6]한 바 있다.

그 결과 옥전고분군은 대략 6기로 나눌 수 있었으며, 각 기의 내용은 아래와 같이 정리하였다.

옥전 Ⅰ기는 4세기 후반대로서 유구는 소형의 세장방형 목곽묘(도면 2-①)가 주류를 이루지만 54호분(도면 2-⑫)처럼 장방형이면서 목곽의 보강토와 상부에 할석이 사용되는 예외적인 유구도 나타난다.

---

4) 趙榮濟, 1994, 「陜川玉田古墳群の墓制について」, 『朝鮮學報』 150.

5) 趙榮濟, 1996, 「玉田古墳의 編年研究」, 『嶺南考古學』 18.

6) 趙榮濟, 1997, 「玉田古墳群의 階層分化에 대한 研究」, 『嶺南考古學』 20.

유물은 소위 고식도질토기[7]들로서 無蓋無透窓 고배를 중심으로 단경호와 爐形土器, 컵형토기, 異形蓋, 臺附小壺, 小形器臺와 같은 토기(도면 2, 3, 12~15)와 함께 철기는 극히 소량 부장되거나 아예 없는 유구가 대부분이다. 鐵鏃이 대다수를 차지하며 鉈, 刀子, 斧, ㄱ자형 철기가 간혹 발견될 뿐이며, 금공품은 한 점도 발견되지 않았다.

이러한 옥전 Ⅰ기는 토기의 형식학적인 변화에 따라서 3소기(Ⅰa, Ⅰb, Ⅰc기)로 나눌 수 있는데, 그 분기의 기준과 형식학적인 변화는 현저하지는 않다.

한편 이 시기의 계층분화는 54호분과 같은 우월자의 존재가 눈에 띄지만 전체적으로 보면 미미하며, 이 점은 유구의 배치에서 특정한 묘역의 설정이라든지 정연한 규칙성 등이 나타나지 않는 데서 여실히 드러난다.

옥전 Ⅱ기는 5세기 전반대로서 유구는 세장방형과 장방형의 목곽묘가 함께 축조되지만 장방형 목곽묘가 특히 거대해지며 목곽의 보강토에 다량의 돌과 흙을 혼용한다든지, 유구의 바닥에 관대나 시상시설이 채용된다(도면 3-⑧). 유물은 토기(도면 16, 17)에서 有蓋透窓 고배와 광구형 장경호, 발형기대와 같은 신기종이 등장하며, 철기(도면 3, 4)에서도 갑주와 마구, 異形有刺利器 등이 등장한다. 특히 주목되는 것은 金製 垂下附耳飾과 金銅製 冠帽, 金銅裝의 冑, 杏葉, 盛矢具와 같은 금공품들로, 이 시기부터 돌발적으로 채용되고 있다.

한편 Ⅱ기에 속하는 유구 내에서도 토기의 형식변화에 따른 선후관

---

7) 安在晧·宋桂鉉, 1986, 「古式陶質土器에 대한 약간의 考察」, 『嶺南考古學』 1.

계는 인정되지만 이것을 소기로 세분할 정도의 큰 변화는 보이지 않는다.

옥전 Ⅱ기의 계층분화는 왕을 정점으로 상위계층과 하위지배계층, 그리고 冶匠들을 포함하는 여타의 일반인들로 구성되었는데, 유구의 규모와 유물부장에서 나타나는 뚜렷한 계층분화는 유구의 배치에까지 반영되지 않고 대소형 유구가 혼재되어 있다는 것은 이 시기 계층분화의 한계를 보여주는 것으로 생각된다.

옥전 Ⅲ기는 5세기 3/4분기로서 유구는 앞의 시기와 마찬가지로 목곽묘(도면 5)가 축조되지만, 이 시기부터 대형 봉분과 殉葬槨을 가지면서 隔壁에 의해 주부곽을 분리시킨 초대형 목곽묘(도면 6, 7)가 축조됨과 동시에 소형의 수혈식석곽묘(도면 8)가 처음으로 축조된다. 이러한 묘형은 이 지역의 앞 시기에 속하는 유구에서 선행 형태를 전혀 찾을 수 없는 것으로서, 이 시기에 돌발적으로 등장한다. 유물은 개배와 유개식 장경호와 같은 새로운 기종의 토기(도면 18, 19)가 출현하며, 철기(도면 6, 7)는 갑주, 마구, 무기 등 앞 시기와 같은 것들이 부장되지만 한 유물의 복수부장에 의해 양적인 증가가 초래되었으며, 금공품도 이식, 마구뿐 아니라 대도와 같은 도검류에도 나타난다. 무엇보다도 이 시기에 보이는 큰 특징은 이른바 창녕 내지 신라계 유물이 집중적으로 부장되고 있는 현상이다. 그 중에서도 M1호분에서 발견된 Roman-glass(도면 29-②)는 이 시기 유물의 특성을 단적으로 보여주는 자료일 것이다.

이 시기의 계층은 Ⅱ기와 마찬가지로 왕을 정점으로 상위계층과 하위지배계층, 그리고 일반인들로 구성되었다. 그러나 Ⅱ기와 비교해 볼 때 왕릉이 고총고분으로 바뀌었을 뿐 아니라 묘역을 달리하여 축조되었으며, 구조에서도 격벽에 의해 주부곽을 분리시키는 것으로 바뀌었다. 또한 유물에서도 장식대도와 갑주, 등자를 비롯한 마구의 복수부장, 金銅裝 腰帶, Roman-glass 등은 앞 시기에서 보이지 않던 것들이며, 이처럼 귀중한 자료들이 부장되는 것은 상위계층에 속하는 유구들사이에도 확인되고 있다. 따라서 III기의 지배집단은 II기의 지배집단보다 훨씬 힘이 강대해졌음을 알 수 있다.

옥전 IV기는 5세기 4/4~6세기 1/4분기로서 유구는 앞 시기와 마찬가지로 목곽묘(도면 7)와 수혈식석곽묘(도면 9)가 축조되지만 殉葬槨은 만들어지지 않는다. 유물은 앞 시기의 것들과 같은 종류의 토기(도면 19, 20, 21), 철기, 금공품(도면 9)이 발견되고 있지만 토기에서창녕 내지 신라계 유물은 완전히 자취를 감추고 대신 고령양식 토기들만 부장되고 있는 점이 주목된다. 그리고 화려한 용봉문환두대도(도면 26)나 금제 垂下附耳飾이 여러 점 부장된다든지 특이한 地板을 가진 금동장 冑(도면 7)가 발견되는 등의 변화가 나타난다.

이 IV기는 고령양식 토기의 형식변화와 격벽의 소멸에 의한 유구의세장화 등에 의해 2소기(IVa, IVb기)로 나눌 수 있다.

한편 이 시기의 계층분화는 앞 시기와 달리 2계통이 존재했음을 알수 있다. 즉 왕을 정점으로 高塚域內에 분포하는 왕족 또는 近侍者들과 고총역을 벗어난 지역의 유구들이 그것인데, 모두 왕을 정점으로상위계층, 하위지배계층, 일반인들로 구성되고 있는 것은 앞 시기의계층분화와 같다. 그러나 III기에 비해 왕릉 규모가 훨씬 거대하며, 부장된 유물에서도 화려한 4자루의 용봉문환두대도를 비롯하여 갑주,

마구, 이식이 다수 부장되어 양적인 증가가 눈에 띄며, 특히 두 벌의 마주와 銅盌, 관대로 이용된 121매의 鑄造鐵斧가 발견된 M3호분은 같은 최고지배자라 하더라도 IV기의 지배자가 III기의 지배자보다 힘이 강대해졌음을 보여준다.

옥전 V기는 6세기 2/4분기로서 유구는 목곽묘와 수혈식석곽묘(도면 10), 횡구식석실묘(도면 11-①)가 축조되고 있는데, 목곽묘는 앞 시기까지 만들어졌던 격벽이 사라져 주부곽의 분리가 없어진 대신 시신의 발치 쪽에 토기 위주의 부장공간을 마련하는 형태로 변하였다. 이 시기에 나타난 변화 중 가장 주목되는 점은 이른바 신라계의 무덤형태인 횡구식석실묘가 돌연히 출현하면서 薄葬이 이루어지고 있는 것이며, 아울러 유물에서도 피장자의 실체를 단적으로 알려주는 보관의 형태가 신라양식인 出字形이고 신라양식의 把手附杯가 발견되는 것이다. 이처럼 앞 시기의 고령양식 토기들이 계승되는 속에서 신라계 문물인 횡구식석실묘, 출자형 보관, 파수부배 등이 돌발적으로 출현한다는 것은 이 시기의 성격을 파악하는 데 대단히 중요한 현상이다. 유물 중 금속유물의 부장은 앞 시기에 비해 갑주자료가 한 점도 발견되지 않는 등 무구의 부장이 급속하게 감소하고 있는 점이 주목되지만, 보관과 이식은 더욱 화려해지고 있다.

이 시기의 계층분화는 모두 高塚域內에 위치하는 유구들만 조사되었기 때문에 전모를 파악할 수는 없으나 크게 보면 왕을 정점으로 상위계층, 하위지배계층, 일반인들로 구성되었을 것이다.

옥전 VI기는 6세기 3/4분기로서 조사의 부족 때문에 이 시기에 속하는 유구는 M11호분(도면 11-⑥)의 1기밖에 없다. 이 M11호분은 유적의 최남서 쪽에 축조되어 고총고분의 분포상 이 유적의 최후시기에 해당된다고 추정되는 횡혈식석실묘로서, 소위 右片袖形의 낮은 시상을 가진 백제계 무덤이며 함께 발견된 棺부속구인 蓮瓣裝飾(도면 11-⑪)과 金裝棺釘도 이 무덤이 백제계임을 분명히 보여준다.

이 시기의 계층분화는 조사의 부족 때문에 전혀 알 수 없다. 다만 유구의 규모와 부장유물을 보건대, M11호분의 피장자는 명확히 이 지역의 최고지배자, 즉 다라국의 왕으로 보인다.

2) 劃期의 설정

이상과 같이 옥전고분군은 6기로 분기할 수 있으며, 각 분기마다 계층분화는 다양한 형태로 이루어졌음을 알 수 있다.

옥전고분군에서 일어난 이러한 변화와 분기는 이 지역을 둘러싸고 일어난 커다란 역사변동을 반영한 것으로 생각되므로 이것을 5개의 획기로 나누어 그 변화 양상을 분명히 함과 동시에, 변화의 원인을 파악함으로써 다라국의 역사를 복원하는 실마리로 삼고자 한다.

1획기는 옥전 Ⅰ기에서 Ⅱ기로 이행하는 시기, 즉 5세기 전반대다.

이 시기의 유구인 목곽묘는 장방형화, 대형화하며 관대나 시상시설이 채용되고 목곽의 보강에 돌과 흙을 혼용하는 등의 변화가 나타난다. 유물에서는 토기도 새로운 기종이 등장하는 등 변화가 보이지만 무엇보다도 騎乘用 甲冑文化와 마주를 비롯한 실용 또는 장식 마구, 관모, 이식 등의 금공품의 등장이 주목된다.

이러한 옥전 Ⅱ기의 문물 변화는 Ⅰ기의 것을 계승한 것이 아니라 돌발적으로 이루어졌으며, 더욱이 어떤 특정한 한두 개의 유물이 아니라 총체적인 현상이었음을 알 수 있다. 따라서 이 같은 현상은 외부에서 이미 완성된 문화가 이 지역으로 유입되었음을 의미한다. 이처럼 옥전 Ⅰ기에서 Ⅱ기로의 전환이 외래문화의 총체적인 유입에 의한 것이라면, 유입 형태는 단순한 문화적인 전파나 충격의 차원을 넘어 이러한 문화를 소유한 인간집단의 도래를 상정하지 않으면 안 될 것이다. 이러한 유구와 유물은 당시의 기층문화가 아니라 한 지역집단의 최고지배자를 상징하는 자료들이기 때문에 더욱더 그러하다. 따라서 옥전 Ⅰ기에서 Ⅱ기로의 전환은 하나의 획기로 파악할 수 있을 것이다.

그렇다면 이러한 변화의 요인은 어디에 있는 것일까?

먼저 주목되는 것은 목곽묘의 변화다. 즉 옥전 Ⅱ기의 목곽묘는 평면 장방형으로 변하면서 무덤을 축조할 때 목곽을 보강하기 위해 돌과 흙을 혼용하는 것이 특징이다. 이처럼 유구가 장방형화하면서 목곽의 보강에 흙과 돌을 혼용하게 된 것은 한편으로는 앞 시기의 목곽묘가 발전하면서 자연스럽게 나타난 현상이라고도 볼 수 있다. 그러나 옥전 고분군의 경우 Ⅰ기의 목곽묘가 세장방형의 평면인 데 비해 목곽 보강에 흙과 돌을 혼용한 Ⅱ기의 목곽묘는 장방형이기 때문에 Ⅰ기의 목곽묘에서 Ⅱ기의 것으로 순차적으로 발전했다고는 보기 어렵다.

더욱이 옥전 Ⅱ기의 목곽묘와 유사한 Ⅰ기의 54호분은 옥전 Ⅰ기 내에서 유일한 것이며, 이 유구 역시 전후의 연결고리 없이 돌발적으로 출현한 것이기 때문에 Ⅱ기의 목곽묘와는 연결이 되지 않는다. 따라서 옥전 Ⅱ기에 등장하는 장방형 목곽묘에 흙과 돌을 섞어서 보강하는 유형은 이 지역에서 목곽묘가 수혈식석곽묘로 발전하는 과정에서 나타난 과도기적인 것이 아니라 어떤 다른 요인, 이를테면 순수 목곽묘에서 변화를 일으킨 이러한 형태의 목곽묘가 이미 정착된 지역에서 어떤 정세변화가 일어나고 그에 따라 그 지역 주민들이 사방으로 이동하다 그 중 한 집단이 옥전지역으로 들어온 결과 나타난 현상으로 파악하는 것이 온당할 것이다. 1획기의 연대가 4세기 말~5세기 전반대라면 이미 이러한 목곽묘가 축조되고 있었던 부산·김해지역[8]이나 경주지역의 목곽묘[9]가 유입되었을 가능성이 높다.

유물에서는 당시 상황을 민감하게 반영하고 있을 뿐만 아니라 지배계층의 위세품 역할을 한 札甲, 覆鉢形 冑, 山字形 金具가 붙은 盛矢具, 馬冑, 心葉形 杏葉, 木心鐵板披輪鐙과 같은 것은 지금까지의 연구[10]에 의하면 모두 고구려로 대표되는 북방문물에 그 원류가 있다고 생각된다. 옥전 II기에 이러한 문물이 대량으로 유입될 수 있는 역사적 계기는 역시 A.D 400년 고구려군의 남정 기사에서 찾을 수밖에 없을 것이다.

즉 A.D 400년 고구려 광개토대왕의 남정은 당시의 정치적인 중심지였던 경주와 김해지역에 심대한 영향을 끼쳐서 문물의 변화뿐 아니

---

8) 李在賢, 1994, 「영남지역 목곽묘의 구조」, 『嶺南考古學』 15.

9) 李盛周, 1996, 「新羅式 木槨墓의 展開와 意義」, 『新羅考古學의 諸問題』.

10) 崔鐘圭, 1983, 「中期古墳의 性格에 대한 약간의 考察」, 『釜大史學』 7 ; 崔鐘圭, 1986, 「盛矢具考」, 『釜山市立博物館年報』 9 ; 鄭澄元·申敬澈, 1984, 「古代韓日甲冑斷想」, 『尹武炳博士回甲記念論叢』 ; 申敬澈, 1985, 「古式鐙子考」, 『釜大史學』 9 ; 申敬澈, 1994, 「伽倻 初期馬具에 대하여」, 『釜大史學』 18 ; 宋桂鉉, 1988, 「三國時代 鐵製甲冑의 研究」, 慶北大學校 大學院 碩士學位論文 ; 金斗喆, 1991, 「三國時代 轡의 研究」, 慶北大學校 大學院 碩士學位論文 ; 李相律, 1993, 「嶺南地方 三國時代 杏葉의 研究」, 慶北大學校 大學院 碩士學位論文.

라 정치적인 변동 내지 혼란을 야기하고 그 와중에서 주민의 이동마저 초래했을 것임은 쉽게 예상된다. 바로 이 이동하던 한 갈래의 주민이 옥전지역으로 들어왔을 것이다. 그런데 옥전 23호분에서 발견된 2점의 신라양식 고배는 김해보다는 신라문화권 내지는 신라영역권 내의 주민이 옥전지역으로 이동해 들어왔을 가능성이 높음을 보여준다. 그러나 上下一列透窓 고배에서 상단 逆梯形, 하단 梯形 또는 삼각형 투창을 가진 고배와 鉢部에 鋸齒文과 絡繩文이 시문된 발형기대는 주로 김해 대성동고분군이나 동래 복천동고분군에서 많이 나타나며,[11] 柳昌煥 분류 ⅠA$_2$식 등자가 김해·부산지역에서 고안된 것이라는 연구[12]에 의하면, 옥전 Ⅱ기를 열었던 주민들은 경주지역보다는 김해·부산지역에 살다가 고구려군의 남정으로 인한 정세변동의 와중에 이주하여 들어온 집단일 가능성이 높을 것이다.

이상에서 알 수 있듯이 옥전고분군 1획기는 김해·부산지역에 있던 어떤 집단의 주민들이 이 지역으로 들어옴으로써 성립되었을 가능성이 높을 것으로 생각된다.

2획기는 옥전 Ⅱ기에서 Ⅲ기로 이행하는 시기, 즉 A.D 450년 전후다.

이 시기 유구에서 나타나는 주목되는 변화는 수혈식석곽묘의 채용과 격벽에 의한 주·부곽의 분리, 거대한 원형 봉분을 가진 고총고분의 축조, 殉葬槨의 설치 등이다.

---

11) 高靈 快賓洞古墳群에서 鋸齒文과 絡繩文이 함께 시문된 鉢形器臺가 발견된 바 있으나 발견빈도가 그다지 많지는 않다.

12) 柳昌煥, 1995, 「伽倻古墳出土 鐙子에 대한 研究」, 『韓國考古學報』 33.

이 중 먼저 수혈식석곽묘는 옥전 Ⅱ기의 목곽 보강에 돌과 흙을 혼용한 것에서 순차적으로 발전하여 등장했다고 일단 생각할 수 있으며, 실제로 이 시기에 속하는 28호분에서는 주피장자 부분의 측벽은 무질서한 반면 토기부장 부분의 측벽은 꽤 정연한 축조상태를 보이고 있어 이러한 가능성이 상당히 있다. 그러나 동 시기 M1호분 殉葬槨들은 4벽 모두 반듯하게 쌓아올린 전형적인 수혈식석곽묘들이기 때문에 Ⅱ기의 목곽묘에서 순차적으로 발전하여 이 지역에 수혈식석곽묘가 등장한 것이 아니라, 외부로부터의 유입에 의한 결과였다고 볼 수밖에 없다. 그렇지만 옥전 Ⅲ기의 M1, M2호분을 비롯한 이 지역 지배자층들의 무덤은 M1호분의 殉葬槨과는 달리 여전히 목곽묘를 고수하고 있기 때문에 수혈식석곽묘를 받아들이고도 여전히 독자적인 전통을 강하게 견지하고 있었음을 알 수 있다.

이 시기 무덤축조에서 주목되는 또 다른 하나는 격벽에 의한 주부곽의 분리설치다. 무덤의 축조에서 격벽에 의한 주부곽의 설치는 영남지역에서 상당히 성행했던 방법이지만 옥전 Ⅲ기 이후에 나타나는 형태는 소위 同穴主副槨式으로서 일찍이 경주의 구정동이나 인근 울산 중산리 등 주로 신라문화권 내지 영역권에서 많이 나타나. 이 시기 이들 지역과 옥전지역과의 깊은 교류관계를 보여주는 것으로 생각할 수 있다. 그러나 이것이 곧 이 시기의 옥전지역 집단들이 신라 묘제를 받아들였다는 것은 아니다. 왜냐하면 비록 同穴主副槨式이라는 공통적인 현상이 나타난다 하더라도 이 시기 신라 지배자층의 무덤은 극단적으로 세장한 적석목곽분들이기 때문에 장방형 목곽묘를 채택하고 있는 옥전지역과는 판이한 양상이기 때문이다. 아울러 인근 창녕 계남리고분군에서 이러한 同穴主副槨式 무덤구조가 나타나고 있는 것을 감안한다면, 옥전의 同穴主副槨式 무덤은 계남리고분군으로 대표되는 인근 창녕지역에서 유입되었을 가능성이 높다.

거대한 원형 봉토분의 축조는 당연히 이 지역 지배집단의 권력의 강대화를 상징하는 중요한 지표다. 그런데 이 지역 최초의 고총고분인 M1호분의 봉분은 외형은 원형이지만 護石의 內緣은 장방형을 이루는 독특한 것이다. 이처럼 호석의 내연이 장방형을 이룬 것은 아마 봉분이 남아 있지는 않지만 규모나 부장유물, 유구 내의 함몰토 등을 볼 때 그다지 높지는 않더라도 장방형 봉분을 가졌을 것으로 추정되는 23호분과 같은 앞 시기의 대형 목곽묘의 봉분 축조의 전통을 이어받은 결과일 것으로 생각된다. 이처럼 장방형 봉분을 가진 목곽묘의 축조전통에 외부에서 들어온 원형 봉분의 축조기법이 새롭게 결합되면서 나타난 것이 M1호분의 봉분이 아닐까 생각된다. 다만 이 원형 봉분의 축조에 대한 관념이 어디에서 유래된 것인가에 대해서는 알 수 없다.

한편 이 시기의 유물은 대부분 옥전 II기의 것을 계승하고 있으나 양적인 증가가 이루어지고 있으며, 扁圓魚尾形 杏葉과 창녕형 꼭지가 달린 一段長方形 투창 고배, 직선적인 頸部를 가진 유개식 장경호, 臺附盌, 발형기대, Roman-glass 등 신라양식 또는 창녕계 토기의 존재가 특히 눈에 띈다.

이 중 Roman-glass는 경주의 신라고분을 제외하고는 우리나라의 다른 지역에서는 전혀 발견되지 않는 희귀한 자료인데, 이것이 옥전 M1호분에서 발견된다는 것은 이 시기 옥전지역에 신라문화가 유입되었음을 단적으로 보여준다. 함께 들어온 창녕계 토기의 존재를 고려한다면 이 시기의 신라문화는 인근의 창녕을 매개로 옥전지역으로 전달된 것이 분명하다.

결국 옥전고분군 2획기는 1획기를 이루었던 지배집단이 계속성장하면서 인근의 창녕을 매개로 더욱 발달한 신라문화, 예를 들면 同穴主副槨式의 목곽묘와 원형 봉토분, Roman-glass, 扁圓魚尾形 杏葉 등을 받아들이면서 비약적으로 성장한 시기라고 생각된다.

3획기는 옥전 Ⅲ기에서 Ⅳ기 사이, 즉 A.D 475년 전후에 해당한다.

유구는 앞 시기의 것을 계승하고 있으나 규모가 더 커졌으며, 이 시기의 늦은 단계가 되면 부곽은 사라지고 극단적인 세장방형 수혈식석곽묘가 출현한다. 아울러 유구 바닥에는 돌이 아니라 다량의 鑄造鐵斧를 일정한 범위에 나란히 깔아서 만든 관대시설이 나타난다. 이처럼 주조철부를 깔아서 관대로 이용한 것이나 봉분과 석곽의 규모가 커졌다는 것은 이 시기의 지배자들이 앞 시기보다 더욱 강대해졌음을 의미할 것이다.

다만 늦은 단계에 나타나는 극단적으로 세장하면서 격벽이 소멸된 수혈식석곽묘는 부산지역과 같이 시간이 지남에 따라서 異穴主副槨式 석곽에서의 부곽이 주곽 내에 흡수되면서 나타나는 것[13]처럼, 이 지역의 수혈식석곽묘가 발전된 형태가 아니라 중간 형태 없이 갑작스럽게 등장하고 있다. 따라서 극단적으로 세장한 수혈식석곽묘는 출토된 유물들과 함께 이러한 유형의 석곽묘가 성행한 인근의 고령 대가야문화의 유입에 의한 것으로 파악된다.

---

13) 申敬澈, 1989, 「고분의 규제」, 『부산의 고고학』.

이 시기의 유물 중 금속유물은 대부분 앞 시기의 것들을 계승하고 있으나 한 유물의 다량부장이라는 현상이 나타나며, 鑄造鐵斧와 劍稜形 杏葉, 金裝 龍鳳文環頭大刀와 같은 것은 새롭게 등장한 것들이다. 무엇보다도 신라양식이나 창녕계 유물이 자취를 감추고 대가야양식 일색의 토기문화가 전개되는 것은 특히 주목된다.

이처럼 이 시기 이 지역의 최고지배자의 무덤인 왕릉에 부장된 토기가 모두 고령양식에 속하는 토기뿐이라는 사실은 양 집단 간의 교류나 영향에 의해 몇몇 유물이 유사성을 띠는 수준에 그치는 것이 아니라 어떤 중대한 정치적 변화를 반영하고 있다고 생각된다. 이 점은 이러한 고령양식 토기문화가 비단 옥전고분군뿐 아니라 합천 반계제, 함양 백천리, 남원 월산리 등 거의 같은 시기에 속하는 각 지역의 최고지배자급 무덤에서도 공통적으로 나타나다는 데서 더욱 분명해진다.

다만 이 시기 고령양식의 토기들과 더불어 M3호분에서 발견된 劍稜形 杏葉과 f字形 鏡板, 金銀裝 龍鳳文環頭大刀, 독특한 형태의 주조철부 등은 이미 선학들이 지적[14]한 대로 백제문화와 관계가 깊은 유물이다. 이러한 유물들은 먼저 대가야에서 백제의 영향을 받아 만들어지고 이것들이 다시 대가야양식의 토기들의 확산에 수반되어 이 지역에 영향을 미침으로써 제작되었을 가능성과 함께, 백제와 다라국 사이의 직접적인 교류의 결과일 가능성도 상정해 볼 수 있다. 그러나 당시

---

14) 崔鐘圭, 1992,「濟羅耶의 文物交流」,『百濟研究』29 ; 金斗喆, 1991,「三國時代 轡의 研究」, 慶北大學校 大學院 碩士學位論文 ; 金昌鎬, 1990,「韓半島出土의 有銘龍文環頭大刀」,『伽倻通信』19·20합집 ; 町田章, 1975,「還刀의 系譜」,『奈良國立文化財研究所論集』 Ⅲ ; 穴澤和光·馬目順一, 1993,「陜川玉田出土의 環頭大刀群의 諸問題」,『古文化談叢』30上.

의 백제나 한반도 남부의 상황을 고려한다면 전자의 가능성이 더 높은데, 이 점에 대해서는 후술한다.

4획기는 옥전 Ⅳ기와 Ⅴ기 사이에 해당한다.

이 시기 유구에서 나타나는 획기적인 변화는 횡구식석실묘의 채용이다. M10호분 횡구식석실묘는 M1, M3, M4, M7호분과 연결선상에 있는 다라국 왕릉으로서 기준점을 설정하여 완전한 원형의 護石을 돌려 봉분을 만들고 바닥에는 시상시설을 하였으며, 한쪽 短壁 전체를 입구벽으로 이용한 전형적인 횡구식석실묘다. 부장유물은 이전 시기의 厚葬에 비해 아주 빈약한 薄葬이다.

그런데 횡구식석실묘는 주지하다시피 신라영역권 내에서 발생하여 발전한 묘제[15]인데 비교적 보수성이 강한 묘제에서까지 신라적인 요소가 나타난다는 것은, 단순한 문화교류 내지 특정한 문화요소의 유입에 의한 것이 아니라 보다 중대한 정치·사회적인 의미가 내포되어 있을 것으로 생각된다.

유물은 앞 시기의 것을 계승한 고령양식 토기와 무기·마구 등이 대부분이지만 M6호분에서 발견된 2점의 出字形 金銅寶冠과 把手附杯는 분명히 신라양식에 속하는 보관과 토기들로 생각된다. 특히 출자형 보관은 그 제작지가 어디든 신라의 수도인 경주나 경주영역권 내의 최고지배자급에 해당하는 사람들이 착용한 위세품으로서 피장자가 속한 집단과 위계를 극명하게 보여주는 상징성이 강한 자료다.[16] 이

---

15) 洪潽植, 1992, 「嶺南地方의 橫口式·橫穴式石室墓의 研究」, 釜山大學校 大學院 碩士學位論文.

16) 出字形 보관의 제작지에 대해서는 지금까지 두 가지 견해가 있다. 즉, 첫째는 원료산지의 한정과 복잡한 제작공정, 그리고 이 유물이 갖는

렇게 상징성이 강한 자료가 부장되고, 동시에 보수성이 강한 묘제에까지 변화가 일어나 횡구식석실묘가 축조되고 薄葬이 시행되었다는 것은 앞서 지적한 대로 다라국을 둘러싸고 중대한 역사적인 사태가 전개되었음을 보여준다.

5획기는 옥전 V기에서 VI기 사이에서 찾을 수 있다.

비록 VI기에 해당되는 유구가 M11호분 1기밖에 조사되지 않았기 때문에 전반적인 양상을 파악하기에는 다소 어려움이 있지만, 이 유구가 횡혈식석실묘인 점과 출토유물 중 못 머리가 金裝인 棺釘과 嵌玉된 垂下附耳飾, 蓮瓣裝飾의 棺부속구 등은 당시의 상황을 살피는 데 많은 정보를 제공해 준다.

즉, M11호분 횡혈식석실묘는 봉분의 규모가 옥전고분군 내에서 제일 크기 때문에 그 피장자가 다라국 왕이었음을 분명히 알게 해줄 뿐만 아니라 옥전고분군 내에서 가장 끝에 위치하고 있어서 다라국의 마지막 왕릉임을 분명히 하고 있다. 그런데 옥전고분군에서 유일하게 조사된 M11호분 횡혈식석실묘는 선학들의 연구[17]에서와 같이 백제

정치적인 상징성 때문에 경주집단이 특정한 집단에 배포했다는 견해(崔鐘圭, 1983, 「中期古墳의 性格에 대한 약간의 考察」, 『釜大史學』 7). 둘째는 제작기법의 차이점에서 이러한 보관은 경주에서 일원적으로 분배된 것이 아니라 각 지역 집단에서 경주지역의 보관을 모방하여 제작하였으며, 특히 咸舜燮은 옥전 M6호분 출토 보관을 이 지역에서 제작된 모방품일 가능성이 높다고 보았다(朴普鉉, 1987, 「樹枝形立華飾冠의 系統」, 『嶺南考古學』 4 ; 咸舜燮, 1997, 「小倉 collection 金製帶冠의 製作技法과 그 系統」, 『古代研究』 5).

17) 洪潽植, 1992, 「嶺南地方의 橫口式·橫穴式石室墓의 研究」, 釜山大學校 大學院 碩士學位論文 ; 曺永鉉, 1990, 「漢江 以南地域의 橫穴式石室墳의 系譜와 그 系統」, 忠南大學校 大學院 碩士學位論文.

식의 무덤형식임이 분명하며, 함께 발견된 이식의 구조와 蓮瓣裝飾의 棺부속구와 棺釘 등은 모두 백제 지배계층의 무덤에서 발견되는 것[18]들이기 때문에 이 시기의 다라국에는 백제의 영향이 강하게 들어왔음을 알 수 있다.

이처럼 앞 시기에 나타나던 신라양식의 유구와 유물이 완전히 자취를 감추고 대신 백제계 유구와 유물이 갑자기 등장한 것은 이 시기에 다라국을 둘러싸고 4획기와는 전혀 다른 역사적인 상황이 전개되었음을 보여준다. 아울러 이러한 상황은 백제계 횡혈식석실묘가 서부경남 일대에 광범위하게 분포하는 것을 고려한다면 이는 비단 다라국에만 국한된 것이 아니라 서부경남의 전 가야에 걸쳐 일어난 변화라고 생각된다.

3. 다라국의 성립과 발전

앞에서 살펴본 대로 유구와 유물의 변화를 볼 때 옥전고분군은 5획기로 나뉘어짐을 알 수 있다. 이 같은 획기는 이 지역을 둘러싸고 전개된 역사적인 변동 상황을 반영하고 있다고 생각되기 때문에 이러한 획기를 통해 다라국의 역사를 복원해 볼 수 있을 것이다.

먼저 1획기는 A.D 400년 전후, 엄밀히 말하면 5세기 전반대가 여기에 해당되는데, 이 시기에 돌발적으로 나타나는 갑주를 비롯한 무기와 마구, 장신구 등 금속유물은 그 원류가 고구려에 있다 하더라도 영남

---

18) 李漢祥, 1995, 「大加耶系 耳飾의 分類와 編年」, 『古代研究』 4 ; 三木ますみ, 1996, 「朝鮮半島出土の垂飾付耳飾」, 『筑波大學 先史學·考古學研究』 7.

지역의 어느 지역, 이를테면 토기와 마구, 묘제를 볼 때 김해·부산지역에서 이미 정착된 문화가 이 지역에 들어온 것이다. 그리고 총체적인 유물의 변화상을 고려한다면 유입의 형태는 단순한 문화의 전파 내지 영향이 아니라 주민의 이동에 의한 것으로 생각되기 때문에 1획기의 성립은 여기에서 비롯되었을 가능성이 높다.

뿐만 아니라 무덤의 규모와 부장유물의 성격이 이 지역 최고지배자의 등장을 보여주기 때문에 이 지역에서의 정치적인 집단, 즉 다라국은 이들에 의해 처음으로 성립된 것이 분명하다. 따라서 옥전고분군의 1획기는 다라국의 성립에 의해서 이루어진 것으로 생각된다.

그렇다면 1획기는 어떤 역사적인 요인에 의해서 성립한 것일까?

옥전 Ⅱ기의 금속유물이 대부분 고구려계 유물임이 확실해진 이상, 변화의 요인을 고구려의 행동에서 찾는 것은 당연하다. 그것은 이미 면밀히 검토된 바[19]와 같이 A.D 400년 광개토대왕의 남정이라는 사건에서 비롯되었을 가능성이 가장 높다. 즉 최근의 조사 성과[20]를 통해 알 수 있듯이 4세기대부터 산발적으로 영남지역에 유입된 고구려로 대표되는 북방문물이 경주나 김해·부산지역에 어느 정도 정착한 상태에서 전개된 대규모적인 고구려의 군사행동은 고구려문화가 본격적으로 유입되는 계기가 됨과 동시에 당시 선진지역이었던 경주와 김해·부산지역에 일찍이 볼 수 없었던 격심한 정치·사회적인 충격과 변화를 가져왔을 것이다. 이러한 혼란의 와중에서 많은 주민들이 보다

---

19) 崔鐘圭, 1983, 「中期古墳의 性格에 대한 약간의 考察」, 『釜大史學』 7.

20) 蔚山 中山里遺蹟과 金海 大成洞, 良洞, 東萊 福泉洞古墳群의 1990년대의 조사가 여기에 해당된다.

안정적인 지역으로의 이동을 갈망하게 되는 것은 너무나 당연하며, 이러한 이동의 한 갈래가 옥전지역에 들어와 정착하면서 다라국의 역사는 시작되었음이 거의 확실하다.

A.D 450년 전후에 해당되는 2획기의 옥전고분군의 유구와 유물은 앞 시기의 전통을 강하게 견지하고 있기 때문에 새로운 주민의 유입이나 교체와 같은 현상은 없었다고 생각된다. 그 대신 같은 최고 지배자급에 속하는 앞 시기의 23호분과 이 시기의 M1, M2호분을 비교해 볼 때 유구의 규모도 커졌을 뿐만 아니라 거대한 봉분을 만들고 위세품의 복수부장으로 유물을 풍부히 부장하는 등의 변화가 나타난다. 이러한 변화는 앞 시기에 비해 다라국이 비약적으로 성장하였음을 단적으로 보여준다.

이러한 변화와 함께 유구에서 거대한 원형 봉분의 축조와 수혈식석곽묘의 채용, 격벽에 의한 주·부곽의 분리와, 유물에서 신라양식에 속하는 扁圓魚尾形 杏葉과 Roman-glass, 창녕형 토기 등이 새롭게 등장하는 변화가 나타난다. 이처럼 신라양식의 유물과 同穴主副槨式과 같은 유구가 이 지역에 유입될 수 있는 요인은 어디에서 찾을 수 있을까?

주지하다시피 동아시아의 강국으로 성장한 고구려는 427년 수도를 평양으로 옮겨서 백제에 대한 공격의지를 뚜렷이 나타냈다. 475년에는 백제의 수도 한성을 함락시키고 개로왕을 죽일 때까지 끊임없이 공격을 감행하여 백제를 괴롭혔는데, 이는 개로왕이 北魏로 보낸 사신의 표현[21]에서도 잘 나타나 있다. 반면에 신라는 고구려와 백제가 충

---

21) 『三國史記』 百濟本紀 6, 蓋鹵王 18年, "遣使朝魏上表曰 (中略) 又云 臣與

돌하는 시기를 틈타 국력을 다져 나가면서 광개토대왕 이후 강력한 영향력을 행사하고 있던 고구려에 강하게 반발하면서 성장하고 있었던 것이『三國史記』22)나『日本書紀』23)에서 확인되고 있다.

450년 전후 한반도에서 전개된 이러한 역사적 상황은 어떤 하나의 강대국이 가야지역에 절대적인 영향력을 행사할 수 없음을 보여준다. 이러한 분위기 속에서 다라국을 위시한 가야의 여러 세력들은 독자적으로 성장할 수 있는 기반을 확보하였을 뿐만 아니라 대외적으로도 이러한 국력을 바탕으로 활발한 교류를 할 수 있었던 것으로 보인다.

결국 이 시기의 다라국은 한반도 내의 이 같은 역사적 상황에 힘입어 독자적인 성장을 거듭하고 그 결과 새로운 묘제의 도입과 유물의 수용, 거대한 봉분을 가진 고분의 축조를 통해 지배자가 갖고 있는 힘의 강대함을 과시했으며, 특히 인근의 창녕을 매개로 신흥 강국으로 성장하는 신라의 선진문물을 받아들였던 것으로 생각된다.

3획기의 성립은 유구의 거대화와 위세품의 다량 부장이라는 현상으로 더욱 발전된 다라국의 모습에서 찾을 수 있는데, 무엇보다도 중요한 것은 대가야 양식의 유물이 폭발적으로 등장한 데서 하나의 획기를 맞이하고 있다. 이 시기에 대가야 양식의 유물이 이렇게 발견되는 것은 비단 이 지역만의 현상이 아니라 거창, 함양, 남원 등 광범위한 지역에서 동시에 이루어지고 있다. 따라서 이러한 현상의 이면에는 중대

高句麗 源出夫餘 (中略) 遂見凌逼 構怨連禍 三十餘載."

22)『三國史記』新羅本紀 訥祇痲立干 34年, "高句麗邊將 獵於悉直之原 何瑟羅城主三直 出兵掩殺之 (中略) 乃興師侵我西邊 王卑辭謝之 乃歸."

23)『日本書紀』14, 雄略 8年, "由是 高麗王 遣精兵一百人 守新羅 (中略) 盡殺國內所有高麗人 (中略) 二國之怨 自此而生(言二國者 高麗·新羅)."

한 역사적인 요인이 작용했을 가능성이 높으며, 그것은 구체적으로 문헌사학자들이 지적한 대로 이른바 대가야연맹체의 성립에 의한 것이다.[24]

고령의 대가야는 다라국을 포함하는 서부경남 일대의 많은 가야소국을 연맹체 내에 흡수함으로써 후기가야연맹의 맹주국으로 성장하였고, 그 자신감의 발로는 중국 南齊로의 사신 파견으로 나타났음이 분명하다.

그런데 이 시기에 다라국이 대가야연맹체의 일원으로 편입되었다고 하더라도 그 독자성마저 상실한 것은 아니었다. 왜냐하면 묘제는 여전히 이 지역의 독자적이고 전통적인 방법을 고수하고 있을 뿐만 아니라 유물부장의 양과 질에서도 대가야의 지배층에 필적하고 있기 때문이다.

결국 이 시기의 다라국은 앞 시기의 비약적인 발전을 배경으로 대가야연맹체의 유력한 일원으로 편입됨과 동시에 보다 안정적인 발전을 도모하였던 것으로 보인다. 따라서 이 시기는 다라국의 안정기였다고 생각된다.

4획기는 6세기 2/4분기로서 다라국이 독자성을 거의 상실하고 커다란 변화기에 접어 든 시기다.

즉 이 시기에는 왕릉의 무덤형태가 전통적인 목곽묘나 수혈식석곽

---

24) 金泰植, 1992, 「伽倻諸國聯盟의 成立과 變遷」, 서울대학교 大學院 博士學位論文 ; 白承忠, 1995, 「加耶의 地域聯盟史 研究」, 釜山大學校 大學院博士學位論文 ; 田中俊明, 1990, 「大伽倻聯盟の成立と展開」, 『東アジアの古代文化』 62 ; 田中俊明, 1990, 「于勒十二曲と大伽倻聯盟」, 『東洋史研究』 48-4.

묘에서 횡구식석실묘로 바뀔 뿐만 아니라 厚葬 풍습이 사라지고 薄葬이 시행되는 등 지금까지 다라국 지배층의 葬法과는 판이한 형태를 보이고 있다. 만약 장법이나 묘제가 강한 보수성을 보인다면, 이러한 변화는 다라국의 독자성이 상실되지 않고서는 일어나기 힘든 것이다.

그렇다면 이러한 변화는 왜 일어난 것일까?

먼저 주목되는 것은 M6호분에서 발견된 2점의 出字形 寶冠이다. 이러한 형태의 보관은 잘 알다시피 신라양식으로서 쉽게 유통될 수 없는 대단히 상징성이 강한 자료다. 이와 아울러 횡구식석실묘의 축조를 고려한다면 4획기의 성립은 다라국과 신라와의 관계에서 찾을 수밖에 없을 것이다.

그러나 이것이 다라국과 신라와의 어떤 직접적인 관계를 의미하는 것은 아니다. 왜냐하면 여전히 대부분의 유물들은 대가야 양식에 속하고, 앞 시기에 이루어진 다라국의 대가야연맹체의 일원이라는 상태가 지속되고 있는 것으로 보이기 때문이다. 따라서 이 시기 옥전고분군에 신라양식의 문물이 들어온 배경에는 대가야와 신라와의 사이에 이루어진 역사적 사건이 개재되어 있을 가능성이 높다.

6세기 2/4분기를 전후한 시기에 가야의 제 세력과 신라는 다양한 관계를 보여준다. 즉 전기가야의 맹주였던 김해의 금관가야는 532년 신라에 병합된 데 비해 대가야는 결혼동맹을 맺는 등 우호적인 관계[25]를 유지하고 있다. 특히 결혼동맹의 부분에 대해서『日本書紀』의 기록[26]을 보면, 이 때 신라의 문물이 대가야나 대가야연맹체 내의 많

---

25)『三國史記』新羅本紀 4 法興王 9年, "加耶國王 遣使請婚 王以伊湌比助夫之妹 送之"; 法興王 11年, "王出巡南境拓地 加耶國王來會."

은 세력들에 유포되었을 가능성이 상당히 높다. 다소 무리한 해석일지 모르지만 옥전 M6호분 출토 출자형 보관은 대가야와 신라 사이에 이루어진 결혼동맹시 제현[27]에 여종들을 나누어 둘 때 유입되어 들어온 것은 아닐까 추측된다.

결국 4획기는 대가야연맹체의 일원으로 편입된 다라국이 당시 대가야와 신라 사이에 진행된 역사적 상황에 따라서 독자적인 위치를 거의 상실하고 변화되어 가던 시기라고 생각된다.

5획기는 다라국의 쇠퇴기 또는 멸망기에 해당되는데 그것은 이 시기에 속하는 M11호분을 끝으로 더 이상 이 지역에 고총고분이 축조되지 않는 것에서 잘 나타나고 있다. 그런데 이 M11호분은 백제계 횡혈식석실묘일 뿐만 아니라 출토된 유물도 백제계이기 때문에 여기에 내재된 역사적 상황은 대가야와 백제, 다라국과 백제 사이의 관계에서 찾을 수밖에 없다. 아울러 백제의 지배계층에 채택된 유구와 유물이 이 지역에 들어올 수 있었던 계기는, 백제에 의해 주도된 任那復權會議[28]에서 찾을 수 있다. 이 임나복권회의는 비록 구체적인 어떤 성과를 거두지는 못했지만 이러한 긴밀한 관계를 통해 백제 문물이 대가야와 다라국으로 유입되었을 것이며, 그 결과 다라국에는 옥전

---

26)『日本書紀』17, 繼體紀 23年 2月, "由是 加羅結儻新羅 生怨日本 加羅王娶 新羅王女 逐有兒息 新羅初送女時 幷遣百人 爲女從 受而散置諸縣 令着新 羅衣冠 (下略)."

27) 대가야에서 郡縣制度를 실시했다는 기록이 없는 한 이 諸縣이라는 표현 은『일본서기』편찬 당시의 후대적인 개념일 수밖에 없다. 혹 대가야연 맹체 내의 많은 小國들을 諸縣이라고 표현했을 가능성은 없는 것일까?

28)『日本書紀』欽明紀 2, 5年條(A.D 541, 544) 참조.

M11호분, 대가야에는 고아동벽화고분 같은 유적을 남기게 되었을 것으로 추정된다.

4. 소결

옥전지역에는 청동기시대부터 오랜 세월 동안 사람들이 살기 시작하였음을 산발적으로 발견되는 석기나 無文土器 등을 통해 알 수 있다. 그리고 다라국이 성립하기 이전에도 얼마간의 사람들이 정착하여 살았던 것이 4세기대 목곽묘의 존재를 통해 잘 알 수 있으며, 이러한 목곽묘가 상당한 기간 동안 축조되었다는 것은 이 지역에 다라국이 성립한 후에도 이들이 다라국의 일원으로서 일정한 기능을 맡았음을 의미한다.

그러다가 이 지역에 커다란 변화가 일어났는데, 제1획기로 표시되는 다라국의 성립이다. 이 성립의 주체는 A.D 400년 고구려 광개토대왕의 남정으로 초래된 영남 일대의 변화와 혼란의 와중에 김해지역에서 이주해 들어온 일단의 무리일 것으로 추정된다. 이 때 성립된 다라국 사회는 왕과 상위계층, 하위지배계층, 일반인들이라는 4계층으로 분화되어 있었다.

이렇게 성립된 다라국은 발전기를 맞이하는데 그것이 제2획기다. 이 때의 계층분화는 앞 시기와 마찬가지로 왕과 상위계층, 하위지배계층, 일반인으로 이루어지는데, 앞 시기와 비교해 볼 때 왕과 상위계층에 속하는 자들의 유구와 부장유물의 양과 질에서 현격한 차이를 보여준다. 이러한 발전의 배경에는 창녕을 매개로 한 신라문물의 적극적인 수용이 있었음을 알 수 있다.

제3획기는 다라국의 안정기로서 앞 시기에 다라국이 이룩한 괄목할 만한 발전은 당시 후기가야의 맹주로 부상하고 있던 대가야의 주목을 받게 되고, 그 결과 다라국은 대가야연맹체의 일원으로 편입되어 안정적인 상태에서 최극성기를 맞이한 것 같다. 이러한 다라국은 M3호분과 같은 거대한 유구와 풍부한 부장유물을 남겼을 뿐만 아니라 계층분화도 크게 보면 앞 시기와 같은 4계층이지만 왕족 또는 近侍者들과 그렇지 못한 자들로 이루어진 2계열의 인간집단들로 구성될 정도로 세분되었다.

이렇게 발전을 거듭한 다라국에도 주변 지역의 역사변동에 따라서 변화가 일어나니 제4획기다. 이 때 신라양식의 횡구식석실묘와 출자형 보관이 등장한다. 최고지배자의 무덤이 횡구식석실묘로 변화하면서 지극히 상징성이 강하였던 보관 형태가 신라양식으로 바뀌는데, 이는 결국 다라국의 독자성이 상실되고 내부적으로 격심한 변화를 겪기 시작했음을 단적으로 보여준다고 생각된다.

아울러 이 시기의 계층분화는 조사의 부족 때문에 명확하지는 않으나 왕족 또는 近侍者와 그렇지 못한 인간집단의 2계열로 나누어져 있으며, 각각 왕을 정점으로 상위계층, 하위지배계층, 일반인들로 구성되었던 것으로 추정된다. 아마 任那復權會議에 참가했던 多羅 下旱岐와 多羅 二首位가 이러한 2계열의 계층분화를 반영하고 있는 것은 아닐까 생각된다.[29]

---

29) 盧重國은 旱岐를 칭할 수 있는 세력이 王族과 유력한 部의 長, 首位系列의 官制는 대가야 왕의 직할지 세력들을 축으로 이루어졌을 것으로 추정한 바 있다(盧重國, 1995, 「大加耶의 政治·社會構造」『加耶史研究』).

다라국은 신라에 의해 대가야를 비롯하여 서부경남 일대의 전 가야가 멸망당할 때 함께 역사 무대에서 사라졌다. 그러나 다라국은 두 차례에 걸쳐 임나복권회의에 참가하였을 뿐 아니라 백제 문물을 적극적으로 수용하는 등 팽창해 오는 신라에 대항하기 위해 대가야와 함께 끝까지 노력하였음이 M11호분의 유구와 유물을 통해 알 수 있다. 그러나 이미 한반도 내의 강자로 급부상하고 있던 신라에 대항한다는 것은 역불급이었고 마침내 대가야와 함께 다라국은 멸망하였다. 따라서 제5획기는 다라국의 쇠퇴기, 멸망기라고 할 수 있다.

이상에서 옥전고분군에서 확인된 유구와 유물의 변화상을 통해 다라국의 역사를 복원해 보았는데, 이 때의 다라국은 어떤 상태의 나라였을까? 예컨대, 고대국가였는지 아니면 연맹왕국였는지, 그것도 아니면 Chiefdom 사회였는지 등에 대해서는 필자의 淺學 때문에 언급하지 못했다. 이 점 아쉽지만 앞으로의 과제로 남겨둔다.

그러나 旱岐와 함께 首位의 칭호가 다라국에도 존재한다면 이 다라국도 대가야와 마찬가지로 다소의 직할지를 거느렸다는 의미가 되는데, 고고학적으로는 아직 검증되지 않는다. 따라서 필자는 旱岐를 王族과 近侍者, 首位를 그렇지 못한 자 중 상위지배계층에 속하는 자들에게 붙여진 것이 아닐까 추측해 본다.

Ⅲ. 다라국의 계층분화

1. 머리말

1970년대부터 활발하게 진행된 가야고분에 대한 조사를 통해 창원 다호리유적, 동래 복천동고분군, 합천 옥전고분군 등 중요한 유적들이 발견되었을 뿐 아니라 이러한 유적에서 확인된 다양한 묘제와 수많은 유물들을 통해 가야 고분문화에 대한 폭넓은 이해도 가능해지게 되었다.

그 중에서도 가야의 前史에 해당되는 삼한시대 와질토기 문화의 제창을 비롯하여 비교적 안정된 도질토기의 편년관, 마구와 갑주의 편년과 계통, 다양한 묘제의 원류와 변천에 대한 연구결과는, 아직 해결해야 할 문제들을 다소 남기고 있다 하더라도 그동안 영남지역 고고학계가 달성한 커다란 연구성과임에 틀림없다.

그러나 고분을 축조한 사람들이 만들어 낸 사회에 대한 종합적인 이해를 위해서는 상기의 여러 분야만이 아니라 사회 내부의 구조와 변천도 밝혀져야 할 것이다. 특히 사회의 계층분화와 시간의 흐름에 따른 변화를 파악하는 것은 무엇보다도 선결되어야 할 분야다.

물론 고분시대의 계층분화에 대하여 관심이 전혀 없었던 것은 아니지만 지금까지의 연구[1]는 상당히 넓은 지역에 축조된 몇 개의 고분군을 외형적으로 비교하여 고분군 상호간의 우열을 정하고 이것을 일정한 범위 내에서의 고분간의 계층차이로 인식[2]하는 데 집중하고 있다.

이처럼 한정된 지역에 축조된 고분군 상호간에 나타나는 계층차이를 밝힘으로써 하나의 정치집단의 실체를 규명하는 것은 당연히 궁극적인 목표지만, 이러한 목적을 달성하기 위해서는 단위 고분군 내부의 계층구조를 명확하게 밝히는 작업이 선행되어야 할 것이다.그리고 이렇게 함으로써 보다 넓은 지역의 고분군 간의 계층분화에 대한 이해도 정확해질 것이다.

그러나 어떤 하나의 고분군을 대상으로 하여 내부의 계층분화와 변천을 밝히기 위해서는 대상으로 삼은 고분군 전체를 철저하게 조사하지 않으면 안 된다. 그렇지만 불행하게도 영남지역의 고분조사는, 고분군 가운데 극히 일부분만 필요에 따라 조사되었기 때문에 양호한 자료를 제공해주지 못하고 있다. 단, 김해 예안리고분군, 동래 복천동

---

1) 崔鐘圭, 1993,「三韓社會에 대한 考古學的인 硏究」, 東國大學校 大學院 博士學位論文 ; 李柱憲, 1994,「三國時代 嶺南地方 大刀副葬樣相에 대한 硏究」, 慶北大學校 大學院 碩士學位論文 ; 武末純一, 1992,「韓國 禮安里古墳群의 階層構造」,『古文化談叢』28 ; 木村光一, 1993,「高句麗社會階層의 硏究」,『古文化談叢』30(上) ; 金龍星, 1987,「慶山, 大邱地域 三國時代 古墳의 階層化와 地域集團」,『嶺南考古學』6 ; 朴普鉉, 1995,「威勢品으로 본 古新羅社會의 構造」, 慶北大學校 大學院 博士學位論文.

2) 李柱憲과 武末純一의 연구는 이러한 부분에 부합되고 있으나, 李柱憲은 大刀의 부장양상이라는 하나의 현상에 집중함으로써 종합적이지 못하다. 武末純一은 하위신분의 분묘인 예안리고분군을 대상으로 하여 계층분화가 민감하게 나타나는 상부사회의 계층분화와는 거리가 먼 결과를 초래하였다.
李柱憲, 위의 논문 ; 武末純一, 위의 논문.

고분군과 아울러 합천 옥전고분군은 비교적 많은 조사가 이루어진 고분군이므로, 이들 유적을 대상으로 계층분화를 살펴보는 것은 완전하지는 않다 하더라도 시도해볼 만한 것이다.

잘 알다시피 옥전고분군은 1985년부터 1992년까지 다섯 차례에 걸쳐 119기의 유구가 조사되고 약 3,000여 점의 유물이 출토된 대표적인 가야고분 유적이다. 더욱이 史書에 국명만 전해져 오던 다라국의 중심 고분군이기 때문에 많은 연구자들의 주목을 받아 왔다. 시종일관 이 유적의 조사를 주도해 왔던 필자는 옥전고분군에 대한 종합적인 편년안을 제시한 바 있으며,3) 이 편년안을 토대로 이번에는 다라국의 계층분화와 시간의 흐름에 따른 변천을 살펴봄으로써 다라국의 역사의 일단을 밝혀 보고자 한다.

2. 유구 분석

모두 119기가 조사된 유구는 목곽묘 80기, 수혈식석곽묘 37기, 고총고분 9기 등인데, 고총고분에는 횡구식과 횡혈식 석실묘가 각각 1기씩 포함되어 있다. 무덤이 축조된 위치는 외형적으로 봉분이 전혀 확인되지 않는 목곽묘 중심의 소형 수혈식석곽묘가 몇 기 섞여 있는 동쪽 부분과 거대한 봉분을 가진 고총고분을 중심으로 소형 목곽묘와 대·소형 수혈식석곽묘가 포함된 서쪽 부분으로 나뉜다. 정연하지는 않지만 대체로 동쪽 목곽묘들이 먼저 축조되기 시작하여 점차 서쪽으로 묘역이 확장되었으며, 가장 서쪽에는 횡구식과 횡혈식 석실묘가

---

3) 趙榮濟, 1996,「玉田古墳群의 編年研究」,『嶺南考古學』18.

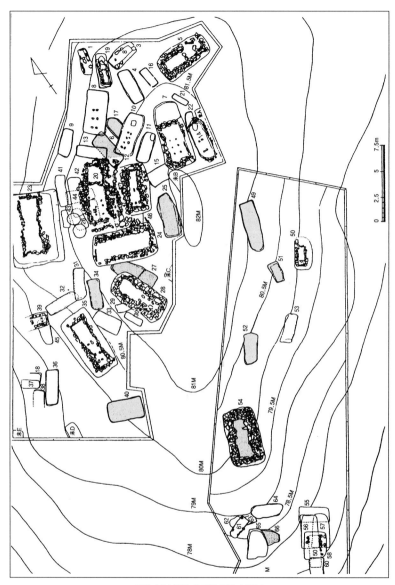

도면 46 | 옥전 Ⅰ기의 유구 분포도

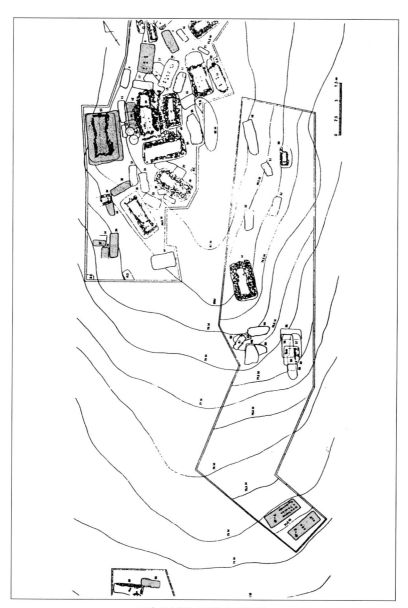

도면 47 | 옥전 II기의 유구 분포도

위치하고 있다.

이러한 무덤은 형태상 목곽묘, 수혈식석곽묘, 횡구식석실묘, 횡혈식석실묘로 나뉘며, 같은 형태의 무덤에서도 크기라든가 棺臺나 屍床시설, 隔壁의 유무 등에 따라 다양한 차이들이 존재한다. 이러한 차이는 말할 것도 없이 시간의 흐름에 따른 변화상을 반영하고 있다고 생각되지만 한편으로는 계층차이에 의해 나타난 현상도 있을 것이다.

필자의 편년안에 따른 Ⅰ기(4세기 후반대)에 속하는 유구(도면 46)는 목곽묘뿐인데 대부분 평면적 8m² 이하의 소형 세장방형 목곽묘들이며, 바닥에도 관대나 시상시설이 없다. 다만 40, 49호분은 평면적이 8m² 이상으로 다소 크며, 40호분은 길이에 비해 폭이 넓은 장방형이다. 특히 이 시기에 주목되는 유구는 54호분인데 크기(18.2m²)에서도 다른 목곽묘와는 비교할 수 없을 정도로 큰 장방형 유구일 뿐만 아니라 바닥에 시상이 깔려 있고 목곽 주위를 돌로 보강하고 있어 이 단계에서는 유례가 없는 것이다. 물론 유구의 장방형화는 시간의 흐름에 따라 일어난 변화겠지만 54호분과 같은 유구의 등장으로 보건대 이 시기 계층분화에 의해 우월자가 등장한 것을 고려해야 할 것이다.

Ⅱ기(5세기 전반대)에 속하는 유구(도면 47) 역시 목곽묘밖에 없지만 Ⅰ기에 속하는 목곽묘와는 현격한 차이를 보여준다. 즉 여전히 평면적 8m² 이하의 소형 세장방형 목곽묘도 존재하지만 8m² 이상의 유구가 많아지며, 그 중에는 23호분처럼 평면적 33.1m²에 달하는 거대한 목곽묘도 있다. 아울러 평면적 9m² 이상에 속하는 유구들에는 모두 바닥에 2組1列의 돌을 이용한 관대시설을 하고 있으며, 23, 67-A, B호분에서는 목곽보강에 돌을 이용한 현상도 나타난다.

옥전고분군 유구 일람표

| 연대 및 분기 | 유 구 | 유구속성(m) | | | | | | | | | 격벽 | 봉분 |
| | | 묘광 또는 석곽 | | | 목곽 | 석곽(실) | | | 바닥시설 | | | |
		길이	폭	평면적	돌보강	수혈식	횡구식	횡혈식	관대	시상		
I 기	25	4.0	1.7	6.8	○							
	49	5.1	1.6	8.0	○							
	52	3.1	1.3	4.0	○							
	6	3.5	1.5	5.3	○							
	21	1.8	0.6	1.2	○							
	22	2.1	0.9	1.9	○							
	27-A	3.2	1.7	5.4	○							
	51	2.9	1.1	3.2	○							
	54	5.7	3.2	18.2		○				○		
	17		0.9		○							
	27		1.4		○							
	34	3.1	1.2	3.7	○							
	66				○							
II 기	23	7.2	4.6	33.1		○			○			
	32	3.5	1.1	3.9	○							
	37	1.8	0.8	1.6	○							
	45	2.6	1.1	2.9	○							
	67-A	5.3	2.2	11.7	○	○			○			
	67-B	5.0	1.9	9.5	○	○			○			
	68	2.8	1.2	3.4	○							
	4	3.5	1.4	4.9	○							
	8	4.3	2.1	9.0	○				○			
	36	3.5	1.4	4.9	○							
	42	3.8	1.5	5.7	○							
	47	4.6	1.8	8.3	○							
III 기	11	3.1	1.3	4.0	○							
	16	2.1	0.3	0.6	○							
	31	3.1	1.1	3.4	○							
	41	3.9	1.0	3.9	○				○			
	81	2.5	1.0	2.5	○							
	35	6.6	3.1	20.5		○			○			
	M1	7.5	1.9	14.3		○					○	○

연대 및 분기	유구	유구속성(m)										
		묘광 또는·석곽			목곽	석곽(실)			바닥시설		격벽	봉분
		길이	폭	평면적	돌보강	수혈식	횡구식	횡혈식	관대	시상		
III기	M2	6.8	1.6	10.9	○						○	○
	M1-1	1.3	0.5	0.7		○						
	-2	2.3	0.6	1.4		○						
	-3	2.7	0.7	1.9		○						
IVa 기	13	3.3	1.1	3.6	○							
	69	4.5	1.7	7.7	○	○			○			
	70	5.6	1.8	10.1	○	?						
	72	5.5	2.6	14.3	○					○	○	
	82	5.4	2.4	13.0	○				○			
	M3	10.1	2.7	27.3	○				○		○	○
	2	1.8	0.5	0.9		○						
	71	3.3	0.7	2.3		○			○			
	83	2.0	0.4	0.8		○						
	87	3.0	0.8	2.4		○						
IVb 기	M4	9.5	1.4	13.3		○			?	○		○
	M7	9.9	2.3	22.8	○				○	○		○
	80	2.8	0.7	2.0		○						
	84	2.3	0.4	0.9		○						
	85	3.1	0.8	2.5		○						
V 기	M6	5.7	1.2	6.8		○						○
	78	2.7	0.6	1.6		?			○			
	86	2.7	0.8	2.1		○						
	M6-1	1.2	0.4	0.5		○						
	M10-2	1.9	0.7	1.3		○						
	M10	4.4	1.9	8.4			○		○	○		○
VI기	M11	3.7	1.9	7.0			○		○			○

이처럼 II기의 목곽묘에서 나타나는 무덤의 다양한 크기 차이와 바닥시설의 유무 등은 이 시기에 이루어진 계층분화의 결과를 반영한 것으로 생각되는데, 특히 가야지역에서 확인된 목곽묘 중에서도 최대급에 속하는 23호분은 이 지역에 존재했던 정치집단, 즉 다라국의 최

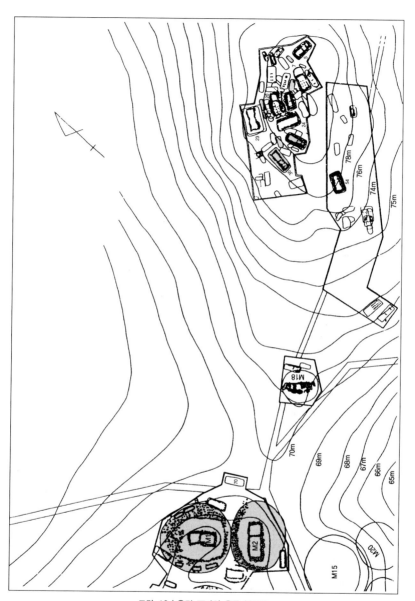

도면 48 | 옥전 III기의 유구 분포도

고지배자(왕)의 무덤일 것으로 생각되며, 8m^2 이상이면서 관대시설이 있는 무덤(8, 67-A, B호분)과 그렇지 않는 무덤(47호분), 8m^2 이하의 소형유구 피장자들로 계층분화가 이루어졌을 것으로 생각된다.

Ⅲ기(5세기 3/4분기)가 되면 목곽묘 외에 수혈식석곽묘가 채용될 뿐만 아니라 거대한 봉분을 가진 고총고분이 등장하며, 이 때부터 고총과 그렇지 않는 무덤 사이에 묘역 구분이 나타난다(도면 48).

목곽묘는 대부분 소형의 세장방형의 것이지만 대형의 장방형 유구(35호분, 20.5m^2)와 초대형(M1, M2호분)도 보이며 이러한 유구들에는 호석을 돌린 봉분이 만들어지고 격벽에 의한 주부곽의 분리도 나타난다. 관대 시설은 소형 유구(41호분)에도 채택된다.

수혈식석곽묘는 평면적 2m^2 이하의 것들이며 모두 M1호분의 순장곽들이다.

이처럼 Ⅲ기에는 고총고분이 등장함과 동시에 소형의 수혈식석곽묘가 채택되어 殉葬槨으로 축조되고 있다. 한편 고총역내에 축조된 M1, M2호분은 묘역의 분리뿐만 아니라 거대한 봉분과 호석의 채용, 격벽에 의한 주부곽의 분리 등에 의해 다른 무덤들과 확연하게 구별되어 우월자인 왕의 묘임이 분명하다. 목곽묘면서 규모가 크고 돌을 이용하여 목곽을 보강한 35호분은 Ⅱ기의 8, 67-A, B호분과 거의 같은 성격의 것으로 생각된다. 다만 규모가 극히 소형이면서 관대시설이 있는 41호분은 그렇지 않는 유구와 어떤 계층차이가 있는지 출토된 유물과 아울러 살펴볼 수밖에 없다.

Ⅳa기(5세기 4/4분기) 역시 Ⅲ기와 마찬가지로 목곽묘와 석곽묘가 동시에 축조(도면 49)되었는데, 고총역내에 축조된 대형 목곽묘는 앞

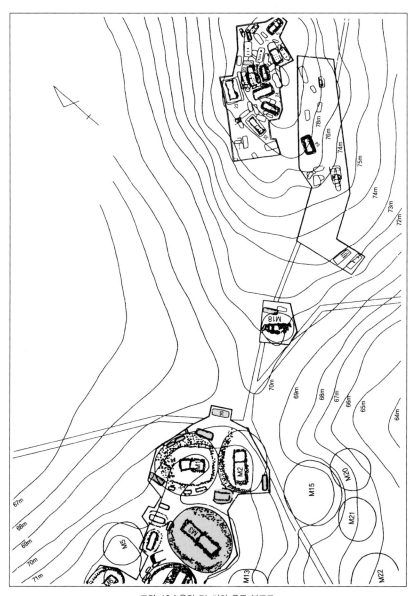

도면 49 | 옥전 IVa기의 유구 분포도

시기의 것과 마찬가지로 거대한 봉분, 호석의 채용, 격벽에 의한 주부 곽의 분리 등이 나타나고 있다. 한편 소형 수혈식석곽묘는 고총역을 벗어난 곳에서도 나타나는 등의 변화가 일어난다.

목곽묘는 8m² 이하의 것과 8m² 이상의 대형이 있는데 관대시설과 목곽보강에 돌을 이용한 것은 대소형 모두에 보이지만 대형에서 발견 빈도가 높다. 특히 M3호분 바닥에는 121매의 주조철부를 깔아서 관 대를 만든 점이 주목된다. 격벽에 의한 주부곽의 분리는 모두 대형에 서만 나타난다. 아울러 봉분은 전혀 남아 있지 않지만 72, 82호분 목 곽묘에서는 호석이 채용되고 있다.

수혈식석곽묘는 여전히 소형 유구에서만 채택되고 있지만 Ⅲ기와 같이 순장곽이 아니고 모두 단독곽이며, 71호분에서는 관대시설도 나 타난다.

Ⅳa기의 계층분화는 M3호분 왕묘를 정점으로 대형 목곽묘면서 호 석을 가진 72, 82호분과 호석이 없는 70호분, 소형 수혈식석곽묘면서 관대가 만들어진 71호분 등이 계층분화의 결과였다고 생각되지만 같 은 크기의 목곽묘라도 고총역내에 있는 것과 역외에 있는 것, 소형의 수혈식석곽묘 중에서도 역시 고총역내에 있는 것과 역외에 있는 것은 피장자의 사회적 신분을 달리하였을 것으로 생각되는데 이 점은 출토 유물과 함께 뒤에서 좀더 자세히 살펴볼 예정이다.

Ⅳb기(6세기 1/4분기)가 되면 옥전고분군 내에서 목곽묘는 점차 숫 자가 적어지고 수혈식석곽묘가 주된 묘제로 자리잡게 된다(도면 50). 이 수혈식석곽묘는 고총고분의 내부주체로서 평면적 10m² 이상의 대 형과 3m² 이하의 소형으로 나뉘어진다. 대형 목곽묘인 M7호분은 앞

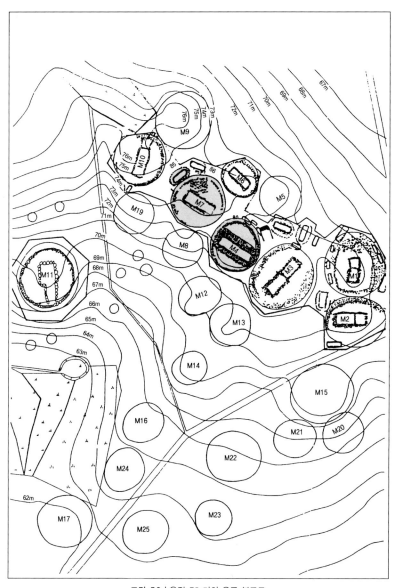

도면 50 | 옥전 Ⅳb기의 유구 분포도

시기의 M3호분과 마찬가지로 평면 장방형이면서 격벽에 의해 주부곽이 분리되고 바닥에 관대시설을 한 것이지만 대형의 수혈식석곽묘인 M4호분은 석곽이 세장해지면서 원형 호석을 돌리고, 내부에는 격벽을 설치하지 않은 채 피장자와 주유물 부장공간을 의식적으로 분리시키고 있다. 바닥시설은 판석을 전면에 깔아 시상을 만들고 그 위에 피장자가 안치된 부분에 국한하여 鑄造鐵斧를 이용한 관대를 만들었다.

한편 소형 수혈식석곽묘는 모두 고총역내에 축조되었는데 85호분의 경우를 살펴보면, 봉분은 남아 있지 않았으나 호석이 설치되고 내부에 관대도 만들어졌다. 다만 85호분 호석은 M7호분의 호석을 피하기 위해 정연한 원형 또는 타원형이 아니라 M7호분 쪽의 호석이 찌그러진 부정형의 형태를 취하고 있다. 이것은 85호분 피장자가 M7호분 피장자와 어떤 관계가 있는 사람이었을 가능성을 의미하는 것으로 추정되며, 고총역내에 축조된 수혈식석곽묘 모두가 같은 성격이었을 것으로 생각된다.

이 시기의 계층분화는, 高塚主인 M4, M7호분 피장자를 정점으로 그 다음 85호분, 보다 아래에 80, 84호분의 피장자가 위치한 것으로 생각되며, 고총역을 벗어난 지역에도 성격을 달리하는 이 시기의 수혈식석곽묘가 있었을 것으로 생각되지만, 조사되지 않았다.

Ⅴ기(6세기 2/4분기)는 수혈식석곽묘가 주로 축조되면서 새로운 횡구식석실묘가 채용되어 주목을 끄는 시기인데(도면 51), 먼저 수혈식석곽묘를 보면 고총이면서 평면적 6.8m²의 M6호분과 평면적 2.1m² 이하의 소형으로 나뉘는데, M6호분의 구조는 앞 시기의 M4호분과

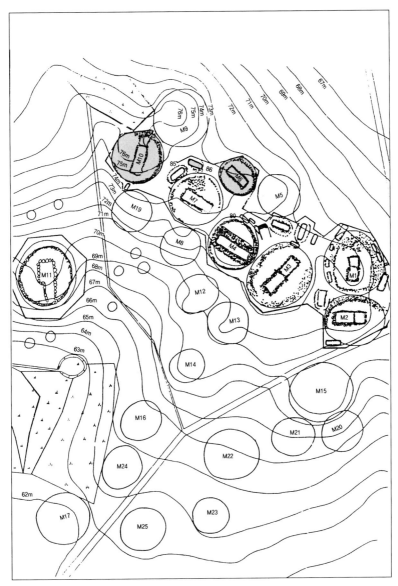

도면 51 | 옥전 Ⅴ기의 유구 분포도

마찬가지로 격벽의 소멸에 의한 주부곽의 분리가 없는 대신에 토기 부장공간과 금속유물을 위주로 하는 피장자의 안치공간이 구별되고 있으며, 관대는 납작한 할석을 이용하여 만들었다. 반면에 소형의 유구는 내부에 아무런 시설이 없는데 M6-1호분은 특히 소형으로서 M6호분의 호석에 붙여서 축조되어 있기 때문에 아마 近侍者이거나 殉葬者의 무덤이었을 것으로 생각된다.

돌발적으로 출현한 M10호분 횡구식석실묘는 평면적 8.4m²로서 M6호분보다 클 뿐만 아니라 M1, M2-M3-M4, M7호분으로 연결되는 이 유적의 중심 고총이 축조되는 선상에 위치하기 때문에 이 시기의 최고 수장묘에 속하는 고분이다. 바닥에는 자갈을 이용한 시상과 그 위에 할석을 이용한 2組1列의 관대가 설치된 유구로서 시상 아래에는 이 고분의 원형 호석의 중심에 해당하는 작은 竪穴이 존재한다. 따라서 M10호분은 의도적으로 원형의 봉분을 만들기 위한 기획에 따라 정성스럽게 축조되었음을 알 수 있다. 이렇게 보면, 이 시기의 계층분화는 M10호분을 정점으로 해서 그 아래에 M6호분이 위치하고, 다시 그 아래에 74, 75, 99호분과 같은 소형 석곽이 위치하고 있음을 알 수 있다.

Ⅵ기(6세기 3/4분기)에는 M11호분 1기밖에 조사되지 않았기 때문에 이 시기의 계층분화를 비롯하여 앞 시기와의 관계 등에 대해서는 전혀 알 수 없다. 다만 M11호분이 이 유적 내에서 가장 큰 봉분을 가진 고분이기 때문에 이 시기의 최고 수장묘임에는 분명하다. 그리고 내부 주체가 횡혈식석실이기 때문에 다라국 내부에 무엇인가 커다란 변화가 일어났던 것은 분명하지만 보다 자세한 것은 알 수 없다.

3. 유물의 분석

이 유적에서 출토된 3,000여 점에 달하는 유물에는 토기를 비롯하여 갑주, 마구, 장신구 등 다종다양한 것들이 포함되어 있는데, 이 중에서 계층분화와 밀접한 관계가 있는 것은 威儀具, 마구, 장신구와 같은 금속유물들일 것이다. 물론 부장된 토기의 수량 차이라든지 특징적인 筒形器臺[4]와 같은 것은 계층차이를 반영하고 있음이 분명하지만 금속유물에 비하여 그 비중은 아주 낮을 것으로 생각된다. 따라서 아래에서는 금속유물들의 부장양상을 통한 계층분화를 살펴보고자 한다.

먼저 I기에 속하는 유구들에서는 금속유물이 거의 발견되지 않거나 발견되더라도 수점의 화살촉과 도끼, 불명철기들뿐이다. 다만 10점의 화살촉과 2점의 도끼 등이 출토된 40호분과 鉈, 화살촉, 물미 각 1점과 다수의 불명철기가 출토된 49호분은 다소 주목된다. 한편 25, 54호분에서는 유리제 옥을 주로 하는 한 벌의 목걸이가 발견되었는데, 이러한 유구와 함께 40, 49호분의 피장자는 다른 유구 피장자에 비해 다소 우월했을 것으로 생각되지만 현저하지는 않았을 것이다.

II기가 되면 양상이 일변한다. 즉 I기에 속하는 유구에서 발견되는 화살촉, 도끼 이외에 갑주와 마구, 異形有刺利器와 아울러 금제 (수하식) 귀고리, 금동 冠帽 등이 출현한다. 그 중에서도 23호분에서는 금동관모와 금제 수하식 귀고리를 비롯하여 金銅裝覆鉢胄, 金銅裝盛矢具, 金銅裝杏葉 등의 금공품과 찰갑, 이형유자이기, 2점의 환두대도와

---

4) 朴天秀, 1994, 「伽倻·新羅地域の首長墓における筒形器臺」, 『考古學研究』 160.

중요유물 출토 일람표

| 분기 | 유구 | 무구 | | | | | | | | 마구 | | | | | | | 장신구 | | | | | 기타 |
| | | 대도 | | | | 갑 | 주 | 성시구 | 유자이기 | 마주 | 마갑 | 등자 | 안교 | 재갈 | 행엽 | 운주 | 관(모) | 귀고리 | 목걸이 | 팔찌 | 요대 | |
		대검	환두	삼엽	용봉													수하식				
I기	25																			1			
	49																						
	52																						
	6																						
	21																						
	22																						
	27-A																						
	51																						
	54																			1			
	17																						
	27																						
	34																						
	40																						
	66																						
II기	23	1	2			1	1	1	1	1		1	1			2	1		1			
	32																						
	37																						
	45								1														
	67-A		1			1			1			1	1	1					1	1			
	-B	1				1	1	1				1		1					1				
	68		1			1						1	1	1		24							
	4																						
	8		1				1	1	1			1		1					1				
	36								1														
	38																						
	42		1						1					1	1	14						
	47								1														
III기	11								1														
	16																						
	31		1					1											1				
	41								1														

분기	유구	대검	환두	삼엽	용봉	갑	주	성시구	유자이기	마주	마갑	등자	안교	재갈	행엽	운주	관(모)	귀고리(수하식)	목걸이	팔찌	과대	기타
Ⅲ기	81																					
	35	1			1	1	2			1		2	1	1	1			2				
	M1	2	3	1	1	3	3	9	1	1	1	3	1	3	16	3						1
	M1-1																					
	-2																					
	-3																					
	M2											1	1	1	10	3		1	1	1	1	
Ⅳa기	13	1																				
	69																	1	1			
	70		1			1	1	1	1			1	1	1		1		1				
	72													1				1	1	1		
	82											1	1					1	1	1		
	M3	1	4		4	4	2	5	1	2		3	2	3	6	5		2	5			
	2																					
	71		1					1										1				
	83																					
	87																					
Ⅳb기	M4				2			1							1			2	1			
	M7				1																	
	80																	1				
	84																					
	85							1							1			1				
Ⅴ기	M6				1			1	1			1	1	5	다수	3		1	1	1		
	M6-1																					
	78																	1				
	86		1						1					1				1				
	M10								1													
	M10-2																					
Ⅵ기	M11														2			1				신발

같은 위의구와 馬冑, 鞍橋, 鐙子 등의 마구가 발견됨으로써 이 유구의 피장자가 이 지역에 있었던 정치집단, 즉 다라국의 최고수장(왕)이었음을 알려주고 있다.

8, 42, 67-A, B호분에서는 갑주와 마구, 귀고리 등이 발견되어 피장자가 지배계층에 속하는 자들임을 보여주지만 23호분에 비해 환두대도의 단수부장이라든가 마주가 부장되지 않았을 뿐 아니라 귀고리를 제외하면 금공품이 전혀 없어서 현격한 차이를 보이며, 귀고리도 堅下飾이 없는 主環만의 세환이식이다. 마구는 등자, 안교, 재갈로 구성되는 실용마구들뿐, 장식마구는 발견되지 않는다. 또한 갑주 중 68호분에서는 三角板革綴板甲이 발견된 데 비해 67-B호분에서는 蒙古鉢形冑와 札甲이 발견되어 차이를 보인다. 지금까지의 연구성과5)에 의하면 판갑이 재래식 갑주라면 몽고발형주와 찰갑은 신식의 갑주이기 때문에 두 고분의 피장자 사이에는 다소의 차이가 있을 것으로 생각되는데 이 점에 대해서는 후술한다.

한편 36, 45, 47호분에서는 토기와 함께 이형유자이기만 1점씩 발견되었는데, 비록 형태상으로나 옥전고분군 내의 이형유자이기의 부장 양상으로 볼 때 이들 유구의 피장자는 일단 일반인들과는 구별되는 자들로 생각된다. 그러나 다른 금속유물이 전혀 부장되지 않았기 때문에 이들 유구의 피장자들이 계층분화에 의한 일정한 상위신분 소유자라기보다 주술사나 鍛冶匠이었을 가능성이 높을 것이다.

---

5) 鄭澄元·申敬澈, 1984, 「古代韓日甲冑斷想」, 『尹武炳博士 回甲記念論叢』; 宋桂鉉, 1988, 「三國時代 鐵製甲冑의 研究」, 慶北大學校 大學院 碩士學位論文.

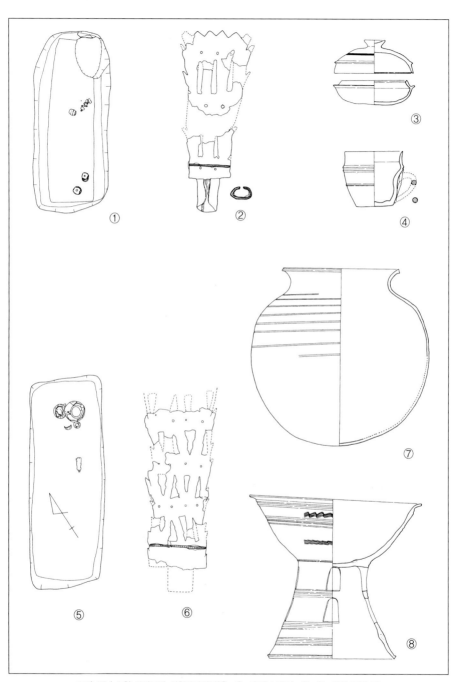

도면 52 | 소형 목곽묘와 이형유자이기(①~④ : 옥전 11호분, ⑤~⑧ : 옥전 36호분)

Ⅲ기에는 M1, M2호분이 먼저 주목된다. M1호분에서는 대도의 복수부장과 함께 다양한 장식대도(三葉, 龍鳳), 갑주, 마구의 일괄부장, Roman-glass 등의 부장을 보건대 앞 시기의 23호분과 마찬가지로 다라국의 왕릉임이 분명하다. 다만 피장자의 머리부분이 심하게 도굴되었기 때문에 冠(帽)의 존재는 확인되지 않는다.

M2호분에서는 다양한 장신구와 함께 장식마구를 포함한 마구 일괄이 발견되었기 때문에 이 유구의 피장자 역시 최고수장으로 보이지만, M1호분에 비해 많은 유물이 탈락되어 있다. 그런데 이 유구에서는 불량하지만 인골이 발견되었는데 여성의 인골임이 밝혀졌다. 이 점과 함께 무구가 한 점도 발견되지 않은 것을 고려한다면 M2호분은 M1호분 피장자의 부인의 무덤일 가능성이 높다.

35호분에서는 장식대도(單鳳文)와 함께 갑주, 마주를 비롯하여 행엽, 등자, 안교, 재갈 등의 마구와 두 쌍의 금제 수하식 귀고리가 발견되었기 때문에 이 유구의 피장자 역시 상위계층에 속하는 자임을 알수 있다. 그리고 31호분에서는 성시구와 환두대도, 금동피금제 귀고리가 발견되어 피장자가 일반인과는 분리 가능성이 높은 사람들임을 알 수 있으나, 그다지 큰 차이는 아닐 것이다.

11, 41호분에서는 이형유자이기만 발견되었는데 이들 유구의 피장자의 성격은 앞 시기의 36, 45, 47호분 피장자와 같을 것으로 추정된다.

Ⅳa기의 M3호분은 다양한 금속유물 속에서 장식대도, 갑주, 마구의 복수부장과 함께 銅盌이 발견되어 이 시기 다라국의 왕릉이었음을 보여준다.

70호분에서도 다량의 갑주, 마구가 부장되어 유구의 피장자 역시 상위신분의 소유자임을 알 수 있지만 모두 단수부장일 뿐만 아니라 용봉문환두대도와 마주 등이 발견되지 않아 M3호분과는 현격한 차이를 보인다. 71, 72호분에서는 장식대도, 마구, 장신구의 부분부장이 이루어진 것으로 보아 70호분보다 낮은 신분의 소유자였을 것으로 생각되지만, 72호분의 경우 마구와 장신구만 부장된 모습을 보건대 수량 차이는 있지만 Ⅲ기 M2호분의 유물부장의 양상과 유사하기 때문에 72호분의 피장자는 여성일 가능성이 높다. 따라서 유물의 종류에 근거하여 72호분을 70호분과 상호 비교하는 것은 다소 주의를 요한다.

한편 13호분에서는 다른 갑주나 마구의 부장 없이 한 자루의 대검만 발견되었는데 Ⅱ기의 23호분이나 M3호분의 피장자가 대검을 소유하고 있기 때문에 일단 13호분 피장자도 상위 신분의 소유자였다고 생각할 수 있다. 그러나 대검의 부장 양상을 보면, Ⅱ기의 23호분에서는 대도와 함께 시신 곁에 놓여 있었으나 Ⅳa기의 M3호분에서는 피장자와 상당히 떨어진 곳에서 발견되고 있어서 이 시기가 되면 권위의 상징물로서의 대검의 의미는 소멸된 것이 아닌가 생각된다. 따라서 대검 한 점만 발견된 13호분의 피장자를 높은 신분을 소유한 사람이었을 것으로 생각할 필요는 없을 것이다.

Ⅳb기의 최고신분의 소유자가 매장되었을 것으로 생각되는 M4, M7호분은 모두 극심하게 도굴되어 유물부장의 본래 모습을 알 수 없기 때문에 앞 시기의 M3호분 등과 비교하기 어렵다. 하지만 남아 있는 유물을 보면, 2점의 單鳳環頭大刀와 극히 화려한 수하식 귀고리 등

이 발견된 M4호분과 찰갑의 小札이 발견된 M7호분은 앞 시기의 M1, M3호분과 거의 같았을 것으로 추정된다. 따라서 M4, M7호분의 피장자는 이 시기 최고수장들이었을 것으로 생각된다.

이형유자이기, 재갈, 세환이식이 발견된 85호분의 피장자 역시 상위신분의 소유자임이 분명하지만 Ⅳa기의 70, 71, 72호분과는 비교되지 않는다.

그리고 다른 위의구 없이 세환이식 한 점만 발견된 80호분 피장자는 일반인과 구별되는 정도의 신분 소유자였을 것으로 추정된다.

Ⅴ기에 가장 주목되는 유구는 M6호분인데 여기에서는 3점의 寶冠과 함께 한 자루의 단봉환두대도를 비롯하여 극히 화려한 수하식 귀고리나 목걸이 같은 장신구와 행엽, 운주와 같은 장식마구 등이 발견되었다. 이로써 보건대 이 시기 최고신분의 소유자임이 분명할 뿐만 아니라 옥전고분군 내에서도 가장 강력한 권위를 보여주는 수장 중 한 명이었을 것으로 생각된다. 그러나 장식대도의 단수부장과 아울러 갑주, 마구 중의 마주, 마갑이 한 점도 없다는 점은 이해가 가지 않는다. 이 점과 함께 M6호분의 분포상의 위치와 규모에서 볼 때 M6호분 피장자를 강력한 힘을 가진 최고지배자라고 단정하기에는 어려운 점이 많은데 이에 대해서는 후술한다.

반면에 M10호분은 분포상의 위치나 규모를 볼 때 이 시기 최고지배자의 위치에 있었던 사람의 무덤으로 생각되지만 부장유물은 몇 점의 토기와 함께 이형유자이기 한 점밖에 없다. 이와 같은 유물부장의 양상만으로 보면 앞 시기의 상위신분의 소유자와는 도저히 비교가 되지 않는데, 이러한 현상은 M10호분 묘제인 횡구식석실묘가 외부로부

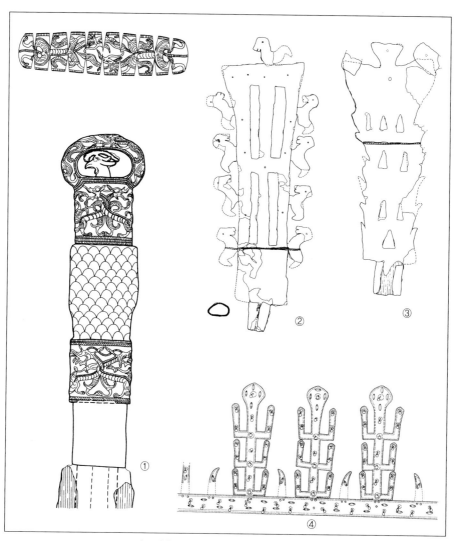

도면 53 | 옥전 M6호분 출토 유물(③은 옥전 10호분)

터 도입될 때 薄葬의 풍조가 함께 유입되어 나타난 결과가 아닐까 생각된다.

대도와 마구, 장신구가 발견된 86호분의 주인공은 이 시기의 상위신분의 소유자임이 분명하지만 환두대도가 아닐 뿐 아니라 마구도 행엽밖에 없으며 귀고리도 수하식이 없는 세환이식이어서 역시 다른 시기의 상위신분 소유자들과는 비교가 되지 않는다.

끝으로 Ⅵ기에 속하는 M11호분은 1기밖에 조사되지 않았을 뿐만 아니라 이것마저 철저하게 도굴되었기 때문에 이 시기의 계층분화에 대하여 살펴보기가 어렵지만 교란된 흙 속에서 발견된 금동신발을 비롯하여 金銅裝馬具, 棺釘 등은 유구의 피장자가 이 시기 최고지배자였음을 여실히 보여준다.

4. 옥전고분군의 계층분화

지금까지 Ⅵ기로 분기된 옥전고분군에서 규모와 구조, 그리고 그곳에 부장된 유물을 비교하여 각 시기에 속하는 유구 상호간의 계층분화에 대하여 살펴보았다.

이 장에서는 개별적으로 살펴본 구조와 유물을 종합해 보고, 각 유구의 분포상의 위치도 함께 고려하여 각 시기의 계층분화를 밝혀보고자 한다.

Ⅰ기에서 주목되는 유구는 54호분인데, 유구는 평면적이 넓을 뿐만 아니라 시상시설이 채용되었으며 돌로써 목곽을 보강하여 이 시기 다른 유구에서 볼 수 없는 현상이 나타난다. 이러한 현상은 유구 피장자

가 집단의 변화를 선도한 다소의 우월자였을 가능성을 시사하는 것으로 생각된다.

한편 40, 49호분도 평면적에서는 다른 유구보다 우월하지만 계층분화를 의미할 만한 유물은 눈에 띄지 않으며, 25호분에서는 목걸이가 발견되나 유구 규모는 그다지 크지 않다.

결국 옥전 Ⅰ기의 계층분화는 54호분과 같은 우월자의 존재가 눈에 띄기는 하지만 전체적으로 보면 미미하며, 이 점은 유구의 배치에서도 특정한 墓域의 설정이라든지 정연한 규칙성 등이 나타나지 않아 여실히 나타난다.

그러나 Ⅱ기가 되면 양상은 일변한다. 23호분은 평면적이 아주 넓을 뿐만 아니라 관대시설을 채용하고 돌로써 목곽을 보강했으며 다소의 봉분도 만들었다. 특히 주목되는 것은 관모를 비롯하여 환두대도의 복수부장, 갑주와 1식의 마구, 금동장의 투구와 행엽, 금제 수하식 귀고리 등 강대한 신분을 상징하는 유물 등이 다량 발견된 점이다. 이처럼 23호분은 유구와 부장유물상을 볼 때 유구의 피장자는 이 시기 다라국의 최고수장, 즉 왕이었을 가능성이 높다.

23호분보다는 열등하지만 비교적 유구가 크고 관대시설이 채용되었으며 대검 또는 환두대도, 갑주, 실용마구, 세환이식 등이 부장된 8, 67-A, B호분 등은 이 시기 상위계층에 속하는 신분 소유자들의 무덤이었을 것으로 생각된다. 유구가 좀더 작고 환두대도, 마구, 판갑이 부장된 42, 68호분의 피장자는 일반인들과는 분리되지만 그다지 높은 계층에 속하지는 않고 아마 하위 지배계층에 해당하는 사람들일 것으로 추정된다.

그런데 옥전 Ⅱ기의 계층분화를 선도한 23, 8, 67-A, B호분은 앞 시기에서 선행형태를 찾을 수 없는 돌발적으로 나타난 유구들이며, 특히 갑주, 마구는 고구려적인 색채를 띠면서 금동장이다. 이 같은 변화는 이 지역에서의 순차적인 발전에 의해서라기보다는 외부에서 유입된 결과가 아닌가 생각된다. 따라서 이들 유구의 피장자들은 외부에서 온 新來者 집단이었을 것이다.

한편 68호분은 유구가 극히 소형임에도 불구하고 판갑과 환두대도, 실용마구들이 발견되어 이채로운데, 만약 판갑이 재지의 소산6)이라면 신래집단의 지배체제 속에서 재지인의 대표로서 흡수 편입된 예라고 생각된다.

한편 이 시기부터 이형유자이기가 등장하는데 유물의 형태를 보면 儀器的인 성격이 강하다. 따라서 이러한 유물이 23, 67-A, B, 8, 42호분 같은 지배집단에 속하는 사람들의 무덤에서 출토되는 것은 당연하다. 그러나 45, 36, 47호분은 유구가 아주 작거나 다른 주목되는 유물 없이 이형유자이기만 발견되었기 때문에 다소 문제가 된다. 일단 생각해볼 수 있는 것은 의기적인 유물이기 때문에 이들 피장자들이 의례와 관계있는 사람, 즉 일종의 呪術師들일 가능성을 생각해볼 수 있다. 그렇지만 이 지역보다 선진지역이면서 의기인 청동방울이 발견된 동래 복천동 22호분의 유구 규모와 위치, 출토유물 등을 보건대, 이러한 유구의 피장자들이 주술사였을 가능성은 거의 없다. 다른 하나의 가능성은 이러한 유물을 만든 기술자, 즉 단야장일 가능성이다. 물론 이러한 유구에서 좀더 직접적인 단야구가 출토되지 않았기 때문에 이러한

---

6) 鄭澄元·申敬澈, 앞의 논문 ; 宋桂鉉, 앞의 논문.

해석에는 근본적인 어려움이 있으나 다라국의 경제적 기반이 구슬과 철기 생산[7])에 있었다면 많은 수의 冶匠들의 존재를 상정할 수 있으며, 이들이 상징적인 의미가 있는 이형유자이기를 부장유물로 삼았을 가능성은 전혀 없다고는 할 수 없을 것이다.

결국 옥전 Ⅱ기의 계층분화는 왕(23호분)을 정점으로 상위계층(8. 67-A, B호분)과 하위지배계층(42, 68호분), 그리고 야장들을 포함하는 여타 일반인들로 구성되었음을 알 수 있다. 다만 유구와 유물부장에서 나타나는 뚜렷한 계층분화가 유구의 배치에까지는 반영되지 않고 대소형 유구가 혼재되어 있다는 것은 이 시기 계층분화의 한계를 보여주는 것이 아닐까 생각된다.

Ⅲ기가 되면 거대한 봉분을 가진 고총고분이 등장할 뿐 아니라 내부 주체가 격벽에 의해 주부곽이 분리되며 아울러 순장곽도 나타난다. 이러한 고총고분(M1, M2호분)에서는 대도와 대검의 다량 부장뿐 아니라 이 속에 삼엽, 용봉문 같은 장식대도가 등장하며, 갑주, 마구의 일괄부장과 함께 갑주의 복수부장이 나타나고 金銅銙帶, Roman-glass와 같은 희귀 유물이 등장한다. 따라서 M1, M2호분의 피장자는 이 시기의 최고지배자, 즉 왕임이 분명하다. 다만 M1, M2호분은 나란히 축조된 고총고분이지만 M2호분 피장자가 여성이기 때문에 M1, M2호분은 부부묘였을 것으로 추정된다.

35호분은 앞 시기의 전통을 계승한 유구로서 평면적이 넓고 관대시설이 있으며 돌로써 목곽을 보강하고 있다. 그리고 유물은 대검과 용봉문환두대도, 갑주의 복수부장, 마갑을 제외한 마구의 일괄부장, 수

---

7) 趙榮濟, 1995,「多羅國의 經濟的 基盤」,『伽倻諸國의 鐵』.

하식 귀고리의 복수부장 등이 이루어지고 있다. 따라서 35호분 피장자는 상위계층의 신분 소유자였을 것으로 생각된다.

31, 41호분은 유구가 소형이지만 관대시설이 있고 환두대도, 성시구, 청동피금제 귀고리가 발견되었기 때문에 일반인들과는 차이가 나는 하위 지배계층에 속하는 사람들로 생각된다.

그리고 이형유자이기가 발견된 11호분은 유구의 규모나 다른 출토유물에서 볼 때 앞 시기의 45, 36호분과 거의 같다. 따라서 11호분의 피장자는 45, 36호분 피장자와 마찬가지로 이 시기의 야장일 가능성이 있다.

결국 옥전 III기의 계층분화는 II기와 마찬가지로 왕(M1, M2호분)을 정점으로 상위계층(35호분)과 하위지배계층(31, 41호분), 그리고 일반인들로 구성되었음을 알 수 있다.

그러나 II기와 비교해 볼 때 왕릉인 M1, M2호분이 고총고분일 뿐만 아니라 묘역을 달리하여 축조되고 있으며, 구조에서도 23호분과는 달리 격벽에 의한 주부곽이 분리된 목곽묘가 채용되고 있다. 뿐만 아니라 유물에서도 장식대도와 갑주의 복수부장, 등자를 비롯한 마구의 복수부장, 금동장과대, Roman-glass와 같은 위의구 등이 눈에 띄는데, M1호분 머리 부분의 극심한 도굴을 감안한다면 유물의 양과 질에서 23호분과는 현격한 차이가 나타난다. 이러한 차이는 상위계층에 속하는 35호분과 8, 67-A, B호분 사이에도 나타나는데, 즉 35호분 쪽이 유구 규모도 현저하게 클 뿐만 아니라 대검·대도의 복수부장, 단봉환두대도, 갑주의 복수부장, 마주의 부장, 등자와 수하식 귀고리의 복수부장 등 비교할 수 없을 정도의 변화를 보여준다. 따라서 III기의 지배집단은 Ⅱ기의 지배집단보다 훨씬 강대해졌음을 알 수 있다.

그렇지만 이러한 현상 때문에 다라국의 지배집단이 Ⅱ기와 같이 신래자 집단에 의해 형성된 것과 같은 격렬한 변화가 있었던 것으로 파악할 필요는 없을 것 같다. 왜냐하면 비록 용봉문환두대도와 Roman-glass, 금동장요대와 같은 새로운 유물이 부장되었다 하더라도 갑주, 마구와 같은 대부분의 유물과 개석을 사용하지 않는 목곽묘의 축조는 앞 시기의 전통을 고수한 것이기 때문이다. 따라서 Ⅲ기의 지배집단은 Ⅱ기의 지배집단에서 발전한 것이며, 새로운 문물을 흡수하면서 더욱 발달한 정치형태, 다라국의 발전을 도모했던 것이다.

Ⅳa기의 계층분화는 Ⅲ기와 대동소이하지만 몇 가지 점에서 차이가 난다. 먼저 M3호분은 고총고분이면서 격벽에 의해 주부곽이 분리된 목곽묘라는 점에서 M1호분과 같지만, 관대로서 돌이 아니라 121매의 주조철부를 이용했다든가 더 많은 대도와 용봉문환두대도, 여러 벌의 갑주, 복수의 말투구, 많은 수하식 귀고리, 동완을 부장한 것 등에서 차이를 보인다.

아울러 봉분이 남아 있지 않지만 내부 주체가 목곽묘이기 때문에 다소의 봉분이 있었던 것으로 추정되는 72, 82호분은 高塚域內에 있으면서 호석이 돌려진 유구들로서 이전 시기까지 유례를 볼 수 없는 것들이다. 그러나 관대나 시상시설이 있으며, 돌로써 목곽을 보강하고 개석을 사용하지 않은 점 등은 이 유적이 무덤축조의 전통을 고수하고 있는 요소들이다. 이처럼 유구 규모가 크고 호석이 돌려진 현상은 유구의 피장자들이 상위계층에 속하는 사람들임을 알려주지만, 부장된 유물은 일부 마구와 수하식 귀고리, 목걸이, 팔찌 등 장신구만 발견되어 앞 시기의 상위계층에 속하는 유구들에 비하면 상당히 초라하다. 단 유물의 종류로만 본다면 Ⅲ기의 M2호분의 범주에 포함시킬 수 있기 때문에 이 유구의 피장자들은 어쩌면 여성일 가능성이 있다.

한편 고총역을 벗어난 채 호석이 설치되지 않은 70호분은 유구의 규모와 부장유물의 양과 질에서 이 시기 상위계층에 속하는 사람의 무덤임이 분명하다. 즉 대형 목곽묘로서 흙으로 된 격벽에 의해 주부곽이 분리되고 돌로써 목곽을 보강했을 가능성이 있는 70호분에서는 象嵌된 장식대도와 갑주, 마갑주를 제외한 1식의 마구, 수하식 귀고리 등이 발견된 것이다.

그런데 같은 상위계층에 속한다 해도 70호분과 72, 82호분을 동일시할 수는 없을 것 같다. 72, 82호분은 고총역내에 위치하면서 호석을 가진 대형의 목곽묘지만 유물은 위의구나 갑주, 무구가 전혀 없고 약간의 마구와 화려한 수하식 귀고리와 다양한 구슬들로 구성된 목걸이, 은제 팔찌 등만 발견되었다. 이러한 유물부장은 수적으로는 적지만 M2호분의 유물 종류와 같다. 따라서 이들 유구의 피장자들을 M2호분의 예에 따라서 일단 여성으로 파악할 수 있다. 그러나 M2호분과 M1호분의 관계처럼 이들을 곧바로 M3호분의 피장자와 연결시켜서 부부관계로 파악하기에는 유구 형태와 규모, 부장유물의 양과 질에서 너무 차이가 크게 난다. 어쩌면 이들 유구의 피장자들은 M3호분 피장자와 혈연관계에 있는 왕족 또는 근시자일 가능성이 있다. 왜냐하면 상위계층에 해당되면서 훨씬 다양한 위의구가 출토된 70호분이 고총역 밖에 있으면서 호석을 갖추지 못한 것을 보면, 이들이 왕족 또는 근시자일 가능성은 충분하기 때문이다.

이러한 현상은 하위 지배계층에 속한다고 생각되는 69호분과 71호분 사이에도 나타난다. 즉 수혈식석곽묘면서 銀裝環頭大刀, 성시구, 청동피금제 세환이식이 발견된 71호분은 고총역내에 있는 것에 비해 규모가 상당히 크면서 관대시설이 있고 금제 세환이식과 목걸이가 발견된 69호분은 고총역 밖에 있기 때문에 71호분의 피장자는 왕족 또는 근시자일 것이며, 69호분의 피장자는 하위 지배집단에 속하는 사람으로 추정된다. 특히 69호분에서는 세환이식과 목걸이만 발견되었기 때문에 M2, 72, 82호분의 예와 같이 이 무덤의 피장자는 여성으로 파악할 수 있으며, 따라서 69호분은 하위 지배계층에 속하는 사람의 부인일 가능성이 높다.

한편 83, 87호분은 소형이면서 주목되는 유물도 전혀 없지만 고총역내에 위치하고 있어서 같은 형태면서 고총역을 벗어나서 축조된 2호분과는 확연하게 구별된다. 83, 87호분 피장자도 아마 왕족이거나 근시자였을 것으로 추정되지만 왕족이라기보다 현실적으로 일반인과 다름없는 근시자가 아니었을까 생각된다.

이상에서 살펴본 것처럼 옥전 IVa기의 계층분화는 두 계통으로 나누어진다. 즉 왕(M3호분)을 정점으로 고총역내에 분포하는 왕족 또는 근시자(72, 82, 71, 83, 87호분)들과 고총역을 벗어난 지역의 유구들(70, 69, 2, 13호분)이 그것인데, 왕족 또는 근시자 내에서도 72, 82호분 피장자들이 상위계층을 이루며, 71호분 피장자는 하위계층, 83, 87호분 피장자는 일반인과 다름없는 위치에 있었을 것으로 생각된다. 뿐만 아니라 고총역을 벗어난 유구들 사이에도 계층분화가 나타나고 있는데 다양한 유물이 출토된 70호분 피장자는 상위계층에 속할 것이며, 부장유물이 빈약한 69호분 피장자는 하위 지배계층에 속할 것으로 생각되지만 69호분 피장자가 여성임을 감안한다면 반드시 하위 지배계층에 속한다고만 생각할 수 없을 것이다. 그러나 12, 20, 24호분의 피장자가 상위계층에 속한다면 70, 69호분 피장자는 하위 지배계층에 위치될 가능성도 있다. 2, 13호분 피장자는 일반인들일 것으로 추정된다.

이처럼 IVa기의 계층분화는 왕족 또는 근시자들과 그렇지 못한 사람들이라는 두 계통으로 나누어서 살펴볼 수밖에 없으나, 왕족이나 근시자든 혹은 그렇지 않은 사람들이든 모두 왕을 정점으로 상위계층 −하위지배계층− 일반인들로 구성되고 있다는 것은 앞 시기인 III기의 계층분화와 같다. 그러나 M3호분과 M1호분을 비교해 보면 유구의 구조는 거의 같으나 M3호분이 규모 면에서 훨씬 거대하며, 부장된 유물에서도 M1호분의 삼엽환두대도, 마갑, Roman-glass, 금동과대가 없는 대신 보다 화려한 네 자루의 용봉문환두대도를 비롯하여 갑주, 마구, 귀고리의 양적인 증가가 눈에 띄며 특히 두 벌의 말투구와 동완, 관대로 이용된 121매의 주조철부의 존재는 같은 최고지배자인 다라국의 왕이라 하더라도 M3호분 피장자가 M1호분보다 훨씬 힘이 강대해졌음을 보여준다.

그런데 상위계층에 속하는 70호분을 III기의 35호분과 비교해 보면 유구도 작을 뿐 아니라 유물의 양과 질에서도 차이가 난다. 즉 35호분에 비해 용봉문환두대도와 말투구가 없고, 투구와 등자, 수하식 귀고리가 복수부장되는 그런 현상이 없다. 이것은 70호분의 피장자가 35호분 피장자보다 상위계층에 속하는 사람으로서의 위치가 약화되었음을 의미하며, 궁극적으로는 정치권력의 1인(M3호분)집중이 심화된 것을 보여준다. 그러나 앞서 살펴본 대로 12, 20, 24호분이 이 시기의 상위계층에 해당되고 70호분이 그 아래인 하위 지배계층에 속한다면 양상은 달라질 수밖에 없다.

한편 III기와 IVa기 집단 간의 계승관계에 대하여 살펴보자. 먼저 유구의 구조가 같고, 72호분 호석이 주변 M3, M1, M2호분의 호석을 피하여 장타원형을 이루고 82호분의 호석이 M1호분의 봉분 끝부분을 다소 파손시키기는 했으나 최대한 M1호분의 봉분을 보호하기 위해 M1호분 봉분 위에 설치된 호석이 반대쪽 호석이나 내부 주체보다 훨씬 위에 축조되어 단면상 M1호분 봉분의 경사도를 따라서 비스듬하게 축조되어 있다. 이는 III기와 IVa기의 지배집단이 상호 이질적인 별개의 집단이 아니라 서로 계승관계에 있음을 보여준다.

IVb기에는 고총고분이 2기(M4, M7호분)이기 때문에 III기의 M1, M2호분의 예처럼 부부의 묘로 생각해 볼 수 있으나, M4호분에서 두 자루의 용봉문환두대도, M7호분에서 갑주의 부장을 의미하는 소찰편이 발견되었기 때문에 어느 한 무덤의 피장자를 여성으로 파악하기는 어렵다. 만약 M4, M7호분의 피장자들을 남성으로 본다면 부장유물이 극심하게 도굴된 상태라 잘 알 수 없으나 봉분 및 석곽의 크기를 기준으로 할 경우 M7호분 쪽이 우위에 있다고 할 수 있다. 따라서 M7호분을 정점에 두고 그 아래에 M4호분을 위치시킬 수 있을 것이다. 그러나 M4호분에 남아 있는 두 자루의 단봉환두대도와 두 쌍의 극히 화려한 수하식 귀고리, 주조철부를 이용한 관대 등을 고려한다면 M4호분 피장자 역시 최고 지배자였음을 추측케 한다. 따라서 옥전

Ⅳb기에는 이 지역에 집단지배체제가 구축되었을 가능성이 있다. 그러나 석곽의 구조를 살펴보면 동 시기에 속하는 양 유구가 판이하게 다름을 알 수 있다. 즉 M7호분은 앞 시기의 M3호분과 비교해 볼 때 크기에서 약간의 차이가 있을 뿐 타원형의 호석, 격벽에 의한 주부곽의 분리, 평면 장방형의 석곽 등 구조 면에서 똑같다.

반면 M4호분은 원형의 호석을 가지면서 격벽에 의한 주부곽의 구별이 사라진 극히 세장한 석곽을 구축함으로써 Ⅳa기까지 다라국의 최고지배자들이 채택한 무덤형태에서 벗어나고 있다. 따라서 옥전 Ⅳb기에는 전대의 전통을 고수하고 있는 전통적인 지배자(M7호분)와 전혀 새로운 묘제를 채택한, 바꾸어 말하면 변화되는 시대를 주도한 지배자(M4호분)에 의한 집단적인 지배체제가 형성되었을 가능성이 높다.

85호분은 유구의 위치와 구조 등에서 볼 때 지배계층에 속하는 무덤이 분명하지만 출토유물은 빈약하여 이형유자이기와 재갈, 세환이식만 눈에 띌 정도다. 이러한 유물상은 Ⅳa기의 72, 82호분과 대동소이하다. 따라서 85호분의 피장자 역시 앞 시기의 72, 82호분 피장자와 같이 왕족 또는 근시자이면서 상위계층에 속하는 여성일 가능성이 높다.

그리고 세환이식이 발견된 80호분은 Ⅳa기의 71호분과 성격이 같은 하위 지배계층에 속하는 왕족 또는 근시자의 무덤일 것이며, 84호분은 83, 87호분 피장자와 같은 성격일 것으로 추정된다.

결국 Ⅳb기에 속하는 모든 유구는 전부 고총역내에 분포하는 왕과 왕족 또는 근시자에 속하는 사람들의 무덤으로서 M4, M7호분(왕)을 정점으로 그 아래에 85호분(상위계층), 80호분(하위지배계층), 83, 87 호분으로 계층이 분화됨을 알 수 있다. 왕족을 제외한 사람들의 계층 분화에 대해서는 조사된 유구가 없어서 알 수 없다.

Ⅴ기의 M10호분은 위치나 규모 면에서 이 시기 다라국의 최고지배 자의 무덤이다. 그러나 유물의 부장은, 주목할 만한 자료로는 이형유 자이기밖에 없는 극단적인 박장이다. 이 같은 박장은 물적 손실을 방 지하기 위한 다라국 내부의 자체 발전에 의한 결과일 가능성도 있지만 횡구식석실묘라는 묘제와 아울러 생각해 볼 때 이것은 외부로부터의 매장관념의 변화에서 비롯되었다고 생각된다.

이 시기 가장 주목되는 유구는 M6호분인데 유구는 중형급이지만 유물은 단봉환두대도와 성시구, 장식마구를 비롯한 일식의 마구와 더 불어 극히 화려한 수하식 귀고리 등 대단히 풍부하다. 이와 같은 유물 부장 양상은 Ⅳb기의 M4호분과 유사하지만 단봉환두대도, 수하식 귀 고리의 복수부장이 없는 것에서 차이가 난다. 반면 최고지배자를 상징 하는 보관이 3점이나 부장된 것은 특이한 현상으로서 유구의 규모, 위치, 부장유물의 양과 질에서 본다면 다소 부합되지 않는다. 한편 보 관 형식이 이른바 신라식인 出字形이라는 점은 시사하는 바가 크다. 즉 이 보관은 M10호분의 횡구식석실묘와 더불어 이 시기 다라국을 포함하는 대가야연맹체와 신라와의 친연관계[8] 속에서 이 지역에 들 어온 신라의 문물로 생각되며, 이것이 대가야연맹체 내의 유력 집단이 었던 다라국에 전달되고 다라국의 지배계층 중 1인이었던 M6호분 피

---

8) 『三國史記』 4 法興王 9年, 522년, "伽倻國王 遣使請婚 王以伊湌比助夫之 妹 送之"; 法興王 11年, 524년, "王出巡南境拓之 伽倻國王 來會."

장자의 무덤에 상징적인 의미를 가지면서 부장되었을 것이다. 따라서 M6호분은 왕이라기보다는 왕족이나 근시자 중에서 상위계층에 속하는 신분 소유자의 무덤이었을 것으로 추정된다.

86호분은 고총역내에 위치하면서 대도, 이형유자이기, 행엽, 세환이식 등이 부장되어 있기 때문에 유구의 피장자는 왕족 또는 근시자 내에서 하위계층에 속하는 사람일 것이다. 85, M10-2호분 피장자는 앞 시기의 83, 84, 87호분 피장자와 마찬가지로 현실적으로 일반인과 같은 위치에 있던 왕족이나 근시자였을 것으로 생각된다.

다만 M6-1호분은 M6호분의 호석에 붙어서 축조된 대단히 작은 유구인데, Ⅲ기의 M1호분과 M1-1, 2, 3호분 사이와 마찬가지로 M6호분의 순장곽으로 볼 수도 있다. 그러나 M6, M10호분의 예에서 알 수 있듯이 이 시기 다라국의 매장습속이 신라의 영향을 받고 있고, 신라에서는 이미 순장 습속이 금지9)되고 있기 때문에 M6-1호분을 M6호분의 순장곽으로 보기 어렵다. 따라서 규모가 대단히 작은 M6-1호분은 M6호분과 혈연적으로 관계가 있는 어린아이의 무덤이 었을 것으로 생각된다.

결국 옥전 Ⅴ기는 M10호분을 정점으로 M6-86-85, M10-2호분의 순서로 계층분화됨을 알 수 있다.

끝으로 Ⅵ기는 앞에서 언급한 대로 이 시기에 속하는 유구가 M11호분 1기밖에 조사되지 않았기 때문에 이 시기의 계층분화에 대해서는 알 수 없다. 다만 유구의 규모나 부장유물을 통해 볼 때 M11호분 피장자는 이 시기 다라국의 왕이었음을 알 수 있을 뿐이다.

---

9)『三國史記』4, 智證王 3年, 502년, "下令禁殉葬."

5. 소결

지금까지 Ⅵ기로 나누어서 편년된 옥전고분군을 대상으로 각 시기에 속하는 유구의 분포위치와 규모, 구조, 부장유물의 양과 질에 근거하여 옥전고분군의 계층분화에 대하여 살펴보았는데 그 결과를 정리하면 아래와 같다.

옥전 Ⅰ기(4세기 후반대)에는 다소의 우월자의 존재(54호분)는 찾아지지만 뚜렷한 계층분화는 나타나지 않는다.

Ⅱ기(5세기 전반대)에는 왕(23호분)을 정점으로 상위계층(8, 67-A, B호분)과 하위지배계층(42, 68호분), 일반인들이라는 4계층으로의 분화가 이루어졌다.

Ⅲ기(5세기 3/4분기)는 Ⅱ기와 마찬가지로 왕(M1, M2호분)과 상위계층(35호분), 하위지배계층(31, 41호분), 일반인들로 구성되는 4계층으로의 분화가 나타나지만 Ⅱ기와 비교해 볼 때 왕과 상위계층에 속하는 사람들의 유구와 부장유물이 양과 질에서 상당히 증대되고 있음을 알 수 있다.

한편 Ⅳa기의 계층분화는 앞 시기와 마찬가지로 왕과 상위계층, 하위지배계층, 일반인들의 4계층으로 이루어졌으나, 무엇보다도 왕족 또는 근시자들과 그렇지 못한 사람들이라는 2계열의 인간집단들로 나뉘어진다는 점에서 지금까지와는 전혀 다른 모습을 보여준다. 아울러 왕릉인 M3호분 쪽이 월등함을 알 수 있는데, 결국 이 시기 다라국의 왕권이 그만큼 강대해졌음을 보여주는 것으로 생각된다.

Ⅳb기는 고총역내에 있는 왕족 또는 근시자에 속하는 유구만 조사되었기 때문에 Ⅳa기와 같은 2계열의 계층분화에 대해서는 알 수 없

으나, 왕족 또는 근시자 내의 계층분화는 앞 시기와 마찬가지로 4계층으로 이루어졌음을 알 수 있다. 다만 최고지배자의 무덤인 M4호분에서 나타나는 유구 구조상의 변화는 이 시기 다라국의 변화상을 반영한 것으로 생각된다.

V기 역시 왕족 또는 근시자에 속하는 유구들만 발견되었는데, 계층분화는 앞 시기와 같은 4계층으로 이루어졌으나 상위계층에 속하는 M6호분에서 출토된 보관의 형태가 출자형이고 M10호분의 유구가 횡구식석실묘라는 점은 이 시기 다라국, 나아가 대가야연맹체의 역사적인 상황을 반영하는 것으로 생각된다.

이상에서 살펴본 옥전고분 각 시기의 계층분화는 결국 다라국의 역사발전의 결과였을 것이다.

먼저 계층분화가 미미하였던 옥전 I 기는 다라국이 성립되기 이전 시기에 속할 것이며, 처음으로 계층분화가 이루어진 II기에 다라국이 성립되었음을 알 수 있다. 다만 23호분을 비롯한 이 시기의 계층분화가 돌발적으로 이루어졌다는 점은 결국 다라국의 성립이 앞 시기부터의 점진적인 성장의 결과가 아니라 한반도 내의 어떤 역사적인 변화와 연동하여 이 시기에 갑작스럽게 이루어진 것임을 분명히 해준다.

이렇게 성립한 다라국은 III기가 되면 강대한 지배권력이 확립된 안정적인 사회로 변모되었다. 좀더 거대한 봉분과 다량의 유물이 부장된 M3호분으로 대표되는 IVa기는 다라국의 발전기로 보이며, 이렇게 발전된 힘을 바탕으로 대가야연맹체 내에서 중요한 위치를 점하게 되었을 것이다.

그러나 IVb기가 되면 M4호분에 반영된 것처럼 다라국은 변환기에

놓여 있었을 가능성이 높다. Ⅴ기에는 이러한 변화가 심화되어 최고지
배자의 무덤과 상징물은 거의 독자성을 상실하고 外來文化化하게 된
다. 이는 다라국이 단순한 변화의 차원을 넘어서 쇠퇴하고 있었음을
말하며, 이러한 쇠퇴 과정을 밟고 있던 다라국은 Ⅵ기를 끝으로 전
가야세력의 멸망과 함께 역사의 뒤안길로 사라지게 된다.

Ⅳ. 다라국의 경제적 기반

1. 머리말

다라국 지배집단의 무덤들인 옥전고분군은 1985년부터 다섯 차례에 걸쳐 조사되어 모두 119기의 다양한 유구들이 검출되었으며, 토기를 비롯하여 철기, 금·은·금동제 장신구, 구슬 등 수천 점에 달하는 유물들이 출토되어 지금은 사적 제326호로 지정되어 보존되고 있다.

옥전고분군에서 출토된 이 같은 자료들은 역사기록에 이름만 전해져 오던 다라국의 실체를 밝혀줄 뿐만 아니라 가야후기 대가야연맹체의 실상을 해명하는 데도 결정적인 기여를 하고 있음은 두말할 여지가 없다.

대체로 다라국에 대해서는 대가야연맹체 내의 일원으로 문헌에 그 국명만 전해질 정도의 나라이므로 당연히 그 정치집단은 그다지 강대한 힘을 갖지 못하고 여러 가지 면에서 인근의 대가야와는 비교도 할 수 없을 정도로 열세에 놓여 있었다고 생각할 수 있다. 그러나 고분에서 출토된 자료, 특히 금속유물의 양과 질을 보면, 다소 기이하게 보일 정도로 대가야연맹체 내의 여러 고분들, 이를테면 지산동이나 반계제, 백천리고분군보다 월등히 뛰어나다.

이러한 현상에 대해서는 여러 가지 해석이 가능하겠지만 그 중에서도 다라국이 중요한 물자의 생산국이었을 것이라는 추론은 하나의 유력한 해석이 될 수 있을 것이다. 본 장은 이 점을 분명히 하기 위해 다라국의 경제적 기반을 밝혀보려 한 것이다.

그런데 이러한 목적을 달성하기 위해서는 각종 유물의 분석에 의한 기술적인 면과 사회 계층분화에 의한 전문적인 匠人集團의 추정, 물자의 대외교역이나 배포와 같은 부분들이 밝혀져야 하겠지만 아쉽게도 이런 근본적인 문제들에 대해서는 후일의 성과를 기다릴 수밖에 없는 실정이다. 따라서 여기에서는 출토된 자료의 외형적 분석을 통한 간접적인 방법에 의존하여 이 문제를 밝힐 수밖에 없다.

2. 철기의 생산

옥전고분군 조사에서 철기의 생산을 알려주는 직접적인 자료, 예를 들면 爐라든지 鐵滓, 吹風管과 같은 것은 전혀 확인된 바 없다. 그럼에도 불구하고 M3호분에서는 鍛冶具와 더불어 전혀 사용의 목적이 없었던 주조철부, 덩이쇠(鐵塊)와 함께 마구, 무기, 갑주 등의 철기들이 다량 출토되었으며, 그 밖에 5세기대에 속하는 유구들에서도 엄청나게 많은 철기들이 출토되고 있다. 따라서 다라국의 철기 생산에 대해 알아보기 위해서는 먼저 M3호분 출토자료를 검토하지 않을 수 없다.

1) M3호분

이 유구는 옥전고분군의 27기의 高塚古墳 가운데 두 번째로 봉분이 큰 유구로서 봉분은 평면상 원형에 가까운 타원형(19.4x21.6m)을 이루며, 내부의 목곽(10.6x2.7m)은 가운데에 隔壁을 설치하여 주부곽을 분리하고 있다. 출토된 자료에 의하면, 이 유구는 5세기 4/4분기의 것에 해당되며, 토기를 볼 때 대가야연맹체의 일원으로 편입되었을 당시 만들어졌음을 알 수 있다.

철기는 대부분 주곽에서 발견되었는데 그 명세는 아래와 같다.

- 甲冑 : 투구 2, 頸甲 4, 札甲 2領
- 武器 : 大劍 1, 大刀 13(龍鳳文環頭大刀 4점 포함), 小刀 60~70
  여 점, 鐵鏃 400여 점, 盛矢具 5개 조, 鐵鉾 13, 四枝槍
  1점
- 馬具 : 馬冑 2, 안장 2, 재갈 3, 鐙子 3, 杏葉 6, 雲珠 5, 기꽂이
  2, 鐵環 7, 이음새 20, 鉸具 15점
- 威儀具 : 異形有刺利器, 鐵鏟形 철기 각 1점
- 기타 : 鑄造鐵斧 121, 鍛造鐵斧 15, 鐵鎌 10, 鐵鑿 52, 덩이쇠
  28, 망치와 집게 1세트, 꺾쇠 73 등

이런 철기들 가운데 주목되는 것은 망치(도면 54-⑥)와 집게(도면 54-⑤), 숫돌(도면55-①, ②), 그리고 덩이쇠(도면 54-③), 주조철부(도면 54-①), 이형철부(도면 54-④, ⑤) 등인데, 이 가운데 망치와 집게, 숫돌 등은 널리 알려진 대로 鍛冶具들이다.

그리고 이형철부들은 넓은 刃部를 가진 도끼임이 분명하지만 일반적인 고분출토 도끼들과는 달리 인부의 반대편이 망치와 같은 형태를 보여주고 있으며, 또한 고분출토 도끼들의 銎部가 도끼의 장축방향과

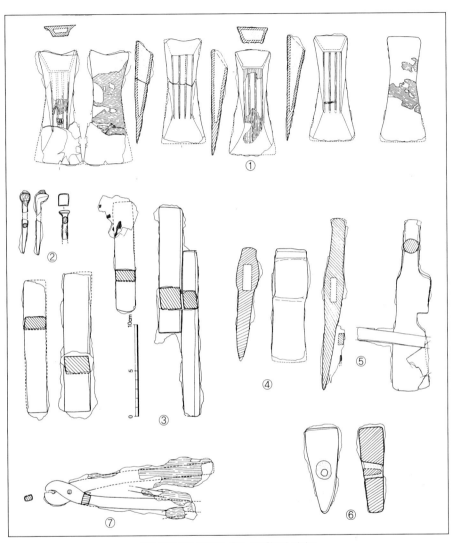

도면 54 | 옥전 M3호분 출토 주조철부와 단야구

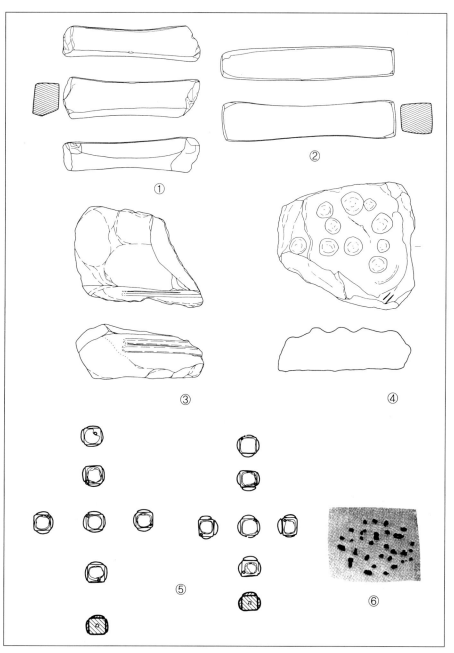

도면 55 | 옥전 M3호분 출토 숫돌(①·②)과 28호분 출토 옥마지석(③·④),
M4호분 출토 3색 옥(⑤), 56호분 출토 구슬찌꺼기(⑥)

일치하고 있음에 비해 이들 도끼들은 망치와 마찬가지로 장축방향과 직교하여 자루를 끼우고 있다. 형태상 도끼와 망치의 기능을 가진 다목적 공구로 일단 생각되지만 단야구일 가능성도 배제할 수 없다. 만약 이것이 일종의 단야구라면 발견된 망치보다 크고 무겁기 때문에 말투구나 板甲과 같은 대형 철기를 만드는 데 사용되었거나 아니면 刃部를 이용하여 鍛接 時 홈을 만드는 기능(일본의 고분에서 발견되는 鏨)을 가졌을 것으로 추정된다.

한편 철 막대기를 잘라놓은 것 같은 덩이쇠는 銹化되면서 층상으로 갈라진 모습을 볼 때 단조품이 분명하지만 실용의 어떤 도구로 만들어 졌다기보다는 이것을 이용하여 다른 철기를 만들기 위한 중간소재임이 분명하다.[1]

그리고 관대로 이용되어 유구 바닥에 일정한 범위로 깔려 있던 주조철부는 모두 121점이나 발견되었는데 형태는 분명 도끼지만 銎部에 주조시 고열에 의해 녹아버린 흙이 그대로 꽉 차 있기 때문에 실용의 도끼로 사용할 목적은 전혀 없었던 유물이다.

그렇다면 이 주조철부는 어떤 용도를 가졌던 것일까?

주조철부가 무덤에서 발견되는 예는 삼한시대의 목관묘부터 있지만 이처럼 관대로 이용되면서 한 유구에서 대량으로 발견된 예가 없기 때문에 그 용도에 대해서는 단정하기 어렵다. 그렇지만 일단 鐵鋌과

---

1) 경상대학교 금속재료 공학과의 許甫寧 교수가 분석을 실시한 바 있는데, 간단하게 볼 수 있는 금속현미경에 의한 조직검사에 의하면 이 유물은 鍛造品으로서 탄소함량도 거의 없을 뿐만 아니라 불순물이 적은 정제품으로서 軟性이 강해서 浸炭에 의해 다른 철기로 쉽게 전용이 가능한 것으로 밝혀져 철기의 中間素材임이 분명해지고 있다.

같은 의미[2]를 가졌던 것으로 생각되는데 그 중에서도 철기제작의 중간소재일 가능성이 가장 높을 것으로 추정된다. 왜냐하면 별도로 정중하게 매납된 제기이거나 끈으로 엮어서 교환에 간편하게 이용된 화폐일 가능성은 부장된 모습과 하나 하나의 형태나 무게를 보건대 거의 찾아볼 수 없다. 실물화폐의 가능성이 희박하기 때문에 자연히 買地券일 가능성도 없다. 따라서 본 주조철부는 도끼 형태를 한 중간소재일 가능성이 가장 높으며, 아마도 이것을 깨트려 열처리를 한 후 소형의 단조철기를 만들었을 것으로 추정된다.

이상에서 살펴본 M3호분 출토유물 가운데 몇몇 자료를 보건대, M3호분의 피장자는 단조철기를 제작했거나 또는 제작집단을 장악했던 자였을 것으로 추정된다.

그렇다면 이러한 단조기술에 의해 만들어진 제품은 어떤 것이 있을까. 먼저 간단한 기술에 의해 만들어진 철기들은 창, 물미, 鐵鏟形 철기, 화살촉, 낫, 小刀, 꺾쇠, 小札, 단조철부 등을 들 수 있으며, 다소 복잡한 공정과 기술이 요구되는 자료들로는 甲冑, 素環頭大刀, 大劍, 異形有刺利器, 馬冑, 鐙子가 있다. 반면 고도의 기술이 요구되는 것으로는 용봉문환두대도를 포함하는 환두대도와 銀象嵌의 盛矢具, 금·은·금동장의 각종 마구(鏡板轡, 杏葉, 雲珠), 금동장 투구 등을 들

---

2) 鐵鋌의 의미에 대해서는 아래와 같은 견해가 있다.
　∘鐵素材　∘祭器　∘實物貨幣　∘買地券
　林孝澤, 1985, 「副葬鐵鋌考」, 『東義史學』 2.
　東潮, 1987, 「鐵鋌の基礎的研究」, 『橿原考古學研究所紀要 考古學論集』 12.
　村上英之助, 1983, 「鐵鋌(枚鐵)ふたたび」, 『日本製鐵史論集』.
　安在晧, 1990, 「鐵鋌에 대하여」, 『東萊福泉洞古墳群』 II.

수 있다.

2) M3호분 被葬者의 성격

M3호분의 피장자는 봉분의 규모나 내부 목곽묘의 규모를 볼 때 이 지역에 있었던 정치집단, 즉 다라국 지배자(왕)임이 분명하며, 더욱이 출토된 유물 가운데 금동장의 투구와 정교한 네 자루의 용봉문환두대도, 두 벌의 말투구 등은 삼국시대의 고총고분에서 출토되는 자료 중에서도 최고수준에 달할 정도의 호화로운 것들이기 때문에 고분의 피장자가 다라국의 최고 지배자였음은 의심의 여지가 없다.

그런데 이와 같은 정치적 지배자의 무덤 속에서 상기한 바와 같은 鍛冶具나 철기의 중간소재들이 매납된 이유는 무엇일까?

가장 간단하게는, 이 고분의 피장자가 鍛冶 技術者라는 추정이다. 그러나 앞서 살펴본 유구의 규모나 출토유물의 양과 질을 보건대, 다라국의 지배자는 될 수 있을지언정 단순한 기술자일 가능성은 거의 없다.

그 다음의 가능성은 M3호분 단계의 이 지역에 철기를 제작하는 匠人集團이 존재했고, 다라국은 철기제작을 대단히 중시하였기 때문에 이 지역의 지배자들은 당연히 이 철기제작을 장악하였으며, 그 결과 단조철기 제작의 상징물인 단야구와 중간소재, 그리고 이를 이용하여 만든 다종다양한 유물들을 고분에 부장했을 가능성이다.

후자의 가능성은 M3호분에서 발견된 다량의 숯과 숫돌의 존재를 살펴봄으로써 좀더 분명해질 것이다. 먼저 M3호분에서는 주곽의 바닥과 목곽의 상부, 목곽과 측벽 사이에 다량의 목탄을 채워넣은 현상이 확인되었다. 고분의 축조에 이처럼 목탄이 다량으로 사용된 예는 유례가 없는 것[3]으로, 이 목탄의 의미에 대해서는 잘 알 수 없으나 일단 목곽 내부로 불순물이 유입되는 것을 막기 위한 시설물로 생각할 수 있다.[4]

한편 함께 발견된 숫돌의 존재를 생각해보면, 언뜻 脫解 전승[5]을 떠올리게 된다. 잘 알다시피 토함산에서 내려온 탈해는 숯과 숫돌을 이용하여 瓠公의 집을 빼앗으면서 자신이 冶匠임을 분명히 밝혔으며, 여러 문헌 사학자들은 이 전승에 근거하여 탈해를 경주지역에 철기문화를 가지고 유입되어 온 冶匠集團으로 상정하거나 탈해 자신을 冶匠王(Smith king)으로 추정[6]하고 있다.

만약 5세기 4/4분기에 다라국이 중요한 단조철기 제작국이었다면, M3호분 피장자는 철기생산을 장악한 이 나라 최고의 지배자이기 때문에 탈해 전승과 같이 숯과 숫돌, 단야구를 하나의 상징물로 중요시하여 고분에 부장하거나 피장자를 밀폐시키는 데 이용했을 가능성이 충분히 있다.

---

3) 최근에 조사된 울산 하대나 김해 양동리유적의 목곽묘에서 다량의 木炭이 발견된 바 있으나 이 목탄들은 목곽을 설치하고 그 위에 불을 질렀던 현상으로 생각되기 때문에 이 유적의 것과는 의미가 다를 것으로 생각된다.

4) 목탄이 불순물을 제거하거나 걸러내느 목적으로 사용되는 예는 우물바닥에 목탄을 한 벌 깐 것 등을 들 수 있다.

5) 『三國遺事』卷1, 脫解王條, "脫解 … 乃設詭計 潛埋礪炭於其側 詰朝至門云 … 我本冶匠 乍出隣鄕 而人取居之 請堀地檢看 從之果得礪炭 乃取而居焉."

6) 三品彰英, 1975, 『三國遺事考證上』; 千寬宇, 1989, 『古朝鮮史·三韓史研究』.

3) 다라국의 철기생산

아래 표에서 알 수 있듯이 4세기대의 목곽묘에서 출토되는 철기는 화살촉과 刀子, 鐵斧, ㄱ자형 鐵釺 등 종류가 단조로울 뿐만 아니라 수량도 극히 적다. 따라서 4세기대에 이 지역에 철기를 대량으로 생산하는 전문적인 제작집단이 존재했을 가능성은 희박하다.

그러나 5세기 전반대가 되면 앞 시기와는 비교할 수 없을 정도로 양상이 일변한다. 그것은 새로운 종류의 철기, 예를 들면 異形有刺利器라든지 환두대도, 창, 갑옷과 투구 등의 무구와 마주, 등자, 재갈, 안장과 같은 마구들이 부장되기 시작하였을 뿐 아니라 한 유구 내에 이러한 철기가 다량으로 매납되는 특기할 만한 현상이 나타난 것이다.

특히 갑주와 환두대도, 마주 등의 부장은 이러한 자료를 소유한 피장자의 높은 신분을 반영하는 것으로서, 23호분의 금동장 관모는 이 지역에 강력한 집단, 즉 다라국의 성립과 그 지배자인 왕의 존재를 극명하게 보여주는 자료가 되며, 동시에 이러한 집단의 경제적 기반으로서 다량의 철기가 생산되기 시작되었음을 알려주는 현상이다.

그렇다면 5세기 전반기에 이 지역의 철기생산을 알려주는 자료는 어떤 것이 있을까?

먼저 주목되는 것은 이형의 有刺利器(도면 52-②, ⑥, 53-②, ③)를 들 수 있다. 옥전고분군에서 출토되는 유자이기는 경주나 김해·부산 지역의 같은 시기 고분에서 출토되는 유자이기[7]와는 다르게 넓고 얇

---

7) 李賢珠, 1990, 「有刺利器에 대해서」, 『東萊福泉洞古墳群』Ⅱ ; 金榮珉, 2000, 「有刺利器로 본 4~5세기의 福泉洞古墳群」, 『韓國古代史와 考古學』.

연대	유구	무구									농공구					마구									기타		
		갑옷	투구	대도	대검	도자	유자이기	촉	화살통	창	도끼	낫	창	망치	집게	마주	마갑	등자	재갈	안장	행엽	교구	철환	식금구	꺾쇠	ㄱ자형	불명
4세기	49							1					1													1	1
	52							6																			3
	53																								3		
	54																								3		1
	17							2																			
	40			1				10			2														8		
5세기 전반	47						1	1																			
	68	1		1				3										1		1		1	2	6			1
	42			1		1					1	1							1	1	6	2	6	4			2
	23	?	1	2	1			多	1	2	1					1				1	1	2	1				11
	67-A		1	1	1		1	1			1	1						1	1	1	4	1		16			1
	-B	1	1				1	多	1	1											3			11			2
	8		1	1			1	15	1	1								1	1			6	2	2	10		5
5세기 3/4	31			1	1			14	1	1	1														2		
	13			1	1						1	1	1														
	41						1				1	1													2		
	28	2	2	5	2			多	1		1					1	1	1				1			9		多
	35		2	3	1	2	1	多				6				1		1	1	1	3	2		1	25		
	M1	3	3	10			1	多	8	10						1	1	3	3	1	16	24		54			
	M2			11						1						1	1	1			10	5		47			
5세기 4/4	70	1	1	1			1	30	1	2						1	1	1				5		12	12		
	71			1			1	3	1														1		5		2
	M3	6	2	13	1	60	1	多	5	13	136	10	52	15	1	2		3	3	2	6	15	7	24	43		

은 철판의 한쪽을 잘라서 둥글게 말아 자루구멍을 만들고 철판 가운데를 여러 개의 일정하지 않은 삼각형 또는 사각형 투창으로 오려내고 직경 0.1~0.2cm의 작은 구멍을 뚫었으며, 양쪽에는 흔적만 남은 刺를 여러 개 만들어 놓았다. 특히 이 유적에서 출토된 유자이기에는

先端部나 양쪽에 새 모양(鳥形)의 조형물을 鍛接하여 이것이 무기라기보다는 儀器的인 성격의 유물임을 잘 보여주고 있다.

이처럼 얇고 넓은 철판을 이용하여 다양한 형태의 유자이기를 만들고 여기에 새와 같은 조형물을 鍛接한다는 것은 고도의 단조기술을 필요로 하였을 것이며, 이렇게 하여 만들어진 자료는 극히 신분이 높은 자가 아니면 소유할 수 없는 것임이 분명하다. 사실 본 유적의 수장급 무덤, 예를 들면 M1, M3, M6(도면 53-①, ②, ④)호분을 필두로 8, 35, 70, 71호분 등과 같이 고총고분이거나 규모가 큰 유구에서 보관이나 환두대도, 갑주, 장식마구 등과 같은 자료들과 함께 출토되고 있어서 이 점을 분명히 해주고 있다.

그런데 상기한 유구들과는 달리 규모도 극히 작을 뿐만 아니라 공반된 유물도 높은 신분의 소유자임을 알려주는 보관이나 환두대도, 장식용 마구, 순금제 垂下附耳飾 등이 전혀 없는 유구들인 11, 14, 36, 41, 45, 85호분 등에서 이러한 이형 유자이기(도면 52)가 한 점씩 발견되고 있는 것은 언뜻 이해하기 힘든 현상이다.

이 점에 대하여 우리는 아무런 증거를 가지고 있지 못하지만 이와 같은 특수 유물을 소유한 자들이 유구의 규모나 부장유물의 양과 질을 보건대 이 지역의 수장급은 아니라 하더라도 어떤 특수한 신분의 소유자임이 분명한데, 지금으로서는 다소 막연하지만 혹시 이들이 철기를 제작한 匠人들이 아니었을까 추정해 본다. 이들이 철기 제작자들이라면 신분상 소유할 수는 없는 儀器라 할지라도 자신들이 만든 유물 중 하나를 기념으로 무덤 속에 매납했을 가능성은 충분히 있다.

한편 5세기 전반기의 옥전고분군에서 일어난 변화, 즉 무덤의 대형화와 다양한 무구, 마구류, 금·은·금동제품의 부장이라는 변화는 그 이전인 4세기대부터 이루어진 점진적인 변화의 결과라기보다는 급격하게 나타난 것이다. 따라서 그 변화 요인에 대해서는 내부보다는 외부에 있었음을 생각하지 않을 수 없고, 이것은 널리 알려져 있다시피 갑주나 마구에서 보이는 고구려적인 요소를 감안할 때 기원 400년 고구려 광개토대왕의 남정에서 초래된 고구려 문물의 파급이라는 현상에서 찾을 수 있을 것이다.[8]

4) 대가야연맹체 내에서의 다라국의 철기생산

漢나라 철기문화의 영향 아래에서 시작된 남한지역의 철기생산은 삼한시대를 경과하면서 발전하여 철기문화의 보편화를 가져오고, 4세기대 이후 영남의 곳곳에 강력한 정치집단이 성립되면서 철기생산도 이러한 정치집단마다 보편적으로 이루어졌을 것임은 쉽게 예측된다.[9] 따라서 5세기 중반 이후가 되면 다라국을 포함하는 대가야연맹체에 속하는 여러 나라들에서도 제각기 어느 정도의 철기생산이 이루어졌을 것으로 추정된다. 그렇게 보면 옥전 M3호분 단계의 다라국에서 많은 철기가 생산되었다는 것은 하등 주목되는 현상은 아닐 것이다.

그러나 보다 강력한 정치체였던 대가야나 같은 연맹체 내의 수장급

---

8) 崔鐘圭, 1983, 「中期古墳의 性格에 대한 약간의 考察」, 『釜大史學』 7.

9) 의령지역의 중심고분도 아닌 예둔리분묘군 가운데 5세기대의 수혈식석곽묘로 추정되는 예둔리 46호분에서 鍛冶具인 망치와 집게가 발견되어 이 곳에서 철기제작이 이루어졌음이 밝혀진 바 있다.
慶尙大學校 博物館, 1994, 『宜寧 禮屯里墳墓群』.

무덤인 반계제 가A호분, 백천리 1-3호분 등에서 출토된 철기와 M3호분 부장품을 비교해 보면, 아래 〈표 2〉에서 보이는 바와 같이 현격한 차이가 나고 있다.

〈표 2〉 대가야연맹체내의 금속유물 출토 일람표

유구	무구									농공구				마구									기타
	갑옷	투구	대도	대검	도자	유자이기	화살촉	성시구	창	도끼	낫	망치	집게	마주	마갑	등자	재갈	안장	행엽	운주	교구	식금구	꺾쇠
옥전M3	6	2	13	1	60	1	400	5	28	136	10	1	1	2		3	3	2	6	5	15	24	43
지산동44		1	2		13		49		3	1						1	1	1	2				100
지산동45	1															2	1	1	9				
백천리 1-3			2				29	1	2	1	3					1		1					27
반계제 가A		1	2		10		多	1	1	2	2					1	2	1	1				150
월산리M1 A	2		2													2	1						

이러한 현상에 대해 결론부터 말한다면 필자는 다라국이 대가야 연맹체 내에서 가장 주된 철기생산국이었을 가능성을 생각하고 있다. 먼저 5세기 4/4~6세기 1/4분기 대가야연맹체에 속하는 각 지역의 수장급 무덤들로서는 지산동 44호분, 옥전 M3호분, 반계제 가A호분, 백천리 1-3호분, 월산리 M1-A호분 등을 들 수 있는데, 이 가운데 지산동 44호분과 월산리 M1-A호분은 도굴에 의해 많은 유물이 유실되었기 때문에 다른 유구들과 직접 비교하기에는 어려움이 있다. 그러나 토기가 아닌 금속유물들은 심하게 부서진 것 외에는 적어도 유물의 종류는 부장될 당시와 거의 같을 것으로 생각되기 때문에 이 점에 근거해서 검토를 해보는 것은 크게 무리는 없을 것으로 생각한다.

〈표 2〉에서 여실히 알 수 있다시피 지산동 44호분에서는 무기로서 大刀 2점(1점은 片), 刀子 13점, 화살촉 49점, 창 3점과 마구로서 등자, 재갈, 안장, 교구, 星形銀板裝飾金具, 十字形銀裝座金具, 그 밖에 복발 형투구 1점, 銅盌 2점, 꺾쇠 100점, 3점의 철봉과 腰佩砥石 등이 발견되었는데, 봉분의 규모와 순장곽의 숫자 등을 보면 대가야연맹체의 맹주로서 분명 옥전 M3호분보다 우위에 있음이 분명하다. 그렇지만 부장된 금속유물은 M3호분에 비해 1점의 銅盌이 많은 것과 마구 가운데 星形이나 十字形 金具가 출토된 것 외에는 종류나 수량 등에서 비교할 수 없을 정도로 차이가 난다.

이러한 현상은 반계제 가A호분이나 백천리1-3호분, 월산리 M1-A호분 등에서도 똑같은데, 물론 이들 지역은 지산동고분군과 달리 대가야연맹체 내에서도 세력이 강대하지 못한 정치체들이기 때문에 부장유물의 양과 질을 대등하게 비교할 수 없을 것으로 생각[10]되지만 지산동 44호분의 경우에는 달리 해석하지 않으면 안 될 것이다. 왜냐하면 대가야연맹체의 맹주국이 대가야이고 다라국은 그 연맹체에 소속된 보다 하위의 정치체이기 때문에 수장묘일 경우 당연히 지산동고분보다는 봉분의 규모도 작고 순장의 수도 적어야 되며, 부장된 중요유물의 종류나 수량에도 다소의 차이가 있어야 마땅할 것이기 때문이다. 실제로 앞에서도 말한 바와 같이 봉분의 크기나 순장자의 수는 지산동 44호분 쪽이 월등하게 우월하다.

그럼에도 불구하고 부장된 금속유물의 양과 질은 오히려 M3호분 쪽이 훨씬 우위에 있다. 이러한 현상을 해석하는 하나의 방법은, 다라

---

10) 趙榮濟, 1992, 「玉田古墳 出土 鐵鏃에 대한 小考」, 『加耶文化』 5.

국이 대가야연맹체 내에서 중요한 철기 생산국이었고 M3호분은 이를 대표하는 다라국의 수장이었기 때문에 수많은 금속유물은 물론이고 鍛冶匠人의 상징물인 망치와 집게, 숫돌 등이 부장되었으며, 다라국에서 생산된 철기들이 대가야를 비롯한 연맹체 내의 다른 정치집단에 공급되었을 가능성을 생각해 보는 것이다.

그러나 이것을 분명하게 밝히기 위해서는 상기의 여러 고분들에서 출토된 철기들을 분석하여 생산지와 공급지를 확인해 보지 않으면 안되는데, 이는 후일을 기다릴 수밖에 없다.

3. 구슬의 생산

삼한시대 이래 韓지역 사람들은 구슬을 장신구로 애용[11]하였으며, 금공품이 피장자 신분의 상징물이나 장신구로 채용된 5세기대까지도 많은 구슬이 각 고분에 부장될 정도로 여전히 중요시되었다.

옥전고분군에서도 4세기대의 목곽묘부터 6세기 전반기의 M6호분까지 많은 유구에서 다양한 구슬들, 이를테면 비취, 마노, 호박, 유리제곡옥, 관옥, 환옥 등이 출토되었으며, 특히 5세기 후반~6세기 전반기의 고총고분인 M2, M4, M6호분과 72, 82호분 등에서는 수백 내지 수천 점의 구슬이 발견되고 있는데 이를 정리하면 〈표 3〉과 같다.

옥전고분군의 이와 같은 구슬들이 자체 생산되었는지 아니면 외부로부터 들어온 것인지에 대해 살펴보자.

---

11) 『三國志』魏書 東夷傳 韓傳, "以瓔珠爲財寶 或以綴衣爲飾 或以懸頸垂耳 不以金銀錦繡爲珍."

〈표 3〉 옥전고분 출토 구슬 현황

유구	연대	비취	마노	호박	유리	기타
25호	4세기후반				12	
54호	4세기후반		1		679	
56호	4세기후반					유리구슬, 팔찌
47호	5세기전반				18	
4호	5세기전반				2	
M1호	5세기3/4					Roman-glass
M2호	5세기3/4	9	13	7	1,438	
72호	5세기4/4	8	4		226	
82호	5세기4/4	5	14	6	273	
50호	?				1	
M4호	6세기1/4	34	29	24	1,108	
M6호	6세기2/4	8	6	13	7	
9호	?		3		80	
19호	5세기대		1		12	
43호	?			5	99	
53호	?				1	

물론 앞서 살펴본 대로 5세기가 되어 철기의 생산이 각 지역에서 보편적으로 이루어졌다면 구슬 또한 옥전고분군뿐 아니라 그러한 지역에서 모두 생산되었을 가능성이 높다. 왜냐하면 다소 기술이 요구되는 유리옥의 생산에 필요한 정도의 온도는 철기 생산에서 얼마든지 확보가 가능하기 때문이다.

그러나 아직까지 우리나라의 고분시대 유적조사에서 구슬을 생산했다는 직접적인 증거, 즉 玉磨砥石이나 原石의 채취장, 유리옥을 만들기 위한 鎔范 등이 발견된 적이 없으며, 석촌동 3호분에서 발견된 곡옥의 제작용구로 추정되는 옥마지석이 유일한 구슬 제작 용구였다. 따라서 우리나라의 고분에서 구슬들이 수많이 발견되었다 하더라도 이러한 구슬들이 어디에서 만들어졌는가에 대한 적극적인 근거는 없었다.

반면 옥전고분군에서는 85, 87년도 조사에서 옥마지석과 유리구슬 찌꺼기가 발견됨으로써 이 지역에서 구슬 생산에 관한 확실한 증거가 확보되었다. 즉 도면 55-③의 옥마지석은 28호분 목곽묘의 木槨 上部 石 속에 포함된 채 발견되었는데 사암제의 한쪽 측면에 두 줄의 긴 홈을 파서 이용한 것으로서 석촌동 3호분에서 발견된 지석과 마찬가지로 곡옥을 제작하기 위한 것으로 추정된다. 이 지석은 28호분의 목곽보강석 속에 포함되어 있었기 때문에 적어도 28호분보다는 이른 시기에 사용되었을 것으로 추정되나 정확한 사용시기를 결정하기는 어렵다. 참고로 옥전 28호분은 5세기 3/4분기에 해당될 것으로 추정하고 있다.

구슬찌꺼기(도면 55-⑥)는 56호분 목곽묘에서 유리제 팔찌,[12] 석구 등과 함께 발견되었는데 부정형의 연한 청색 유리들이다. 이러한 찌꺼기들은 유리 원료를 고온에서 녹여 유리옥들을 만드는 과정에서 형성된 것인데, 이러한 것들이 발견되었다는 것은 이 지역에서 유리옥이 생산되었음을 증명해주는 가장 확실한 자료가 된다. 다만 옥전 56호분에서는 토기 같은 다른 자료가 한 점도 출토된 적이 없기 때문에 연대를 추정하는 데 어려움이 있다.

그러나 이 유구는 여러 유구들, 즉 옥전 55, 57, 58호분 목곽묘들과 상호 중복되어 있어서 대략적인 연대추정은 가능한데, 중복된 순서는 55→57→56→58호분으로 밝혀졌다. 따라서 56호분은 58호분보다는

---

12) 보고서에서는 石製 팔찌로 파악하였으나 이후 정밀한 관찰결과 유리제로 판명되었다. 이 기회에 수정해 둔다.

이르고 57호분보다는 늦게 만들어졌음을 알 수 있는데, 불행하게도 55, 57호분에서는 연대를 추정할 만한 자료가 전혀 검출되지 않았다. 반면에 58호분에서는 구형동의 직구단경호가 1점 출토되었는데 돌대의 위치가 口緣端 가까이에 있기 때문에 대략 4세기 말~5세기 초 정도로 편년시킬 수 있을 것이다. 따라서 56호분은 58호분보다 이른 4세기대의 어느 시점에 만들어진 무덤으로 추정된다.

그리고 최근 문화재연구소 강형태 씨의 도움을 받아서 옥전고분군의 8기의 유구에서 출토된 유리소옥들과 56호분에서 출토된 구슬찌꺼기에 대한 분석을 삼성코닝 연구자들의 도움을 받아서 실시하였다. 삼성코닝에서는 SEM/EDAX 방법으로 유리구슬들을 분석하여 아래와 같은 분석결과를 통보해 왔다.

〈표 4〉 옥전고분 출토 유리구슬 비중측정 및 SEM/EDAX 분석결과[13]

유구	연대	육안색	밀도	Na_2O	CuO	MgO	Al_2O_3	SiO_2	K_2O	CaO	Fe_2O_2	Cl
M2	5c3/4	남색	2.4873	X	0	0.20	3.82	81.23	1.07	8.35	4.02	1.65
28	5c3/4	남색	2.4721	X	0	0.79	4.33	81.03	0.64	8.57	3.54	1.08
12	5c3/4	남색	2.4606	X	0	0.63	3.32	77.25	1.39	10.69	5.39	1.34
24	5c4/4	남색	2.6047	X	0	0.58	5.31	80.93	0.01	7.97	4.96	0.22
72	5c4/4	남색	2.4633	X	0	2.63	4.30	80.19	2.32	6.97	2.69	0.88
82	5c4/4	남색	2.4878	X	0	1.07	4.48	82.05	0.29	8.46	2.51	1.13
69	5c4/4	남색	2.4967	X	0	2.01	3.41	77.33	2.56	10.04	3.75	0.88
M4	6c1/4	남색	2.4717	13.97	0	X	5.30	70.09	0.28	7.60	1.29	1.60
56	4세기	청색	2.3050	8.13	2.14	X	11.91	65.81	6.04	2.47	2.05	1.42

이 분석결과에 대한 경상대학교 재료공학과 강은태 교수(유리전공)의 해석에 의하면, 유리구슬들의 성분을 볼 때 M4호분과 56호분 출토

---

13) 이 표는 삼성코닝에서 분석한 자료를 필자가 재편집한 것이다.

품을 제외한 모든 제품에서 Na_2O의 성분이 없으면서 K_2O의 성분이 대체로 미량인 점은 이해하기 어렵다고 한다. SiO_2를 주성분으로 하는 유리 원료를 다소 낮은 온도에서 녹이기 위해서는 融劑로서 Na_2O나 K_2O 성분이 일정량 들어가지 않으면 안 되기 때문이다.

그리고 〈표 4〉에서 알 수 있듯이 모든 구슬의 색깔이 푸른색(남색)이라면 이러한 색깔을 낼 수 있는 원소, 이를테면 CoO라든가 MnO, FeO가 존재해야 하는데 이것은 전혀 나타나지 않고 그 대신 황색 기미를 띠게 하는 Fe_2O_3이 꽤 많이 들어있는 것 역시 잘 이해되지 않는 현상이라고 한다. 이 같은 현상은 SEM/EDAX라는 분석방법이 가지는 한계에서 나타난 것이며, 따라서 보다 정밀한 분석을 위해서는 XRF나 화학분석을 실시할 필요가 있을 것이다.

이러한 한계를 전제한 후 이번 분석의 결과를 통해 알 수 있는 것은 다음과 같다.

첫째, 거의 같은 원소가 들어 있기 때문에 거의 같은 원료를 사용하여 한곳에서 만들었을 가능성이 높다.

둘째, 불순물(Fe_2O_3)의 제거능력이 5세기 후반에 비해 6세기 전반대에 향상되고 있는데 이는 유리구슬의 제작기술이 발전되었음을 의미한다.

이상에서 살펴본 대로 이 지역에서는 4세기대부터 유리구슬을 비롯하여 비취, 마노를 이용한 곡옥, 관옥 등 다양한 구슬을을 생산하였으며, 5세기 후반이 되면 엄청나게 많은 구슬들을 만들었음을 알 수 있다.

그러나 M1호분의 Roman-glass나 M4호분의 삼색옥(도면 55-⑤)

과 같은 것은 보다 차원 높은 기술이 요구되는 유리제품이기 때문에 비록 이 지역에서 일찍부터 구슬을 생산해 왔다 하더라도 이 제품들까지 생산한 것으로는 생각되지 않는다.

한편 이 지역에서 구슬이 생산되었다는 증거는 앞서 살펴본 고고자료들 외에 이 지역의 지명에서도 찾을 수 있다. 널리 알려져 있다시피 이 지역은 구슬밭[玉田]으로 불리고 있다. 이러한 지명이 사용된 유래에 대해서는 명확하게 알 수는 없으나 고분군에 부장된 다량의 구슬들이 오랜 세월 동안 유구가 삭평되면서 많이 발견된 데서 유래되었거나 아니면 예로부터 이 곳이 구슬생산지였다는 사실이 후세까지 전승되어 붙여졌을 가능성이 있다. 고고자료를 통해 보건대 후자의 가능성이 높을 것으로 추정된다.

다만 이 곳이 구슬생산지로서 옥마지석이나 유리찌꺼기가 발견되기는 했지만 비취, 마노, 호박의 원석 채취장이 이 지역에서 확인되지 못한 것은 다소 아쉽다. 이 역시 차후의 조사에 기대를 걸 수밖에 없다. 또한 시대의 경과에 따른 유리구슬의 제작기술의 발전 등에 대해서도 구슬에 대한 분석이 이루어지지 않아서 전혀 살펴볼 수 없다. 이 역시 시일을 기다릴 수밖에 없다.

4. 소결

지금까지 조사된 옥전고분군의 유구와 유물을 통해 다라국의 역사를 간략하게 정리하면 아래와 같다.

먼저 4세기 후반기부터 소형의 세장방형 목곽묘가 축조되면서 약간의 토기와 철기, 장신구(구슬)가 부장되어 이 때부터 이 지역에 사람들이 모여 살기 시작했음을 알려주고 있다.

그러다가 5세기 전반대가 되면 목곽묘의 규모가 현저하게 커지면서 유물도 관모, 환두대도, 갑주 등 강대한 신분의 존재를 상징하는 자료들이 출토되고 있다. 이것은 결국 이 시기에 다라국이 성립되었음을 의미한다.

5세기 3/4분기에는 신라계 유물이 폭발적으로 부장됨과 동시에 수혈식석곽묘가 채용되고 거대한 봉토분이 축조되며, 殉葬이 이루어지고 있어서 이 시기의 다라국은 강력한 힘을 가진 가야소국으로 등장했음을 알 수 있다.

5세기 4/4분기가 되면 축적된 힘을 배경으로 인근의 고령을 중심으로 하는 대가야연맹체의 일원이 되어 역사의 전면에 부상하였다.

그러나 6세기 전반대에는 한반도의 강자로 등장하여 급속하게 낙동강 유역으로 진출해 오던 신라와 대가야가 결속하게 되고, 이러한 상황변화는 대가야연맹체의 일원이었던 다라국의 지배자 무덤에도 투영되어 수혈식석곽묘의 변화와 횡구식석실묘의 채용, 대가야계와 신라계 유물의 混在 등으로 나타났다.

6세기 중엽이 되면 신라에게 멸망되어 가던 가야의 잔존세력을 다시 부흥시키기 위해 백제의 주도로 任那復權會議가 두 차례에 걸쳐 이루어졌으며, M11호분의 횡혈식석실묘는 이러한 역사적 배경 아래 축조되었음이 분명하다. 그러나 백제의 주도로 이루어진 임나복권회의도 별다른 성과를 거두지 못한 채 562년 대가야의 멸망을 끝으로 전 가야소국들은 신라에 병합되었다. M11호분을 끝으로 더 이상 수장급의 무덤이 옥전고분군 내에 존재하지 않게 되었다는 것은 6세기 중엽 다라국이 멸망당하고 지배집단이 해체되었음을 의미하는 것이라 생각된다.

이 같은 역사를 가진 다라국의 지배집단 무덤들인 옥전고분군 내에서 철기와 구슬이 다량으로 부장된 유구들은, 680여 점의 구슬이 발견된 4세기 후반대의 54호분 목곽묘를 제외하면 5세기 2/4분기의 23호분 단계에서 6세기 2/4분기인 M6호분 단계까지 집중되고 있다. 따라서 이 지역에서의 구슬과 철기의 생산이 4세기대부터 이루어졌다고 하더라도 본격적인 대량생산은 5세기 2/4분기 이후에 이루어졌음을 알 수 있다.

결국 5세기에 들어 당시의 중요 산물인 구슬과 철기가 대량생산되었기 때문에 다라국이 대가야연맹체 내에서도 중요한 위치를 점하는 강국으로 존재할 수 있었던 것이고, 반계제나 백천리고분군 축조집단과 같은 여타의 정치집단이나 심지어 연맹체 맹주국의 왕릉인 지산동 44호분을 능가하는 중요 유물이 부장되는 현상도 나타날 수 있었던 것으로 추정된다.

끝으로 비록 충분한 이용은 불가능하였지만 철기를 분석하고 계시는 경상대학교 금속재료공학과의 허보령 선생, 유리구슬 분석을 가능케 해준 문화재연구소 강형태 선생, 유리구슬의 분석결과를 해석해준 경상대학교 재료공학과 강은태 선생께 이 자리를 빌어 깊이 감사드린다.

Ⅴ. 다라국과 대가야연맹체

1. 머리말

　경북 고령지역을 중심으로 존재한 가야의 정치체는 加羅國 또는 大加耶였다. 대가야는 가야전기를 주도한 김해의 금관가야를 대신하여 가야후기의 대표적인 정치체로 등장하였는데, 당시 대가야의 판도는 함안과 고성 일대를 제외한 전 서부경남 일대의 광범위한 지역에 걸쳤고, 영향력은 호남 동부의 남원, 장수, 진안 일대에까지 미쳤던 것으로 파악되고 있다.

　이처럼 가야후기에 넓은 지역을 장악한 대가야에 대하여 연구자들은 미숙한 소국단계였다는 견해에서부터 고대국가의 직전단계인 部體制를 이루었다는 주장, 그리고 영역국가 또는 고대국가의 단계에까지 도달했다는 주장까지 다양한 의견이 제기되어 있다.[1]

　이 중에서도 연구자들이 가장 많은 관심을 기울인 것이 이른바 '대가야연맹체론'이다. 그러나 이 연맹체론도 자세히 보면 대가야 단일연

---

1) 이러한 논의에 대해서는 아래의 글들에 잘 정리되어 있다.
　金泰植, 2000, 「歷史學에서 본 高靈 加羅國史」, 『가야각국사의 재구성』 ;
　朴天秀, 1996, 「大加耶의 古代國家 形成」, 『碩晤 尹容鎭敎授 停年退任紀念論叢』.

맹체론과 지역연맹체론(소지역권론) 등 다양한 주장이 제기되어 있으며, 무엇보다도 연맹을 형성한 대가야와 소국들 사이의 관계라든지 연맹체의 내부구조가 밝혀지지 않고 있음은 이미 지적된 바 있다.[2]

한편 옥전고분군에서는 일정한 시기가 되면 대가야식 문물이 지배자급 무덤에 부장되기 시작한다. 더욱이 그 부장된 문물은 단순히 토기 한두 점 정도로 그치는 것이 아니라 대다수가 대가야식이어서, 대가야와 다라국이 뭔가 특수한 관계를 형성했다고밖에 볼 수 없다. 이럴 경우 가장 먼저 생각해 볼 수 있는 것은 다라국이 대가야연맹체를 구성한 중요한 나라였을 가능성이다.

이 장은 옥전고분군에 나타나는 대가야식 문물을 근거로 다라국과 대가야와의 특수한 관계를 밝히는 데 목적을 둔다.

2. 대가야의 성립과 대가야식 문물의 확립

大加耶 문물이 주변 지역으로 확산되기 위해서는 먼저 이러한 문물을 주변 지역으로 확산시킬 수 있을 만큼 그 지역의 정치체가 강력해져야 하고 아울러 그 지역 정치체만의 특유한 문물의 확립이 선행되어야 함은 당연한 일이다.

고령지역의 고고자료를 보면 여러 번에 걸쳐 커다란 변화가 이루어지고 있음을 알 수 있다. 즉 와질토기 단계와 대형 목곽묘의 등장, 수혈식석곽묘를 내부주체로 가진 고총고분의 축조, 고령계 문물의 주변

---

2) 白承玉, 2001, 「加羅國과 주변 加耶諸國－聯盟體論의 검토와 加羅國의 '縣'－」, 『大加耶와 周邊諸國』.

지역으로의 확산, 횡혈식석실묘의 채용 등이 그것이다.

이 가운데 횡혈식석실묘의 채용은 가야지역의 경우 대개 6세기대에 이루어지는데, 석실묘의 원류는 백제지역에 있었음이 선학들의 치밀한 연구결과 밝혀졌다.[3] 백제계 횡혈식석실묘를 채택했다는 것은 매장관념의 변화로서 그 자체로 큰 의미가 있다. 그렇다고 이것이 어떤 한 지역에 존재했던 정치체를 완전히 새로운 형태로 변화시킬 정도의 충격을 준 것은 아니며, 단지 6세기대에 가야와 백제, 신라 사이에 전개된 복잡한 역사상을 반영하는 고고학적인 증거로 이해되고 있다.

한편 수혈식석곽묘를 내부 주체로 가진 고총고분의 축조는 목곽묘에서 수혈식석곽묘라는 축조공정이 전혀 다른 형태의 묘제로 바뀐 것만을 의미하는 것이 아니다. 대규모 인력을 체계적으로 동원해야 축조가 가능한 고총고분의 등장은 한 지역에 있었던 정치체를 근본적으로 변모시킬 수 있는 중대한 변화로 보이기 때문이다.

그러나 옥전고분군이나 도항리·말산리고분군의 조사성과에 의하면, 수혈식석곽묘를 내부 주체로 가진 고총고분의 축조가 그 지역의 정치체를 결정적으로 변모시킨 요인으로는 작용하지 않고 있다.[4] 그렇기 때문에 고령지역에서 수혈식석곽묘를 내부 주체로 가진 고총고분의 축조라는 변화는 이 지역 정치체의 성장의 결과로 해석해도 좋을

---

3) 曺永鉉, 1990,「三國時代 橫穴式石室墳의 系譜와 編年研究」, 忠南大學校 大學院 碩士學位論文 ; 洪潽植, 1992,「嶺南地域의 橫口式·橫穴式石室墓 研究」, 釜山大學校 大學院 碩士學位論文.

4) 趙榮濟, 2000,「玉田古墳群을 통해 본 多羅國의 成立과 發展」,『韓國古代 史와 考古學』 ; 李柱憲, 2000,「阿羅加耶에 대한 考古學的 檢討」,『가야 각국사의 재구성』.

것이다.

따라서 고령지역 고분문화에서 획기가 될 만한 큰 변화는 와질토기 단계와 대형 목곽묘의 등장, 고령계 문물의 대외확산에서 찾을 수 있다.

이 지역의 와질토기 유적은 반운리 한 곳만 알려져 있고, 더욱이 이 유적에 대한 발굴조사가 이루어지지 않았기 때문에 정확한 실상을 알 수 없다. 다만 채집된 자료의 분석5)에 의하면 이 유적은 3세기 말 내지 4세기 초, 즉 전기 와질토기 말기에서 도질토기 발생기에 해당됨을 알 수 있다. 그러나 이는 단지 이 시기 이 지역에 새로운 문화인 와질토기 문화가 존재했음을 알려줄 뿐, 다른 구체적인 사실을 알려주지는 못하고 있다. 그럼에도 불구하고 반운리 유적의 와질토기가 주목을 받는 이유는 경주나 김해 등지의 예에서 볼 때 이 유적은 삼한소국의 하나인 叛波國(半路國)과 대응할 가능성이 있기 때문이다.

그렇지만 고령지역 전체를 볼 때 아직까지 와질토기 유적은 반운리 한 곳만 알려져 있기 때문에 이 지역에는 대규모 유적이 형성되지 않았을 가능성이 높다. 이러한 사실은 와질토기 유적이 밀집해서 분포하고 있으면서 중요 자료가 다출되는 경주나 김해 지역의 삼한소국이었던 斯盧國이나 狗邪國에 비해 이 지역에 있었던 것으로 추정되는 반파국의 세력이 비교할 수 없을 정도로 미약했거나 아니면 반파국이 이 지역에 존재했다는 사실에 의문을 들게 한다.

그러나 쾌빈동 유적에 보이는 대형 목곽묘는 이전의 와질토기 단계와는 달리 고령지역에 보다 강력한 정치체가 등장하였음을 알려주는

---

5) 洪鎭根, 1992, 「高靈 盤雲里 瓦質土器 遺蹟」, 『嶺南考古學』 10.

고고자료임이 분명하다.

쾌빈동 유적에서는 3기의 목곽묘가 조사되었는데 공사에 의해 모두 심하게 파괴되었다. 그러나 1, 12호분에 다소의 유물이 남아 있었으며, 특히 1호분은 유구의 복원까지 어느 정도 가능하다.

쾌빈동 1호분은 길이 5m 이상, 넓이 3m 가량 되는 장방형 목곽묘이며, 유구 내부에 함몰되어 있는 토층의 관찰에 의하면 적어도 2m 이상의 봉토를 가지고 있었던 것으로 추정된다. 바닥에는 천석이나 할석을 이용하여 시상을 만들었으며, 목곽과 묘광 사이에는 점성이 강한 흙을 교대로 채워넣어서 목곽을 보강하고 목곽 외부와 상부에도 부분적으로 천석을 채우거나 덮었다.

여기에서는 발형기대, 통형기대, 장경호, 호, 대호, 개 등 25점의 토기와 鏃, 刀子, 有刺利器, 鎌形鐵器, 도끼형철기, 따비형철기 등 32점의 철기 등의 유물이 발견되었다.

12호 목곽묘는 길이 4m 이상, 폭 3m 가량의 장방형 목곽묘이며, 노형기대, 발형기대, 호, 양이부호 등 9점의 토기와 용도를 알 수 없는 2점의 철기편만 발견되었다.

이러한 쾌빈동 1, 12호분은 출토된 토기의 관찰에 의하면 5세기 전반에 속하며,[6] 1호분보다는 12호분이 약간 이를 것으로 생각되지만

---

6) 快賓洞 1호분의 연대에 대하여 朴天秀와 金世基는 각각 4세기 3/4분기, 4세기 후엽으로 파악하고 있으나 金斗喆과 禹枝南은 5세기 2/4분기로 파악하고 있다.
朴天秀, 1998, 「大加耶圈 墳墓의 編年」, 『韓國考古學報』 39 ; 金世基, 2000, 「古墳資料로 본 大加耶」, 啓明大學校 大學院 博士學位論文.
金斗喆, 2001, 「大加耶古墳의 編年 檢討」, 『韓國考古學報』 45 ; 禹枝南, 2000, 「2. 咸安地域 出土 陶質土器」, 『道項里·末山里遺蹟』.

현저한 차이는 나지 않을 것으로 추정된다.

이처럼 쾌빈동 목곽묘들은 고령지역에서 조사된 대형 목곽묘로서 주목되는 유구들이지만 유구의 한쪽 또는 태반이 파괴되어 유물부장의 원상을 잃고 마구나 갑주 등 권위의 상징물들이 전혀 발견되지 않았기 때문에, 이 유구들을 고령지역 이른 시기의 지배집단의 무덤이라고 단언하기는 어렵다.

그러나 가야고분의 조사 경험에 비추어 보건대 한 유구에서 발형기대가 11점이나 출토되었다는 것은 이 유구가 대형에 속하는 유구임을 확실하게 해주며, 현재까지 고령지역에서 발견된 가장 이른 시기에 속하는 대형 유구, 즉 지배집단의 무덤임이 거의 확실하다. 때문에 고령지역은 이 시기부터 갑작스러운 변화가 이루어지면서 하나의 강력한 정치체, 즉 가라국이 성립되기 시작한 것으로 추측된다.[7]

이와 같이 5세기 전반대에 성립된 가라국은 시간의 흐름에 따라서 급속도로 발전해 가는데 이 과정에 대한 역사기록은 전무하다. 따라서 고고학적인 자료에 의거해서 이 과정을 추정해 볼 수밖에 없다.

고령지역의 가라국 지배층(왕)의 무덤은 지산동고분군으로 알려져 있다. 이 지산동고분군에 대해서는 절대연대의 비정에 약간씩의 이견은 있지만 형식학적 편년서열에서는 연구자들의 견해가 거의 일치[8]

---

7) 이처럼 대가야뿐 아니라 아라가야를 비롯하여 5세기 전반대에 서부경남의 가야 제국들이 400년 고구려군의 남정으로 초래된 김해세력의 붕괴와 동요의 결과 성립된 것에 대해서는 아래의 논문에 잘 밝혀져 있다. 趙榮濟, 2006, 「西部慶南 加耶諸國의 成立에 대한 考古學的 硏究」, 釜山大學校 大學院 博士學位論文.

8) 지금까지 이루어진 지산동고분군의 편년관에 대해서는 金斗喆의 위의 논문에 잘 정리되어 있다.

한다. 이것을 정리하면 아래와 같다.

  쾌빈동 1호분 → 지산동 35호분 → 지산동 30호분 → 지산동 32,
  33, 34호분 → 지산동 44호분 → 지산동 45호분 → 고아동 벽화고
  분

  이러한 편년서열 속에서 이른바 고령식이라고 할 수 있는 유구와
유물, 바꾸어 말하면 가라국 왕릉에만 나타나면서 일정 기간 동안 지
속되고 있는 유구와 유물을 적출하면 아래와 같다.

  ◦ 유구 : 수혈식석곽묘가 극단적으로 세장하고 주곽과 부곽이 Ⅱ자
         형으로 나란히 배치되어 있는 것9)(도면 56-①)
  ◦ 유물 : 고배(도면 56-③, ⑩, ⑪)
         통형기대(도면 56-④)
         발형기대(도면 56-⑥, ⑨)
         소형기대(도면 56-⑤)
         유개식장경호(도면 56-⑨)
         광구형장경호
         유개단경호(도면 56-⑦)

---

9) 석곽의 장폭비 5 : 1의 극도로 세장한 형태만을 중시하여 이것을 대가야
   식 석곽의 특색으로 파악하는 견해에는 찬동하지 않는다. 왜냐하면 함
   안 도항리·말산리고분군, 의령 중동리고분군, 진주 가좌동고분군, 고성
   송학동, 내산리고분군에서 확인되는 수혈식석곽 역시 지산동의 석곽묘
   못지않게 세장한 형태를 띠고 있다. 그럼에도 불구하고 의령이나 진주
   의 세장한 수혈식석곽묘에서 대가야식 유물이 발견된 바는 없기 때문이
   다.

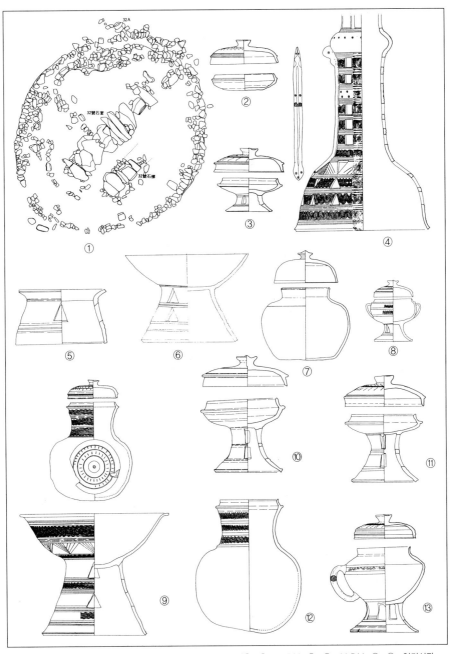

도면 56 | 지산동고분군의 대가야식 유구(①：32호분)과 유물(②·⑨：32호분, ⑪·⑫：33호분, ③·⑬：연결석곽,
④：묘사유구. ⑦：35호분, ⑩：30-2호분, ⑥：44호분, ⑧：44-21호분, ⑤：45-2호분)

개배(도면 56-②)
대부파수부소호(도면 56-⑬)
대부양이부소호(도면 56-⑧)
파수부연질옹

　위와 같은 가라국식의 유구와 유물을 염두에 두고 이른 시기에 속하는 가라국의 왕릉들에 대하여 살펴보면 다음과 같다.

　먼저, 지산동 35호분에서는 아직 부곽이 나타나지 않았지만, 유물에서는 유개식장경호와 발형기대, 유개단경호 등에서 가라국식의 특색이 등장하고 있다. 다만 발형기대에서 鉢部의 문양으로 密集波狀文이나 葉脈文뿐 아니라 鋸齒文, 点列文 등이 시문되었거나 대각의 투창이 아치형이나 삼각형 상하일렬 형태가 아닌 장방형이거나 예외적인 것들이 보인다.

　지산동 30호분에서는 부곽이 축조되기 시작하지만 아직은 Ⅱ자형이 아니며, 유물은 기대, 장경호 등에서 가라국식의 특징이 나타난다. 그러나 고배 등에서는 아직 가라국식 특징이 확인되지 않는다. 그렇지만 30-2호분에서 발견된 금동관과 고배(도면)는 이른 형태의 가라국식 유물로 생각되기 때문에 이 단계에서 가라국식의 토기문화가 확립되었다고 보아도 좋을 것이다.

　지산동 32, 34호분에서는 많은 유물뿐만 아니라 유구마저 주부곽이 Ⅱ자형으로 배치된 전형적인 형태를 보여주고 있으며, 이러한 형태는 이후 44, 45호분까지 지속되고 있다.

　따라서 왕묘를 통해 보건대, 가라국식의 유구와 유물이 성립되기 시작한 것은 지산동 35호분 단계부터며, 완성된 것은 지산동 32~34

호분 단계임을 알 수 있다.

고고학적으로 나타나는 이러한 현상에 역사학적인 의미를 부여한다면, 쾌빈동 목곽묘 단계부터 성립되기 시작한 가라국이 완전한 모습을 갖추게 되는 것은 지산동 35호분 단계며, 더욱 성장하여 가라국으로서의 정체성을 확립하게 된 것은 지산동 32~34호분 단계라고 파악할 수 있다.

이와 같이 고령 일대를 완전히 장악한 가라국은 서서히 주변지역으로 세력을 확대시켜 나가는데, 그 시점은 지산동 44호분 직전단계, 즉 월산리 M1-A호분이나 옥전 M3호분 단계인 5세기 4/4분기로 추정된다. 이렇게 가라국이 확대되면서 서부경남 일대의 광범위한 지역을 장악한 정치체가 결국 대가야로 불렸을 것이다.

3. 대가야식 문물의 대외확산

1) 문물확산의 전제조건

가라국이 대가야국으로 성장하고, 나아가 대가야연맹(합)체와 같은 큰 정치체를 형성하기 위해서는 가라국 자체의 역량도 뒷받침되어야 하겠지만 이와 아울러 순조로운 성장이 가능하도록 주변의 정세가 알맞은 여건을 조성해 주어야 한다.

이 점을 염두에 두고 5·6세기대의 한반도 역사를 볼 때 가장 먼저 주목되는 것은 5세기 후반의 역사적 상황이다.

즉, 한반도의 강자였던 고구려는 427년(장수왕 15) 수도를 집안에서 평양으로 옮기면서 보다 집요한 백제공략에 나서서 마침내 475년 백제의 수도 한성을 함락시키고 개로왕을 주살하기에 이른다.

한편 한강 이남 사회에서 주도권을 행사하고 있던 백제는 광개토대왕 이후 계속된 고구려의 공격에 대항하여 433년 신라와 동맹을 체결하는 등 노력을 다하였지만 동아시아의 패자였던 강대한 고구려에 정복당하여 475년 수도 한성을 버리고 웅진(현 공주)으로 천도하였다. 그러나 웅진 지역에 기반을 갖고 있지 못했던 백제 지배층들은 이 지역의 토착세력을 완전히 장악하지 못한 채 갈등을 불러일으키고, 그 결과 문주왕과 삼근왕 등이 모두 재위 2년 만에 비명횡사하는 등 극도의 혼란상을 연출하였다. 백제 지배층의 이러한 혼란상은 동성왕에 의해 어느 정도 진정되었고, 이어 즉위한 무령왕에 의해 백제는 다시 옛 모습을 되찾아 한반도에서 강국으로 자리잡게 된다.

반면 신라는 4세기 말~5세기 초에 고구려의 지원을 받으며 성장의 기틀을 마련하고 433년 나제동맹의 결과 백제로부터의 오랜 위협에서 벗어나서 급속하게 성장하였다. 신라의 이러한 급속한 성장은 이 지역에 지배권을 행사하고 있던 고구려를 자극하여, 그 결과 450년 이후 신라와 고구려는 잦은 마찰을 일으키게 되지만 시간이 흐를수록 신라의 힘은 강성해져 점차 고구려의 예속에서 벗어나고 있다.

이처럼 5세기 후반의 한반도 정세는 고구려의 대 백제 공격과 백제의 웅진천도, 그 틈바구니에서의 신라의 성장으로 요약할 수 있으며, 이러한 상황은 가야지역에 주변 세력의 간섭이나 영향 없이 하나의 독자적인 정치체가 순조롭게 성장할 수 있는 절호의 여건을 만들어 주었다. 이러한 상황을 이용하여 가야의 대표적인 세력으로 등장한 것이 대가야국이며, 그 결과 가야로서는 유일하게 對中遣使의 기록을

『南齊書』에 남겨 놓았을 뿐 아니라『三國史記』助賁尼師今 7년(237)의 기록을 마지막으로 약 260여 년간 중단되었던 가야관계 기사가 496년 갑자기 가야－대가야 기록으로『삼국사기』에 다시 등장하게 된 것으로 생각된다.

결국 가라국에서 대가야국으로의 발전은 역사기록에 의거하건대, 5세기 후반의 늦은 시기에 해당되며, 이 점은 고고학적으로 볼 때 가라국식 유구와 유물이 주변지역으로 파급되어 간 5세기 4/4분기와 잘 일치하고 있다.

2) 확산의 유형과 의미

대가야식 유물은 서부경남을 중심으로 호남동부 지역과 창녕, 창원, 김해, 함안, 고성 등 대단히 넓은 지역에 확산되어 있다. 그러나 대가야식 문물이 이들 지역에 확산되어 있는 양상은 일률적이지 않다. 예를 들면 유구와 유물이 모두 대가야식인 지역이 있는가 하면 대가야식 토기 몇 점만 발견되는 지역까지 다양하다.

그렇기 때문에 이들 지역에 대가야식 문물이 확산되어 있는 의미를 밝히고, 이것을 통하여 대가야의 실체를 파악하기 위해서는 먼저 대가야식 문물의 확산을 유형별로 나누어서 살펴볼 필요가 있다.

　°A형 : 유구(주·부곽이 Ⅱ자형으로 배치)와 유물, 특히 토기가 모두 대가야식인 형10) － 고령 본관동, 함양 백천리(도면 57),

---

10) 대가야식 유물에는 금속유물과 토기가 있는데, 이 중 대가야식 금속유물로 인식되고 있는 鐵製 模型農工具나 鋬部 多角形 鐵鉾 등에 대해서는

합천 반계제(도면 58), 산청 생초고분군
 ◦ B형 : 토기만 대가야식인 형 - 합천 옥전(도면 59), 남원 두락리고
        분군(도면 61-⑪~⑱)
 ◦ C형 : 토기 일부만 대가야식인 형
   C_1형 : 재지계 토기와 대가야식 토기가 공반되는 형 - 함안 도항리
          8, 47호분, 고성 율대리 2호분(도면 60-①~⑥), 남원 월
          산리고분군(도면 61-⑥~⑩)
   C_2형 : 백제계 토기와 대가야식 토기가 공반되는 형 - 진주 수정봉
          ·옥봉고분군(도면 60-⑦~⑪)
   C_3형 : 신라후기양식 토기와 대가야식 토기가 공반되는 형 - 합천
          저포리 C. D지구, 의령 운곡리(도면 61-①~⑤), 경산리고
          분군

이와 같은 각 유형은 대가야와 주변 정치체와의 결속 강도와 당시
의 정세를 반영하고 있다고 생각된다.

즉, A형은 대가야의 지방세력이거나 대가야에 완전히 병합된 정치
체가 존재한 지역에 형성된 고분군일 가능성이 높으며, B형은 대상이
되는 정치체가 독자성을 유지한 채 대가야와 깊은 관계를 유지했을
가능성이 높은데 이 때의 관계란 연맹 또는 연합일 가능성이 있다.

최근 백제계라는 주장이 강하게 제기되고 있어 이러한 유물을 선뜻 대
가야식으로 파악하기는 어렵다. 다만 柄部斷面 五角形의 鐙子나 몇 종류
의 耳飾이 대가야식으로 파악되고 있으나 금속유물, 특히 마구나 耳飾
등은 좁은 지역에 존재했던 정치체로 국한되지 않고 상당히 넓은 지역
에 제작기술의 전파가 이루어지는 자료들이기 때문에 이러한 유물들을
대가야 계통의 유물로 파악할 수 있다 하더라도 대가야와 해당 지역 정
치체와의 관계를 파악하는 자료로서는 토기보다 불리할 것이다. 따라서
여기에서의 유물이란 대가야식 토기로 국한시킨다.

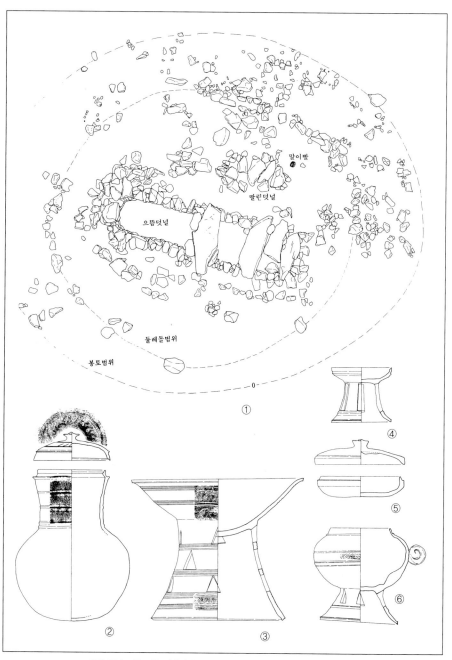

말이빨

딸린덧널

으뜸덧널

둘레돌범위

봉토범위

① ② ③ ④ ⑤ ⑥

도면 57 | A형 고분군(반계제고분군, ①~③ : 가A호분, ④~⑥ : 다A호분)

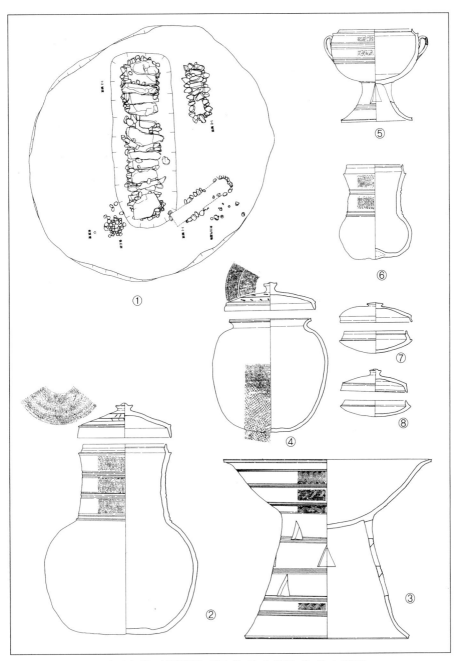

도면 58 | A형 고분군(백천리고분군, ①~④ : 1-3호분, ⑤~⑧ : 1-2호분)

반면 C형은 일률적으로 관계를 설명할 수 없을 정도로 다양하다. 먼저 C_1형은 대가야와 대상되는 정치체 사이에 강한 직접적인 관계가 형성되었다기보다는 단순히 교류와 같은 느슨한 관계였을 것으로 추정된다. 그러나 C_2, C_3형의 경우는 전혀 달리 생각해 볼 필요가 있다. 예를 들면 의령 경산리고분군의 경우 선주집단이 없는 상황에서 이 지역에 갑자기 고총고분이 축조되고 신라후기양식 토기, 왜계 유구 및 유물과 함께 대가야식 유물이 등장한다는 것은 어떤 형태로든지 이 지역에 대가야가 강하게 영향을 미치고 있었음을 의미한다. 그러나 이 지역은 대가야만의 일방적인 영향이 아니라 신라나 왜와도 상당히 밀접한 관계를 맺고 있어 대단히 복잡한 양상을 띠었던 곳으로 추정된다.

　　그리고 C_2형인 진주 수정봉·옥봉고분군으로 대표되는 남강 북안의 진주지역은 신라가 아닌 백제가 대가야와 공동으로 영향력을 행사한 지역일 가능성이 높다.

　　이처럼 C_2, C_3형의 고분이 분포하는 지역은 대가야가 독자적으로 당해 지역의 정치체와 어떤 관계를 형성했던 것이 아니라 당시의 역사적 상황에서 때로는 백제, 때로는 신라와 공동으로 진출했던 가능성이 높은 곳으로 추정된다.

　　한편 A형도 자세히 보면 양상이 꼭 같지는 않다. 이를테면 그 지역 지배집단이 처음부터 대가야식 문물을 소유한 자들에 의해 형성된 지역(함양 백천리고분군)과, 그 지역에 소집단이 선주하고 있었고 이들과 상관없이 대가야식 문물을 소유한 자들에 의해 지배집단이 성립된 지역(합천 반계제, 산청 생초고분군)으로 나뉜다. 이러한 지역에 대가

도면 59 | B형 고분군(옥전 M3호분)

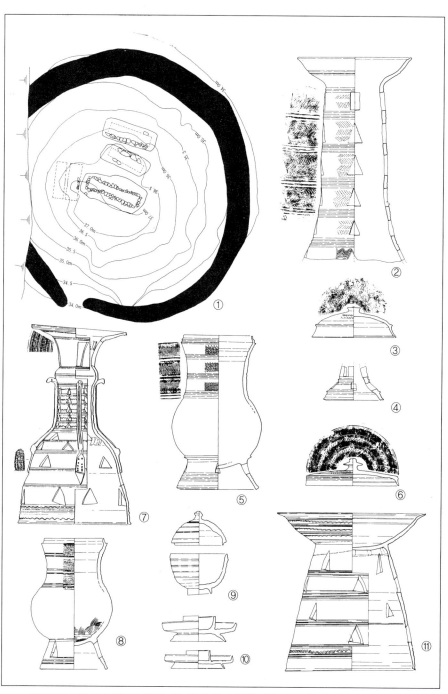

도면 60 | C₁형 고분군(율대리 2호분 : ①∼⑥) C₂형 고분군(수정봉 2호분 : ⑦·⑧, 옥봉 7호분 : ⑨∼⑪)

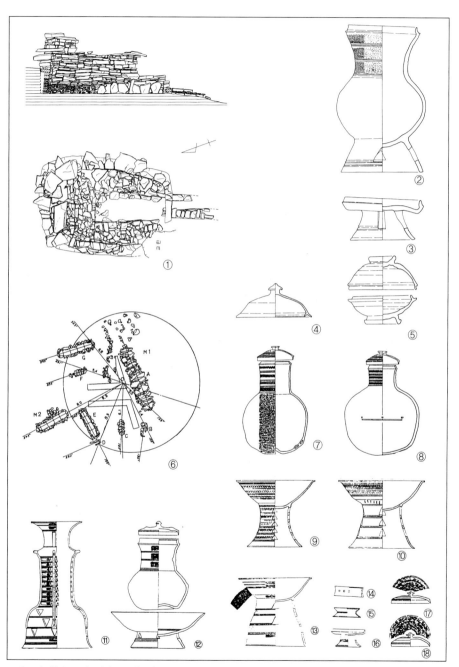

도면 61 | B형 고분군(두락리 1호분⑪∼⑱), C₁형 고분군(월산리 M1-A호분 : ⑥∼⑩), C₃형 고분군(운곡리 1호분 : ①∼⑤)

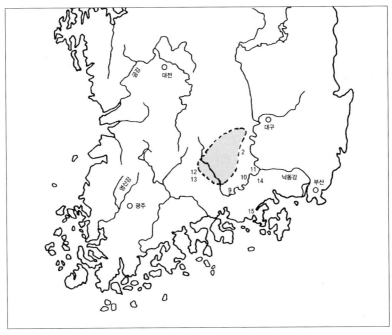

1. 고령 지산동고분군
2. 합천 옥전고분군
3. 합천 삼가고분군
4. 합천 반계제고분군
5. 거창 무릉리고분군
6. 함양 백천리고분군
7. 산청 생초고분군
8. 산청 중촌리고분군
9. 진주 수정봉·옥봉고분군
10. 의령 운곡리고분군
11. 의령 경산리고분군
12. 남원 월산리고분군
13. 남원 두락리고분군
14. 함안 도항리·말산리고분군
15. 고성 송학동고분군

도면 62 | 서부경남의 중심고분군과 대가야 영역(회색 부분)

야의 세력이 확대되는 양상은 무력충돌을 수반하지 않는 평화적인 모습이었을 것으로 생각된다.

이상과 같은 유형을 염두에 두고 대가야식 유구나 유물이 발견된 서부경남 각 지역 지배집단의 무덤을 정리하면 아래와 같다.

- ◦ 고령지역 – 본관동고분군 : A형
- ◦ 합천지역 – 옥전고분군 : B형
  - 반계제고분군 : A형
  - 저포리 C, D고분군 : C3형
  - 삼가고분군 : 불명
- ◦ 거창지역 – 말흘리고분군 : C1형
  - 무릉리고분군 : A형일 가능성이 있다
- ◦ 함양지역 – 백천리고분군 : A형
- ◦ 산청지역 – 생초고분군 : A형
- ◦ 진주지역 – 수정봉·옥봉고분군 : C_2형
- ◦ 의령지역 – 운곡리고분군 : C3형
  - 경산리고분군 : C3형
- ◦ 남원지역 – 월산리고분군 : C_1형
  - 두락리고분군 : B형
- ◦ 여타의 함안, 고성, 창녕, 김해, 창원 등지는 모두 C_1형

이상에서 알 수 있듯이 A형은 고령의 서남부지역, 즉 합천의 서부와 함양, 그리고 다소 불확실하지만 거창, 산청지역을 중심으로 나타나고 있다. 이러한 지역에서는 유물뿐 아니라 유구에까지 완전한 대가야식이 확산되어 있음을 알 수 있다. 이러한 지역들은 대가야에 의해 직접 지배를 받는 지역, 즉 대가야의 영역(도면 62)이라고 생각된다.

그 중에서도 선주집단의 존재가 확인되지 않는 함양 백천리 일대와 선주집단이 존재했더라도 뚜렷한 정치체의 존재를 상정할 수 없는 합천 반계제, 산청 생초 일대는 대가야식 문물이 확산됨으로써 비로소 지배집단이 형성되고 있기 때문에 백천리와 반계제, 생초고분군을 축

조한 집단은 대가야가 이 지역을 통치하기 위해 파견한 지방관들의 집단묘역일 가능성이 높다.

반면 고령에서 낙동강을 따라서 남하하는 지역에 위치한 합천의 동부지역과 의령, 진주지역에는 B형 옥전고분군을 제외하면 모두 C형에 속하는 고분군만 분포하고 있다. 따라서 대가야는 고령의 서남부지역과는 달리 낙동강을 따라서 남쪽으로는 강력한 영향력을 행사한 것 같지는 않다.

다만 앞에서도 살펴보았듯이 C_2, C_3형의 고분군이 분포하고 있는 진주, 의령지역에서는 6세기 이후가 되면 대가야가, 진주지역에는 백제, 의령지역에는 신라와 함께 진출했을 가능성이 있다. 이러한 양상의 배경에는 당시 중대한 역사적 상황이 게재되어 있을 가능성이 높으며, 더욱이 의령지역의 왜계 유구와 유물의 존재를 감안한다면 양상은 더욱 복잡하였을 것으로 생각된다.

끝으로 B와 C_1형 고분군이 분포하고 있는 남원지역에 대하여 살펴보면, 이 지역에는 5세기 말 월산리고분군을 축조한 집단을 중심으로 상당한 규모의 정치체가 선주하고 있었다. 그런데 두락리고분군이 축조되는 6세기 중엽경이 되면 양상은 일변한다. 즉, 두락리고분군은 옥전고분군과 마찬가지로 B형에 속하는 고분이지만 옥전고분군의 경우에는 수장층 묘역의 변동없이 계속 독자성이 유지되고 있음에 비해서 두락리고분군의 경우 묘역 변동이 일어난 것 같다. 즉 월산리고분군에서 두락리고분군에로의 변동이 그것인데, 이것은 거창, 함양, 산청지역을 영역화한 대가야가 함양에 이웃한 운봉고원에 진출하여 이 지역의 수장층을 재편하면서 생겨난 현상일 가능성이 높다.

따라서 운봉고원 일대는 B형 고분군이 분포하는 지역인만큼 강력한 지배가 이루어지거나 대가야 영역으로 편입되었다고 단언하기는 어렵지만 그에 준하는 직접적인 지배를 받은 지역으로 전환되었음을 의미한다.

4. 옥전고분군의 대가야식 문물

옥전고분군에서 대가야식 유물이 집중적으로 나타나는 것은 필자 분류 Ⅳa, Ⅳb기에 속하는 5세기 4/4분기의 M3호분과 M4, M7호분, 그리고 같은 시기의 소형 유구들이다.

그런데 이보다 이른 시기에 속하는 23호분의 발형기대(도면 63-③) 중 대각에 아치형 투창이 뚫린 기대와 28호분에서 발견된 鉢部 하단에 유사 葉脈文이 시문된 발형기대(도면 63-⑦)를 대가야식 발형기대로 파악하고, 이 때부터 대가야식 문물이 옥전지역으로 파급되었다는 주장도 있다.[11] 그렇지만 필자는 이에 동의하지 않는다. 왜냐하면 옥전 23호분에서는 그 밖의 자료(도면 63-②)에서 대가야식 유물의 흔적을 전혀 찾을 수 없을 뿐 아니라 무엇보다도 이 시기까지는 아직 고령지역에서 대가야식 문물이 확립되지 않았기 때문이다.

그리고 5세기 3/4분기에 속하는 28호분에서도 葉脈文이 시문된 발형기대를 제외하고 좀더 이동이 용이한 고배(도면 63-④, ⑤) 등에서 대가야식 토기의 요소가 전혀 확인되지 않고 있기 때문에 28호분 출

---

11) 李熙濬, 1994, 「고령양식 토기 출토 분묘의 편년」, 『嶺南考古學』 15 ; 李熙濬, 1995, 「토기로 본 大加耶의 圈域과 그 변천」, 『加耶史研究』 ; 朴天秀, 1998, 「大加耶墳墓의 編年」, 『韓國考古學報』 39.

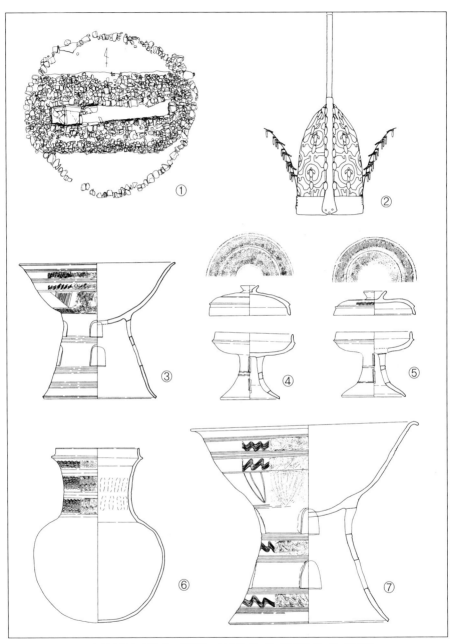

도면 63 | 옥전고분군 출토 유물(①: M4호분, ②·③: 23호분, ④~⑦: 28호분)

토 葉脈文이 시문된 발형기대 역시 대가야식 토기의 범주에 넣을 수 없는 것이 확실하다.

따라서 대가야식 문물이 옥전고분군에 유입되기 시작하는 시기는 M3호분 단계인 5세기 4/4분기임이 분명하다.

옥전 M3호분으로 대표되는 필자 분류 Ⅳa기에 속하는 유구들에서 발견되는 대가야식 유물은 二段一列透窓 유개고배를 비롯하여 개배, 유개식장경호, 발형기대, 유개 양이부대부소호, 파수부연질옹, 대형 연질개 단경호 등의 토기와 f자형 鏡板轡 등의 마구, 垂下附耳飾과 같은 장신구 등을 들 수 있다. 그렇지만 유구는 대가야의 특징적인 무덤인 세장한 석곽과 주부곽이 Ⅱ자형으로 나란히 배치된 것이 아니라 여전히 유구의 폭이 넓고, 개석을 사용하지 않은 목곽묘가 축조되고 있다. 그리고 무엇보다도 주부곽의 평면 배치가 Ⅱ자식이 아니라 격벽에 의해 주부곽이 분리된 日자식인 점에서 대가야식과는 차이가 있다.

한편 Ⅳb기가 되면 계속 대가야식 유개고배, 유개장경호, 발형기대, 통형기대, 소형 원통형기대 등의 토기와 산치자 열매 형태의 尾飾이 달린 垂下附耳飾 등 앞 시기와 마찬가지의 유물이 발견되고 있다. 이것과 아울러 대가야식의 세장한 석곽묘의 축조와 관계있을 것으로 추정되는 극단적으로 세장한 수혈식석곽묘가 M4호분(도면 63-①)에서 축조되고 있는 것에서 알 수 있듯이 유구와 유물 모두에서 대가야식이 나타나고 있다. 그렇지만 M4호분 유구가 극단적으로 세장한 수혈식 석곽묘라고 하더라도 개석이 사용되지 않은 점과 함께 고령지역과 같은 주부곽이 Ⅱ식으로 배치된 형태가 아니기 때문에 여전히 이 지역만의 독자성은 다소나마 유지되고 있었다고 생각된다.

6세기 2/4분기인 M6호분 단계가 되면 양상은 일변한다. M6호분에서는 유개고배를 비롯하여 유개식장경호, 발형기대, 대형 연질개 단경호 등 대가야식 토기가 집중적으로 발견되지만 신라양식의 把手附杯도 함께 발견되고 있을 뿐만 아니라 무엇보다도 신라양식의 보관으로 알려진 출자형 금동보관이 발견됨으로써 Ⅳ기의 유물 구성과는 현격한 차이를 보여준다. 아울러 유구에서도 직전 시기의 M4호분과 같은 극단적으로 세장한 유구를 버리고 다시 개석이 없으면서 유구 형태가 다소 장방형에 가까운 것으로 환원되는 듯한 현상이 나타난다. 특히 M10호분 횡구식석실묘의 출현은 이 시기 다라국의 입장을 잘 보여주는 것으로 생각한다.

이상에서 알 수 있듯이 옥전고분군에 대가야식 문물이 파급되는 것은 5세기 4/4분기의 필자 분류 Ⅳa 단계부터며, 파급 양상은 돌발적이면서 유물도 한두 점 정도가 아니라 토기 전체가 대가야식이라는 특징이 있다. 그러나 유구는 여전히 이 지역의 전통을 고수하고 있다. 그렇지만 Ⅳb기가 되면 유물뿐 아니라 유구에서도 다소 대가야식의 영향이 나타난다. 그렇다 하더라도 완전한 대가야식 주부곽 Ⅱ자상의 유구 배치는 채택되지 않는다. 그러다가 6세기 2/4분기인 옥전 Ⅴ기가 되면 앞 시기에 비해 유구가 다소 장방형화함과 동시에 횡구식석실묘가 등장하고 여기에 신라양식의 보관과 토기가 부장되는 등 커다란 변화가 나타난다.

5. 옥전고분군과 대가야연맹

대가야식 문물이 옥전고분군에 반영된 것은 시기적으로는 필자 분류 Ⅳ, Ⅴ기, 즉 5세기 4/4분기에서 6세기 2/4분기까지며, 반영되는 양상은 B형에 속함을 알 수 있다.

그렇지만 대가야식 문물이 옥전고분군에 반영되는 양상은 시기적으로 일률적이지 않다. 즉 Ⅳa 단계인 5세기 4/4분기에는 토기만이 대가야식으로 바뀔 뿐 묘제는 여전히 앞 시기 형태를 고스란히 유지하고 있다. 이처럼 묘제는 앞 시기의 것을 유지한 채 토기만 대가야식으로 전환되었다는 것은 이 지역에 있었던 정치체인 다라국이 급속하게 성장하여 대외적으로 확대되고 있는 대가야에 상당한 영향을 받고 있었음을 보여준다. 그러나 묘제가 여전히 이 지역만의 전통적인 형태를 고수한다는 것은 다라국이 대가야에 완전히 예속된 것이 아니라 여전히 독자성을 유지하고 있음을 의미한다.

그러다가 Ⅳb기인 6세기 1/4분기가 되면 토기뿐 아니라 묘제에서도 어느 정도 영향이 나타난다. 옥전 M4호분의 극단적으로 세장한 수혈식석곽묘의 축조가 그것이다. 따라서 이 시기의 다라국은 앞 시기에 비해 대가야와 더욱 밀접한 관계를 유지했을 것으로 추정된다. 만약 우륵 12곡에서 나타나는 上·下 加羅都 중 옥전고분군이 下加羅都에 해당[12]한다면 바로 이 시기의 다라국과 대가야와의 관계를 보여주는 것일 가능성이 있다.

---

12) 田中俊明, 1990, 「于勒十二曲と大加耶聯盟」, 『東洋史研究』 48-4 ; 白承忠, 1992, 「于勒十二曲의 해석문제」, 『韓國古代史論叢』 3 ; 白承忠, 1995, 「加羅國과 于勒十二曲」, 『釜大史學』 19.

한편 옥전 Ⅴ기인 6세기 2/4분기가 되면 양상은 일변한다. 먼저 유구는 극세장방형 석곽에서 장방형에 가까울 정도로 유구 폭이 다소 넓어지고 있으며, 무엇보다도 신라양식의 문물이 유입되고 있다. 즉 M6호분에서 발견된 출자형 보관과 파수부배, 그리고 M10호분의 횡구식석실묘의 축조가 그것이다. 이처럼 대가야식 일색의 문물에서 벗어나서 신라양식 문물이 대거 유입되고 있는 것은 일견 다라국과 대가야의 관계가 이전보다는 다소 느슨해졌음을 보여주는 것으로 볼 수도 있다.

그러나 이 시기에 나타나는 신라양식 문물은 옥전 Ⅲ기에 나타나는 신라양식 문물의 유입과는 그 의미가 다르다. 왜냐하면 옥전 Ⅲ기의 신라양식 문물은 다라국이 성장·발전하면서 이웃의 창녕지역을 매개로 다라국이 적극적으로 신라문물을 받아들임으로써 유입된 것임에 비해, 이 시기는 다라국만의 독자적인 활동에 의해서가 아니라 공반된 대다수의 대가야식 토기들을 감안한다면 대가야를 배경으로 유입되었을 가능성이 높기 때문이다. 이처럼 대가야를 매개로 신라문물이 다라국에 유입될 수 있는 역사적 배경은 『삼국사기』의 522, 524년의 다음 기록 등에서 찾을 수 있다.[13]

伽倻國王 遣使請婚 王以伊湌比助夫之妹 送之.

---

13) 이 부분에 등장하는 伽倻가 구체적으로 어떤 가야를 지칭하는지는 명확하지 않으나, 『삼국사기』 479년조 이후의 가야에 관한 기록은 대부분 고령의 大加耶에 관한 것임은 잘 알려진 사실이다.
金泰植, 1992, 「伽倻諸國聯盟의 成立과 變遷」, 서울대학교 大學院 博士學位論文.

(『三國史記』法興王 9年)

王出巡南境拓之 伽倻國王來會.

(同 11年)

이 기사들의 연대는 모두 6세기 1/4분기 말에 해당되지만 금동제
보관 등이 기능을 상실하고 무덤에 부장되기까지의 약간의 시간을 고
려한다면 6세기 2/4분기에 편년되는 M6호분에서 이러한 신라문물이
출토되는 것은 충분히 이해된다.

결국 6세기 2/4분기에 옥전고분군에 반영된 대가야계 문물은 앞 시
기에 비해 신라계 문물과 함께 나온다는 차이가 있다. 그렇지만 이것
이 대가야와 다라국의 관계가 앞 시기보다 느슨해졌음을 의미하는 것
은 아니다. 오히려 결혼동맹 이후 전개된 대가야와 신라와의 관계가
여기에까지 미칠 정도로 밀접했음을 의미하며, 이것은 구체적으로 아
래의 사료에 나타나는 역사적 사실을 고고자료가 보여주는 것으로 생
각된다.

加羅王 娶新羅王女 遂有兒息 新羅初送女時 幷遣百人 爲女從 受而散
置諸縣 令着新羅衣冠 阿利斯等 嗔其變服 遣使徵還 新羅大羞……

(『日本書紀』17 繼體紀 23年 3月條)

이상에서 알 수 있듯이 옥전고분군에 대가야식 문물이 유입되는 것
은 5세기 4/4분기부터 6세기 2/4분기까지며, 반영되는 양상은 M4호
분의 극세장방형 수혈식석곽을 제외하면 모두 유물에 국한됨을 알 수
있다. 즉 대가야식 문물이 이 지역에 유입되었더라도 그것은 유물에만

국한될 뿐 유구는 의연히 이 지역만의 독자성을 유지하고 있음을 보여주고 있다.

이처럼 유물만 영향을 받고 유구는 독자성을 유지하고 있다는 것은 이 지역에 존재한 다라국이 대가야에 의해 완전히 해체되어 대가야의 지방세력으로 재편된 것이 아니라 다라국만의 정체성을 유지한 채 모종의 관계를 맺었음을 의미한다.[14] 이럴 경우 예상되는 것은 다라국이 독자적인 외교권을 행사하는 등 독립성을 유지하면서 대가야의 강한 영향 아래에 놓이는 일종의 연맹관계에 있었을 가능성이 있다.

---

14) 이 점은 임나복권회의에 다라국이 대가야와는 별개의 대표자를 파견하고 있는 데서 잘 나타나고 있다.

참고문헌

사료

『三國史記』　　　　『三國遺事』　　　　『南齊書』
『三國志』　　　　　『魏志』　　　　　　『東夷傳』
『日本書紀』　　　　「廣開土大王碑文」

보고서

國立慶州博物館, 1987,『菊隱 李養璿 蒐集文化財』.
國立晋州博物館, 1987,『陜川 磻溪堤古墳群』.
國立晋州博物館, 1990,『固城 栗垈里 2號墳』.
慶北大學校 博物館, 1979,『大伽倻古墳 發掘調査 報告書』.
慶尙大學校 博物館, 1986,『陜川 玉田古墳群 1次發掘調査 槪報』.
慶尙大學校 博物館, 1988~2003,『陜川 玉田古墳群』Ⅰ~Ⅹ.
慶尙大學校 博物館, 1989,『晋州 加佐洞古墳群』.
慶尙大學校 博物館, 1990,『河東 古梨里遺蹟』.
慶尙大學校 博物館, 1994,『宜寧 禮屯里墳墓群』.
慶尙大學校 博物館, 2000,『宜寧 雲谷里古墳群』.
慶尙大學校 博物館, 2003,『河東 愚伏里遺蹟』.
慶尙大學校 博物館, 2004,『宜寧 景山里古墳群』.
慶尙大學校 博物館, 2006,『山淸 生草古墳群』.
慶星大學校 博物館, 2000~2003,『金海 大成洞古墳群』Ⅰ~Ⅲ.
啓明大學校 博物館, 1981,『高靈 池山洞古墳群』.
東亞大學校 博物館, 1982,『陜川 三嘉古墳群』.
東亞大學校 博物館, 1986,『陜川 鳳溪里古墳群』.
東亞大學校 博物館, 1987,『陜川 倉里古墳群』.
釜山大學校 博物館, 1983, 1990,『東萊 福泉洞古墳群』Ⅰ, Ⅱ.
釜山大學校 博物館, 1985, 1993,『金海 禮安里古墳群』Ⅰ, Ⅱ.
釜山大學校 博物館, 1986,『咸陽 白川里 1號墳』.

釜山大學校 博物館, 1987, 『陝川 苧浦里 E地區 遺蹟』.

서울대학교 博物館, 1986, 『石村洞 3號墳 東쪽 古墳群 整理調査報告』.

新羅大學校 博物館, 2004, 『山淸 中村里古墳群』.

嶺南埋藏文化財研究院, 1996, 『高靈 快賓洞古墳群』.

嶺南埋藏文化財研究院, 1997, 『宜寧 泉谷里古墳群』I, Ⅱ.

嶺南埋藏文化財研究院, 1998, 『高靈 池山洞 30號墳』.

昌原大學校 博物館, 1988, 『陝川 苧浦里B古墳群』.

昌原大學校 博物館, 1995, 『咸安 梧谷里遺蹟』.

昌原文化財 研究所, 1997~2004, 『咸安 道項里古墳群』I~Ⅴ.

洪鎭根, 1992, 「高靈 盤雲里 瓦質土器 遺蹟」 『嶺南考古學』 10.

定森秀夫·吉井秀夫·內田好昭, 「韓國慶尙南道 晋州 水精峰2號墳·玉峰7號墳
    出土遺物」, 『伽倻通信』 19·20 合集.

奈良文化財研究所, 2004, 『三燕文物精粹』.

遼寧省文物考古研究所·朝陽市博物館, 1999, 「朝陽十二臺鄕磚廠88M1發掘簡
    報」, 『文物』 99-11.

논문

姜裕信, 1987, 「新羅·伽倻古墳 出土 馬具에 대한 研究」, 嶺南大學校 大學院
    碩士學位論文.

郭長根, 「湖南 東部地域의 石槨墓 研究」, 全北大學校 大學院 博士學位論文.

具滋奉, 1992, 「環頭大刀의 龍鳳紋과 龍雀紋」, 『古代研究』 3.

具滋奉, 1998, 「環頭大刀의 圖像에 대하여」, 『韓國上古史學報』 27.

權鶴洙, 1993, 「伽倻古墳의 綜合編年」, 『嶺南考古學』 12.

金斗喆, 1991, 「三國時代 轡의 研究」, 慶北大學校 大學院 碩士學位論文.

金斗喆, 1993, 「加耶の馬具」, 『加耶と東アジア』.

金斗喆, 1997, 「前期加耶의 馬具」, 『加耶와 古代日本』.

金斗喆, 2000, 「韓國古代의 馬具」, 東義大學校 大學院 博士學位論文.

金斗喆, 2001, 「大加耶古墳의 編年 檢討」, 『韓國考古學報』 45.

金斗喆, 2003, 「高句麗軍의 南征과 加耶」, 『加耶와 廣開土大王』.

金性泰, 1988, 「韓半島 東南部地域 出土 鐵鏃의 研究」, 成均館大學校 大學院
    碩士學位論文.

金世基, 1983, 「伽倻地域 竪穴式石槨墓의 研究」, 啓明大學校 大學院 碩士學
    位論文.

金世基, 2000, 「考古資料로 본 大加耶」, 啓明大學校 大學院 博士學位論文.

金龍星, 1987, 「慶山·大邱地域 三國時代 古墳의 階層化와 地域集團」, 『嶺南考古學』 6.

金元龍, 1987, 「古代韓國과 西域」, 『韓國美術史研究』.

金元龍, 1992, 「考古學より見た伽倻」, 『伽倻文化展』.

金宰佑, 2004, 「嶺南地方의 馬冑에 대하여」, 『嶺南考古學』 35.

金昌鎬, 1990, 「韓半島出土의 有銘龍文環頭大刀」, 『伽倻通信』 19·20 合集.

金泰植, 1992, 「後期伽倻諸國聯盟의 擡頭」, 서울대학교 大學院 博士學位論文.

金泰植, 2000, 「歷史學에서 본 高靈 加羅國史」, 『가야 각국사의 재구성』.

盧重國, 1995, 「大加耶의 政治·社會構造」, 『加耶史研究』.

柳昌煥, 1994, 「伽倻古墳 出土 鐙子에 대한 研究」, 東義大學校 大學院 碩士學位論文.

2007, 「加耶馬具의 研究」, 東義大學校 大學院 博士學位論文.

朴光烈, 1987, 「大邱地域 古墳의 編年」, 慶北大學校 大學院 碩士學位論文.

朴廣春, 1990, 「陜川玉田地域における土壙墓出土土器の編年的研究」, 『古文化談叢』 22.

朴普鉉, 1987, 「樹枝形立華飾冠의 系統」, 『嶺南考古學』 4.

朴普鉉, 1995, 「威勢品으로 본 古新羅社會의 構造」, 慶北大學校 大學院 博士學位論文.

朴升圭, 1990, 「一段長方形透窓 高杯에 대한 考察」, 『東義大學校 大學院 碩士學位論文.

朴天秀, 1990, 「5-6世紀代 昌寧地域 陶質土器의 研究」, 慶北大學校 大學院 碩士學位論文.

朴天秀, 1994, 「伽倻·新羅地域の首長墓における筒形器臺」, 『考古學研究』.

朴天秀, 1996, 「大伽倻의 古代國家形成」, 『碩吾尹容鎭敎授 停年退任 紀念論叢』

朴天秀, 1998, 「大加耶圈 墳墓의 編年」, 『韓國考古學報』 39.

朴天秀, 1999, 「고고학 자료를 통해 본 大加耶」, 『고고학을 통해 본 가야』

白承玉, 2001, 「加耶 各國의 成長과 發展에 관한 研究」, 釜山大學校 大學院 博士學位論文.

白承玉, 2001, 「加羅國과 주변 加耶諸國」, 『大加耶와 周邊諸國』.

白承忠, 1995, 「加耶의 地域聯盟史 研究」, 釜山大學校 大學院 博士學位論文.

宋桂鉉, 1988, 「嶺南地域 出土의 鐵鏃에 대하여」, 『제2회 부산대-구주대 고고학연구회 발표자료』.

宋桂鉉, 1988, 「三國時代 鐵製甲冑의 研究」, 慶北大學校 大學院 碩士學位論文

宋桂鉉, 1995, 「加耶甲冑 樣相의 變化」, 『제4회 영남고고학대회 발표자료집』.

宋桂鉉, 2000, 「加耶의 金銅裝飾 甲冑에 대하여」, 『伽倻의 歷史와 文化』.

宋桂鉉, 2001, 「4~5世紀 東亞細亞의 甲冑」, 『4~5世紀 東亞細亞와 加耶』.

宋桂鉉, 2003, 「大加耶의 군사적 기반」, 『大加耶의 成長과 發展』.

申敬澈, 1982, 「釜山·慶南出土 瓦質系 土器」, 『韓國考古學報』 12.

申敬澈, 1985, 「古式鐙子考」, 『釜大史學』 9.

申敬澈, 1986, 「新羅土器의 發生에 대하여」, 『韓日古代文化의 諸問題』.

申敬澈, 1989, 「伽倻의 武具와 馬具」, 『國史館論叢』 7.

申敬澈, 1989, 「고분의 규제」, 『부산의 고고학』.

申敬澈, 1990, 「嶺南地方의 4·5世紀代 陶質土器와 甲冑」, 『古文化』 37.

申敬澈, 1992, 「金海 禮安里 160號墳에 대하여-古墳의 發生과 關聯하여-」, 『伽倻考古學論叢』 1.

申敬澈, 1992, 「金官伽倻의 成立과 對外關係」, 『伽倻文化』 5.

申敬澈, 1992, 「4·5世紀代의 金官伽倻의 實像」, 『巨大古墳과 伽倻文化』.

申敬澈, 1994, 「5-6世紀의 韓半島南部出土甲冑의 諸問題」, 『六·七世紀東アジアの再發見』.

申敬澈, 1994, 「伽倻 初期馬具에 대하여」, 『釜大史學』 18.

申敬澈, 1995, 「金海 大成洞·東萊 福泉洞古墳群 點描」, 『釜大史學』 10.

申敬澈, 1999, 「福泉洞古墳群의 甲冑와 馬具」, 『福泉洞古墳群의 재조명』.

辛勇旻, 1990, 「西北地方 木槨墓에 關한 研究」, 東亞大學校 大學院 碩士學位論文.

安順天, 1984, 「4世紀代 鐵鏃에 관한 一考察-金海 禮安里遺蹟을 中心으로-」, 『釜山大 博物館 新聞』 2월호.

安在晧·宋桂鉉, 「古式陶質土器에 관한 약간의 考察」, 『嶺南考古學』 1.

安在晧, 1990, 「鐵鋌에 대하여」, 『東萊 福泉洞古墳群』 Ⅱ.

安在晧, 1990, 「竪穴式石槨墓의 發生과 棺·槨·室」, 『東萊 福泉洞古墳群』 Ⅱ.

禹枝南, 1986, 「大伽倻古墳의 編年」, 서울대학교 大學院 碩士學位論文.

禹枝南, 2000, 「2. 咸安地域 出土 陶質土器」, 『道項里·末山里遺蹟』.

李瓊子, 1998, 「大伽耶系 古墳 出土 耳飾의 副葬樣相에 대한 一考察」, 慶尚
　　　大學校 大學院 碩士學位論文.

李根雨, 2001, 「聯盟體의 개념과 가야소국의 구조」, 『大加耶와 周邊諸國』.

李相律, 1993, 「嶺南地方 三國時代 杏葉의 研究」, 慶北大學校 大學院 碩士學
　　　位論文.

李相律, 1999, 「加耶의 馬冑」, 『加耶의 對外交涉』.

李相律, 2005, 「三國時代 馬具의 研究」, 釜山大學校 大學院 博士學位論文.

李盛周, 1996, 「新羅·伽耶古墳文化 時期區分 試案」, 『碩吾尹容鎭教授 停年
　　　退任 紀念論叢』.

李盛周, 1996, 「新羅式 木槨墓의 展開와 意義」, 『新羅考古學의 諸問題』.

李在賢, 1994, 「嶺南地域 木槨墓의 構造」, 『嶺南考古學』 15.

李在賢, 2003, 「辰·弁韓 社會의 考古學的 研究」, 釜山大學校 大學院 博士學
　　　位論文.

李柱憲, 1994, 「三國時代 嶺南地方 大刀副葬樣相에 대한 研究」, 慶北大學校
　　　大學院 碩士學位論文.

李柱憲, 2000, 「阿羅加耶에 대한 考古學的 檢討」, 『가야 각국사의 재구성』.

李漢祥, 1994, 「武寧王陵 出土品 追報(2)－銅製 容器類」, 『考古學誌』 6.

李漢祥, 1995, 「大伽倻系 耳飾의 分類와 編年」, 『考古研究』 4.

李賢珠, 1990, 「有刺利器에 대해서」, 『東萊 福泉洞古墳群』 Ⅱ.

李熙濬, 1994, 「고령양식 토기 출토 고분의 편년」, 『嶺南考古學』 15.

李熙濬, 1995, 「土器로 본 大伽耶의 圈域과 變遷」, 『加耶史研究』.

林孝澤, 1985, 「副葬鐵鋌考」, 『東義史學』 2.

全吉姬, 1961, 「伽倻墓制의 研究」, 『梨大史苑』 3.

趙榮濟, 1986, 「西部慶南 爐形土器에 대한 考察」, 『慶尚史學』 2.

趙榮濟, 1992, 「玉田古墳 出土 철촉에 대한 小考」, 『伽倻文化』 5.

趙榮濟, 1992, 「新羅와 伽倻의 武器·武具」, 『韓國古代史論叢』 3.

趙榮濟, 1993, 「外來系 文物을 통해 본 5C代 玉田古墳群의 性格」, 『馬韓·百
　　　濟文化』 13.

趙榮濟, 1994, 「陜川玉田古墳群の墓制について」, 『朝鮮學報』 150.

趙榮濟, 1995, 「多羅國의 經濟的 基盤」, 『加耶諸國의 鐵』.

趙榮濟, 1996, 「玉田古墳 編年研究」, 『嶺南考古學』 18.

趙榮濟, 1997, 「玉田古墳群의 階層分化에 대한 研究」, 『嶺南考古學』 20.

趙榮濟, 2000, 「玉田古墳群을 통해 본 多羅國의 成立과 發展」, 『韓國古代史

와 考古學』.

趙榮濟, 2000, 「多羅國의 成立에 대한 研究」, 『가야각국사의 재구성』.

趙榮濟, 2000, 「伽倻の鉢形器臺について」, 『福岡大學綜合研究所報』 240.

曹永鉉, 1990, 「漢江 以南地域의 橫穴式石室墳의 系譜와 編年研究」, 忠南大學校 大學院 碩士學位論文.

鄭澄元·申敬澈, 1984, 「韓日古代甲冑斷想」, 『尹武炳博士 回甲紀念 論叢』

鄭澄元·安在晧, 1987, 「福泉洞 38호분과 그 부장유물」, 『三佛金元龍敎授 停年退任 記念論叢』.

周景美, 1995, 「三國時代 耳飾의 研究」, 서울대학교 大學院 碩士學位論文.

千寬宇, 1989, 『古朝鮮史·三韓史研究』.

최병현, 1990, 「新羅古墳研究」, 崇實大學校 大學院 博士學位論文.

崔鐘圭, 1982, 「陶質土器 成立前夜와 展開」, 『韓國考古學報』 12.

崔鐘圭, 1983, 「中期古墳의 性格에 대한 약간의 考察」, 『釜大史學』 7.

崔鐘圭, 1983, 「盛矢具考」, 『釜山市立博物館 年報』.

崔鐘圭, 1992, 「濟羅耶의 文物交流」, 『百濟研究』 23.

崔鐘圭, 1993, 「三韓社會에 대한 考古學的인 研究」, 東國大學校 大學院 博士學位論文.

咸舜燮, 1997, 「小倉collection金製帶冠의 製作技法과 그 系統」, 『古代研究』 5.

洪潽植, 1992, 「嶺南地方의 橫口式·橫穴式石室墓의 研究」, 釜山大學校 大學院 碩士學位論文.

洪潽植, 2001, 「考古資料로 본 가야 멸망 前後의 社會變動」, 『韓國上古史學報』 35.

定森秀夫, 1981, 「韓國慶尙南道昌寧地域出土陶質土器の檢討」, 『古代文化』 33.

定森秀夫, 1987, 「韓國慶尙南道高靈地域出土陶質土器の檢討」, 『東アジアの考古學と歷史』 上.

藤井和夫, 1981, 「昌寧地方古墳出土陶質土器の編年に就いて」, 『神奈川考古』 12.

田中俊明, 1990, 「大伽倻聯盟の成立と展開」, 『東アジアの古代文化』 62.

田中俊明, 1990, 「于勒十二曲と大伽倻聯盟」, 『東洋史研究』 48-4.

田中晋作, 1981, 「武器の所有形態からみた古墳被葬者の性格」, 『ヒストリア』

93.

穴澤和光·馬目順一, 1976, 「龍鳳文環頭大刀試論」, 『百濟研究』 7.

穴澤和光·馬目順一, 1986, 「日本における龍鳳環頭大刀の製作と配布」, 『考古學ジャ-ナル』 226.

穴澤和光·馬目順一, 1986, 「單龍·單鳳環頭大刀の編年と系列」, 『福島考古學』 27.

穴澤和光·馬目順一, 1993, 「陝川玉田出土の環頭大刀群の諸問題」, 『古文化談叢』 30(上).

町田章, 1975, 「環刀の系譜」, 『奈良國立文化財研究所論輯』 Ⅲ.

町田章, 1985, 「環頭大刀二三事」, 『山陰考古學の諸問題』.

新納泉, 「單龍·單鳳環頭大刀の編年」, 『史林』 65-4.

大谷晃二, 2004, 「日韓の龍鳳文環頭大刀の展開」, 『古墳出土金工製品の日韓比較研究』.

若松良一, 1991, 「埼玉將軍山古墳出土の馬冑」, 『埼玉縣立さきたま資料館調査研究報告』 4.

塚田良道, 1992, 「東國の伽倻文化」, 『考古學ジャ-ナル 』 350.

堀田啓一, 「古代日朝の馬冑について」, 『橿原考古學研究所論輯』 7.

由水常雄·棚橋淳二, 1977, 「朝鮮の古代ガラス」, 『東洋のガラス』.

由水常雄, 1987, 「古新羅古墳出土のロ-マン·グラス」, 『ガラスの道』.

東潮, 1987, 「鐵鋌の基礎的研究」, 『橿原考古學研究所論集』 12.

村上英之助, 1983, 「鐵鋌(枚鐵)ふたたび」, 『日本製鐵史論集』.

千賀久, 1994, 「日本出土初期馬具の系譜 2」, 『橿原考古學研究所論集』 12.

武末純一, 1992, 「韓國禮安里古墳群の階層構造」, 『古文化談叢』 28.

木村光一, 1993, 「高句麗社會階層の研究」, 『古文化談叢』 30(上).

三木ますみ, 1996, 「朝鮮半島出土の垂飾付耳飾」, 『筑波大學 先史學·考古學研究』 7.

毛利光俊彦, 1997, 「朝鮮古代の冠-伽倻」, 『堅田直先生古稀記念論文集』.

神谷正弘, 2000, 「日本·韓國·中國出土の馬冑について」, 『古代武器研究』 1.

田立坤, 1999, 「北票喇嘛洞墓地的初步認識」, 『奈良文化財研究所發表資料集』.

張克擧, 1998, 「前燕出土的馬冑及其源流」, 『靑果集』.

찾아보기

356

지은이 | 조영제

부산대학교 문리대 사학과 졸업, 부산대학교 대학원 사학과 수료(문학석사), 부산대학교 대학원 고고학과 수료(문학박사), 현재 경상대학교 사학과 교수, 경상대학교 박물관 관장, 영남고고학회 평의원 겸 편집위원, 영남문화재 연구원 이사, 문화재청 문화재위원, 경상남도 문화재위원, 한국문화재조사전문기관협의회 윤리위원장

논저 | 『陜川 玉田古墳群』Ⅰ~Ⅹ, 『陜川 中磻溪古墳群』, 『晋州 加佐洞古墳群』, 『河東 古梨里遺蹟』, 『咸安 篁沙里墳墓群』, 『宜寧 禮屯里墳墓群』, 『宜寧 中洞里古墳群』, 『宜寧 雲谷里古墳群』, 『山淸 玉山里遺蹟』, 『河東 愚伏里遺蹟』, 『宜寧 景山里古墳群』, 『진주의 선사·가야문화』, 「水平口緣壺에 대한 一考察」(『慶尙史學』1), 「三角透窓高杯에 대한 一考察」(『嶺南考古學』7), 「新羅·伽倻의 武器·武具」(『韓國古代史論叢』3), 『加耶の鉢形器臺について」(『福岡大學綜合硏究所報』240), 「水平口緣壺鉢形器臺에 대하여」(『韓國考古學報』44), 「西部慶南地域加耶古墳發見の倭系文物について」(『福岡大學考古學論集』), 「西部慶南加耶諸國의 成立에 대한 考古學的 硏究」(博士學位論文), 「西部慶南地域 加耶 竪穴式石槨墓의 수용에 관한 연구」(『嶺南考古學』40)

옥전고분군과 다라국

조영제 지음

2007년 7월 10일 초판 1쇄 발행

펴낸이·오일주
펴낸곳·도서출판 혜안
등록번호·제22-471호
등록일자·1993년 7월 30일

⌁ 121-836 서울시 마포구 서교동 326-26번지 102호
전화·3141-3711~2 / 팩시밀리·3141-3710
E-Mail hyeanpub@hanmail.net

ISBN 978-89-8494-310-0 93910
값 25,000원